贵族激进主义的文化政治
——尼采政治哲学研究

The Cultural Politics of Aristocratic Radicalism
— A Study of Nietzsche's Political Philosophy

罗辛谷 著

四川大学出版社
SICHUAN UNIVERSITY PRESS

图书在版编目（CIP）数据

贵族激进主义的文化政治：尼采政治哲学研究 / 罗辛谷著. — 成都：四川大学出版社，2023.6
ISBN 978-7-5690-5984-7

Ⅰ. ①贵… Ⅱ. ①罗… Ⅲ. ①尼采（Nietzsche, Elisabeth Frster 1846-1935）—政治哲学—研究 Ⅳ. ①B516.47

中国国家版本馆CIP数据核字（2023）第021522号

书　　名：	贵族激进主义的文化政治——尼采政治哲学研究
	Guizu Jijin Zhuyi de Wenhua Zhengzhi——Nicai Zhengzhi Zhexue Yanjiu
著　　者：	罗辛谷

出 版 人：	侯宏虹
总 策 划：	张宏辉
选题策划：	张宇琛
责任编辑：	张宇琛
责任校对：	于　俊
装帧设计：	墨创文化
责任印制：	王　炜

出版发行：	四川大学出版社有限责任公司
	地址：成都市一环路南一段24号（610065）
	电话：（028）85408311（发行部）、85400276（总编室）
	电子邮箱：scupress@vip.163.com
	网址：https://press.scu.edu.cn
印前制作：	四川胜翔数码印务设计有限公司
印刷装订：	四川煤田地质制图印务有限责任公司

成品尺寸：	165mm×238mm
印　　张：	16
字　　数：	320千字

版　　次：	2023年7月 第1版
印　　次：	2023年7月 第1次印刷
定　　价：	78.00元

本社图书如有印装质量问题，请联系发行部调换

版权所有 ◆ 侵权必究

扫码获取数字资源

四川大学出版社
微信公众号

国家社科基金后期资助项目
出版说明

后期资助项目是国家社科基金设立的一类重要项目,旨在鼓励广大社科研究者潜心治学,支持基础研究多出优秀成果。它是经过严格评审,从接近完成的科研成果中遴选立项的。为扩大后期资助项目的影响,更好地推动学术发展,促进成果转化,全国哲学社会科学工作办公室按照"统一设计、统一标识、统一版式、形成系列"的总体要求,组织出版国家社科基金后期资助项目成果。

全国哲学社会科学工作办公室

序

　　尼采在中国的命运颇为奇特，他的哲学很早就被引入中国，立刻引起了人们很大的兴趣，但人们对待尼采哲学就像对待一般西学那样，望文生义、一知半解，就开始大谈特谈，却往往只是在谈自己。尼采哲学貌似"亲民"，实际相当难懂，因为他太超前了，要不然他当初也不会默默无闻、郁郁以终了。可是，承认读不懂康德或黑格尔的大有人在，承认读不懂尼采的几乎没有。但建立在自以为是的理解或误解基础上的兴趣，终究如天上的浮云，飘来飘去，却没有一个结果。一百多年来，我们的尼采研究多的是信口开河的胡说，能基本不离谱地介绍叙述已经算是不错了。像样的研究著作少之又少，对他的政治思想的研究，就更少了。

　　这是因为，长期以来，由于纳粹的利用，以及许多人对他思想的误读误解，尼采一直被人戴上"法西斯主义先驱"的帽子，如果说研究尼采的其他思想需要鼓起勇气的话，研究尼采的政治思想就更需要了。这几年陆续有研究尼采政治思想的成果发表，但都不及罗辛谷的著作《贵族激进主义的文化政治——尼采政治哲学研究》来得系统深入，这部著作应该说是我国第一部系统研究尼采政治哲学的著作。它不是一部狭隘的就事论事的转述性著作（我国许多西方哲学的研究著作往往如此），而是一部真正的研究著作。它立足尼采哲学的整个问题语境——尼采对现代世界状况（即现代性问题）的反思与批判，不局限于尼采的某几部著作或某几个论述，而是涉及尼采哲学的一些主要方面（权力意志、永恒轮回、超人等），这就保证了论著的系统性和深度。

　　这部著作的系统性从它的篇章安排就可看出。导论交代本书的研究主题与宗旨，已有的尼采政治哲学解释几种模式，尼采政治哲学的界定、层次与论证结构。第一章的任务是界定尼采的"贵族激进主义"，但不是简单的语义界定或概念界定，而是深入分析了这个概念复杂的内涵以及与尼采一般哲学思想的内在关联。尼采哲学的一个主要特征是批判西方现代性思

贵族激进主义的文化政治
——尼采政治哲学研究

想,"贵族激进主义"很大程度上是一个批判性概念。第二章即讨论贵族激进主义的政治批判,尼采是个文化至上主义者,他对西方现代政治的批判主要不是制度批判,而是哲学批判和文化批判,在他看来,制度不过反映了思想义理而已。尼采政治思想的根本特征是以文化对抗政治(现代政治),本书第三章就详细阐明尼采政治哲学的这个特点。尼采终究是个哲学家,以"贵族激进主义"为标识批判西方现代性(现代思想文化),其基础与动力乃是他的一般哲学。最后一章即用来说明"贵族激进主义"的哲学基础。结论"尼采的政治哲学与西方现代性危机问题"说明"尼采的政治哲学是对西方现代性危机的全面反应",这也是这部著作本身的问题意识;而这种问题意识并不是所有尼采的研究著作都有的。

罗辛谷的这部著作是在他博士论文的基础上,经过多年的修改打磨之后的成果,尽管如此,它不可能将尼采的政治哲学的方方面面都涉及。尼采的哲学思想极为丰富与复杂,他的政治思想也不例外,也异常复杂,文化政治最多只能是尼采政治哲学的特征描述,却不能涵盖他政治哲学的所有方面。在此意义上,罗辛谷的这部著作在尼采政治哲学研究上走出了第一步,还有许多重要的问题有待后来者(包括罗辛谷本人)继续努力。像尼采这样伟大的哲学家,他们的思想是开放的,对他们的研究永远不会到此结束。相反,每一个研究成果只是下一步工作的动员令。

例如,尼采究竟是一个政治哲学家还是一个反政治的哲学家,一直没有定论。肯定与否定的人都可以在他的著作中找到根据。其实,按照尼采自己提倡的视角主义,我们不妨说,说尼采是个政治哲学家和说尼采是个反政治的(anti-political)哲学家,都有其根据,不能说哪个对,另一个便错。这两种观点只是理解和阐释尼采有关政治的不同视角。许多人,包括罗辛谷的这部著作,都认为尼采是政治哲学家,至于是什么意义的政治哲学家,则有非常不同的看法,有人认为他是贵族激进主义者,也有人认为他是贵族保守主义者,还有人与前两种观点相反,认为他是主张或拥护民主的政治哲学家。但在肯定尼采是有政治哲学,是政治哲学家这一点上,他们却是一致的。但尼采明确说过他是"最后的反政治的德国人"[1]。虽然有人说这个说法不那么重要,"反政治的德国人"

---

[1] 这句话原本出现在《看!这个人》较早的版本中,但 Giorgio Colli 和 Mazzino Montinari 编的批判版的《尼采全集》(简称 KSA)中,编者用尼采精神崩溃时期写的一个文本替换了原来的文本,原来的文本被放到《尼采全集》的评注卷(Kommentar zu den Bänden 1—13),即《全集》第 14 卷(Cf. KSA 14, München: de Gruyter, 1988, S. 472)。

这个说法本身不等于"反政治的思想家";① 但至少可以看出他对政治态度的端倪。从 Walter Kaufman 开始,大量主张尼采根本不是什么政治哲学家,尼采也没有政治思想的著作并非无稽之谈。瑞典学者 Thomas H. Brobjer 在他的一篇关于尼采与政治的关系的论文中曾列举了大量尼采明确表示反对政治和对政治极度蔑视与不屑的言论,② 说明反政治至少也是尼采思想中不可忽视的因素,同样值得我们认真对待,即使是我们在谈论他的政治思想,将他作为政治哲学家来看待的时候。

Brobjer 认为,就尼采对政治问题普遍缺乏兴趣而言,尼采是不政治的(a-political);就他试图超越政治(他将政治视为肤浅和低下的)而言,尼采是超政治的;就他将政治视为与文化和哲学对立的东西而言,尼采是反政治的。③ 任何熟悉尼采哲学思想和著作,熟悉尼采的生平的人都会同意,这是一个比较符合尼采思想实际的观察。即便是他的"贵族激进主义"也未尝不可看作他超政治,而不是政治思想的表达。④

然而,主张尼采是政治哲学家的人往往会说,尼采的政治是文化政治,尼采反对的是流行的"小政治"(当代的现实政治),但他主张的"大政治"表明他有自己的政治。主张尼采是政治哲学家的人一般也都认为,尼采是以文化来反对政治,但这表明他以文化为政治来反对流行的政治,确切地说,是近代流行的政治意识形态(自由主义、民族主义、社会主义)。但这是否能说文化在他那里成为一种新型的政治?如果那样的话,我们几乎可以将他所有的思想都理解为一种政治哲学。其实,尼采反对的与其说是具体政治或通常意义的政治,不如说是反对将文化政治化,反对国家侵入文化。⑤ 这是他在德意志第二帝国亲眼目睹的。反对民主、民族主义、社会主义等等,都是因为它们借助构成了一种使人低俗的文化,而反过来,这种平庸低俗的政治文化又巩固了产生它们的现代政治。如果说批判政治的文化是有一种政治,那么持这种主张的人,

---

① Cf. Paul van Tongeren, "Nietzsche as 'Über-Politischer Denker'", *Nietzsche*, *Power and Politics*: *Rethinking Nietzsche's Legacy for Political Thought*, Edited by Herman W. Siemens & Vasti Roodt (Berlin & New York: Walter de Gruyter, 2008), p. 69.

② Cf. Thomas H. Brobjer, "Critical Aspects of Nietzsche's Relation to Politics and Democracy", *Nietzsche*, *Power and Politics*: *Rethinking Nietzsche's Legacy for Political Thought*, pp. 205–230.

③ Ibid., p. 209.

④ Cf. Paul van Tongeren, "Nietzsche as 'Über-Politischer Denker'", pp. 69–84.

⑤ Cf. Herman Siemens & Vasti Roodt, "Introduction", *Nietzsche*, *Power and Politics*: *Rethinking Nietzsche's Legacy for Political Thought*, Edited by Herman W. Siemens & Vasti Roodt (Berlin & New York: Walter de Gruyter, 2008), p. 5.

必须对此种"政治"的内容和定义予以确切阐述，至少尼采本人未有过任何这方面的尝试。

至于"大政治"的概念如果用通常的（normal）"政治"意义去理解的话，也根本就不是通常意义的"政治"。根据 Brobjer 的研究，尼采的"大政治"的意义有点飘忽不定，但主要意义有二：一是一个与重估一切价值有关的精神的、文化的和价值的意义；另一个是立足于生理学的意义（根据"大政治"，我们应更强调吃饭、气候等）。但这两种意义都不是通常意义的"政治"。Brobjer 认为大政治与重估一切价值和反对基督教有密切联系；将它看成类似通常意义的政治是高度可疑的。[①] 在谈论尼采的文化政治时，应该对"政治"概念本身加以辨析，否则我们不但无法解释尼采那么多非政治和反政治的言论，而且会无法准确把握他的有关思想。

但是，即使是寻常意义的政治思想，尼采也是有的。尼采思想中的确有这一面，以至于他被一些研究者称为"政治现实主义者"[②]。尼采的政治现实主义倾向最明显地表现在他对古希腊的政治现实主义者（智者、修昔底德）的赞扬和反对柏拉图政治理想主义：

> 修昔底德，也许还有马基雅维利的君主通过不羁的意志与我自己有亲缘性，不自欺，不在现实中看到理性，——不根据理性，更不根据"道德"……修昔底德作为集大成者，最终揭示了古希腊人本能中的强大、严厉、坚定。最终是面对现实的勇气区分了像修昔底德这样的人与柏拉图：柏拉图在现实面前是懦夫——因此他逃入理想；修昔底德控制了自己，因此他也控制了事物……。[③]

但尼采的政治现实主义与一般的政治现实主义还是有明显的不同，他根本不认可权力就是正确；相反，他将国家置于从属和次要的地位，国家是工具，是手段，文化的产生与进步才是目的。文化才是人之为人

[①] Cf. Thomas H. Brobjer, "Critical Aspects of Nietzsche's Relation to Politics and Democracy", pp. 217—218.

[②] Cf. Daniel Conway, "The Birth of the State", *Nietzsche, Power and Politics: Rethinking Nietzsche's Legacy for Political Thought*, pp. 37—68; Christian J. Emden, "Political Realism Naturalized: Nietzsche on the State, Morality, and Human Nature", *Nietzsche as Political Philosopher*. Edited by Manuel Knoll & Barry Stocker (Berlin/Boston: Walter de Gruyter, 2014), pp. 313—344.

[③] Friedrich Nietzsche, *Götzen-Dämmerung*, KSA 6, S. 156.

的根本。政治的目的不是物质财富和享受的增加，而是人类自身的完善和提高。就此（政治之目的）而言，尼采的政治观与儒家有相近之处。但也有重要的不同，即尼采认为文化与国家基本是对立的："文化上一切伟大的时代都是政治衰败的时代；文化意义上伟大的东西都是非政治的，本身是反政治的。"[1] 尼采的政治现实主义并不意味着他要以一种政治替代另一种政治，而只是正视现实政治的实质，没有任何自欺与美化，相反，指出它有违政治的本质。所以他对现代政治（包括民主）有许多深刻的分析与揭示，远超一般的政治哲学家。在此意义上，说尼采是政治哲学家，尼采有自己的政治思想也无不可。但是，无论说尼采根本不是一个政治哲学家，根本没有政治思想，还是说尼采是政治哲学家，尼采有自己的政治思想，都得将自己的对立面考虑进去，都得采取理解然后消解，而不是简单否定对方的态度。毕竟，关于尼采的政治哲学简单的肯定与否定的答案都不能服人，也不利于我们真正理解尼采思想。尼采思想不像他的表达，是非常暧昧的，这种暧昧是他思想本身复杂性的表现，我们为什么不能容忍这种暧昧性，包括他的政治思想问题呢？

近二三十年来，政治哲学（包括尼采的政治哲学）大热。但一切政治哲学都是哲学，政治哲学只有放在该哲学家的整个思想中，才能得到深刻全面的理解。恐怕不会有人认为尼采的哲学就是政治哲学，或主要是政治哲学，既然如此，我们就应该将他的政治思想纳入他整个的哲学，作为这个有机体的一个部分、一个维度来考察，而不是相反。可是，现实情况却正是这个"相反"，这当然是学术工业时代的流行做法。但对于尼采政治思想较为全面深入的研究，应该是将它作为尼采整个思想的一个有机部分来处理的工作。

我从从事学术工作开始，就给自己规定一不请名人写序；二不给别人写序。至今给别人著作写的序只有两篇，都是不得不然之作。罗辛谷请我给他这部著作写序，是为第三篇，其原因一是鼓励他继续努力，二是可以借此机会表示我对尼采研究（包括尼采政治思想研究）的关注。我们离真正理解这个伟大的哲学家，还有相当的距离，还有许多重要的工作要做。

是为序。

张汝伦
壬寅年秋分于沪上

---

[1] Ibid., S. 106.

尼采主要作品缩写表

《城邦》　　*Der griechische Staat*（《希腊城邦》）
《竞赛》　　*Homer's Wettkampf*（《荷马的竞赛》）
《悲剧》　　*Die Geburt der Tragödie*（《悲剧的诞生》）
《哲学》　　*Die Philosophie im tragischen Zeitalter der Griechen*（《希腊悲剧时代的哲学》）
《沉思》　　*Unzeitgemäße Betrachtungen*（《不合时宜的沉思》）
《施特劳斯》　　*David Strauss der Bekenner und der Schriftsteller*（《施特劳斯——表白者与作家》）
《历史》　　*Vom Nutzen und Nachtheil der Historie für das Leben*（《历史学对于生活的利与弊》）
《叔本华》　　*Schopenhauer als Erzieher*（《作为教育者的叔本华》）
《拜雷特》　　*Richard Wagner in Bayreuth*（《瓦格纳在拜雷特》）
《人性》　　*Menschliches, Allzumenschliches: Ein Buch für freie Geister*（《人性的，太人性的——一本献给自由精神的书》）
《漫游者》　　*Der Wanderer und sein Schatten*（《漫游者和他的影子》）
《朝霞》　　*Mörgenröte*（《朝霞》）
《快乐》　　*Die fröhliche Wissenschaft*（《快乐的科学》）
《扎》　　*Also sprach Zarathustra: Ein Buch für Alle und Keinen*（《扎拉图斯特拉如是说——一本为所有人又不为任何人所写之书》）
《善恶》　　*Jenseits von Gut und Böse: Vorspiel einer Philosophie der Zukunft*（《超善恶——未来哲学的序言》）
《谱系》　　*Zur Genealogie der Moral: Eine Streitschrift*（《论道德的谱系——一篇论战的檄文》）
《偶像》　　*Götzen-Dämmerung*（《偶像的黄昏》）
《敌》　　*Der Antichrist: Fluch auf das Christenthum*（《敌基督

者——对基督教的诅咒》)

《瞧》　　Ecce homo（《瞧，这个人》）

《权力》　Der Wille zur Macht（《权力意志》）

KSA　　Kritishe Studienausgabe（《考订研究版全集》）

目 录

导 论 ……………………………………………………………（1）
  第一节　尼采贵族激进主义的政治哲学的思想主题 …………（1）
  第二节　尼采政治哲学的各种解释模式 ………………………（7）
  第三节　尼采政治哲学的界定、层次与论证结构 ……………（17）

第一章　何谓"贵族激进主义"? …………………………………（21）
  第一节　何谓尼采的"贵族" …………………………………（23）
    一、文化贵族主义反对大众民主 ……………………………（23）
    二、批判基督教的"为民众的柏拉图主义" ………………（29）
    三、自由人的战士精神 ………………………………………（34）
  第二节　何谓尼采的"激进主义" ……………………………（40）
    一、"新贵族"对"旧贵族"的否弃 ………………………（40）
    二、批判基督教的保守主义 …………………………………（42）
    三、批判民族主义的保守主义 ………………………………（45）
  第三节　"贵族激进主义"是一种"非道德主义" ……………（48）
    一、权力意志与生命本能 ……………………………………（50）
    二、永恒轮回与"同虚无主义斗争" ………………………（53）
    三、非道德主义的政治 ………………………………………（55）
  小 结 ………………………………………………………………（60）

第二章　贵族激进主义的政治批判 ………………………………（63）
  第一节　批判国家主义、民族主义、自由主义与保守主义 …（63）
    一、以个体主义批判国家主义 ………………………………（64）
    二、批判民族主义与反犹主义 ………………………………（67）
    三、批判自由主义与保守主义 ………………………………（73）
  第二节　对启蒙的批判性反思 …………………………………（81）
    一、批判英国道德情感主义及功利主义 ……………………（82）

二、批判卢梭的平等主义以及批判社会主义 …………………（92）
   三、批判理性主义和历史主义 …………………………………（103）
  第三节　尼采的"大政治"概念 …………………………………（105）
   一、欧洲的"小政治"与"大政治" ……………………………（106）
   二、大众民主时代的贵族激进主义 ……………………………（108）
  小　结 ………………………………………………………………（113）

第三章　尼采的"政治的概念"：文化的抑或政治的？ ……………（115）
  第一节　尼采政治哲学中"文化政治"的含义 …………………（115）
   一、尼采的文化概念 ……………………………………………（116）
   二、尼采的"文化政治"观念 …………………………………（119）
  第二节　尼采的文化政治与现实政治 ……………………………（126）
  小　结 ………………………………………………………………（128）

第四章　贵族激进主义的哲学基础 ……………………………………（130）
  第一节　尼采激进主义的哲学基础 ………………………………（130）
   一、无目的的生成世界——反对柏拉图主义"两个世界"的区分
     ………………………………………………………………（131）
   二、无行动者的行动——反对近代主体性哲学的主体概念 …（144）
   三、"未来哲学" …………………………………………………（153）
  第二节　尼采贵族主义的哲学基础 ………………………………（176）
   一、权力意志与价值设定 ………………………………………（176）
   二、奴隶道德的谱系学批判——"超人"的序曲 ……………（192）
  第三节　"永恒轮回"与"贵族激进主义" ……………………（209）
   一、永恒轮回学说——存在与生成的张力 ……………………（210）
   二、贵族激进主义作为永恒轮回学说内在张力的表现 ………（216）
  小　结 ………………………………………………………………（226）

结论：尼采的政治哲学与西方现代性危机问题 ……………………（228）

参考文献 …………………………………………………………………（232）

后　记 ……………………………………………………………………（240）

导　论

第一节　尼采贵族激进主义的政治哲学的思想主题

回顾二十世纪西方政治哲学，我们不难注意到政治与哲学相分离这一耐人寻味的现象。无论是英美分析哲学传统中罗蒂的"民主优先于哲学"，罗尔斯的"政治自由主义"，还是欧陆哲学传统中哈贝马斯的交往行动理论，福柯的"权力—知识批判"，二十世纪西方政治哲学的上述流派中似乎存在如下一种倾向，即拒绝从哲学或形而上学思辨去理解和设定政治观念。"政治的，而非形而上学的"，或者"政治的，且后形而上学的"，意味着政治与哲学的分离，也就是说，政治自身被视为一个自足的实证的领域，一个不再需要观念的基础、论证和论辩的领域。

在"政治与哲学的分离"的这种趋势下，西方思想界出现了两个不同的政治研究方向：一方面是实证主义的政治科学，另一方面是"后基础主义"或"后本质主义"的政治批判。这两种不同的政治研究方向就构成了我们时代的两种教条，它将政治哲学的研究局限于对越来越实证性的政治现象的研究，与此同时，政治哲学就只能局限于程序主义或形式主义的正义观念的研究。这一实证主义与程序主义联手的教条，限制了当代西方政治哲学思考政治问题的视野。要想克服这种狭隘的政治哲学视野的局限，就要跳出这种政治研究的基本框架之外，去思考政治哲学，尤其是政治哲学的基本问题，即"政治与哲学的关系"。

"政治与哲学的关系"是从柏拉图到黑格尔的西方政治哲学的根本主题。柏拉图的《理想国》确立了西方政治哲学的基本模式，即政治理想主义。现实的城邦政治必须建立在哲学家从"善的理念"和"灵魂的秩序"所引出的"正义的理念"之上，否则的话，从权力纷争中不可能建立社会的正义。马基雅维利的《君主论》确立了西方政治哲学的现实主

贵族激进主义的文化政治
——尼采政治哲学研究

义模式,即现实政治必须从权力斗争的现实出发去理解,政治是独立于道德而自律的,也就是独立于古典哲学或基督教所坚持的正义观念。马基雅维利开创了"政治与哲学的分离"的基本方向,因此被尊为现代政治科学的奠基人。然而,无论是洛克的《政府论》还是卢梭的《社会契约论》,无论是康德的《论永久和平》还是黑格尔的《法哲学原理》,都没有完全遵循马基雅维利的政治哲学范式。以黑格尔为例,他仍然遵循着柏拉图的政治哲学的基本模式,从绝对精神的冲突与发展的"逻辑",去审视世界历史背后的"历史的狡计"。然而,半个世纪后,黑格尔对理性的信念、对形而上学的信念、对知识体系的信念以及对历史辩证法的信念,都遭到尼采的严厉批判。

尼采既不承认柏拉图的理念世界,他将它视为一个"寓言";他也不承认黑格尔的历史主义,他将它视为基督教神学信念的残余。他认为真正存在的东西就是"权力意志",因此,他赞美马基雅维利主义的"非道德主义",并以其与基督教的道德性相对抗。但是,作为典型的德国哲学家,他又坚持"文化之于政治的优先性"的传统。于是,在尼采这里就出现了西方古往今来最独树一帜的"政治哲学":一方面,它在一定的意义上继承了柏拉图主义的政治理想主义传统,从哲学或文化去确定政治的目标,并以此批判现实政治;另一方面,它又在一定的意义上继承了马基雅维利的"非道德主义"的政治现实主义传统,不仅从权力、意志和斗争去理解政治,而且也用它去理解生命、文化和西方文明历史的兴衰。在以"权力意志"解构了西方传统的各种哲学和基督教的形而上学的基础后,尼采不仅彻底修正了传统的"哲学的概念",也彻底颠覆了现代的"政治的概念",于是才会产生出一套极为怪异的"政治哲学":它既不关注传统的正义主题,也不关注现代政治的核心问题,即国家问题或自由问题,而是集中于"价值重估"和"文化重振"的问题。

在尼采那里,"价值"和"文化"概念并非新康德主义意义上的"文化领域"的概念,虽然这两个词在当时是新康德主义的核心词汇,但是尼采对它们做了很大程度的改造。[①] 在通常的意义上,"文化"指的是文艺(包括文学、音乐、戏剧、绘画、雕塑、建筑等)、科学、哲学、宗教

---

① 比如在《沉思》"施特劳斯"篇第一节里,尼采就提到:"文化首先是一个民族的所有生活表现中艺术风格的统一。而众多知识和学识既不是文化的一个必要手段,也不是它的一个标志,必要时与文化的对立面,亦即野蛮,也就是说,与无风格或者一切风格的混乱杂拌相处得极为和睦。"参 KSA 1, S. 163;中译采尼采:《不合时宜的沉思》,李秋零译,上海:华东师范大学出版社,2007年版,页36。

等要求艰深地钻研始能达到的精神活动领域。根据深受黑格尔哲学影响的哲学观念和美学观念，某一个时代的"文化"具有某种统一性和整体性，这一时代的"艺术风格"最能体现出这一时代的"文化"的"时代精神"。早年尼采与布克哈特（Jacob C. Burckhardt）、里格尔（Alois Riegl）、沃尔夫林（Heinrich Wolfflin）这些艺术史大师一样，都持有这种准黑格尔主义的观点。然而，尼采比一般的艺术史家或美学家更注重各种文化领域的精神活动背后的道德心理和价值设定的机制，并以"权力意志"的意志论原则去衡量文化艺术所体现的生命本能的程度。于是，尼采便将文化艺术的精神活动作为最典型的精神性的权力意志的体现方式。

在尼采这里，文化或艺术的审美或美学的价值，既不在于文化或艺术自身的形式主义的内在标准，更不在于它能否体现某种道德的价值，而在于它是否能够"肯定生命、肯定生成的无辜"，能否充分实现人的自我克服、自我超越和自我肯定的"创造性"。作为权力意志的一种具体体现，文化或艺术是对虚无主义的克服，因为虚无主义不是别的，就是对生命本能的虚无。[①] 因此，在尼采这里，文化或艺术在价值的等级秩序上具有独立于、高于和优先于政治的地位，它可以且必须作为现实政治直接或间接所追求和实现的目标或目的。[②] 正是基于这一独特的视角，尼采才区分了被迫劳动者的大众和自由劳动者的有闲阶级。尼采这种社会区分，既不是根据职业特点进行的社会分工，也不是根据出身、财富和社会地位进行的阶级区分，它完全是根据尼采自己独特的社会区分标准，即在价值等级秩序上的高下优劣。那些能够进行精神性的价值创造的人是一类人，另一些人则是普通的大众。只有从尼采的"文化政治"的视角而非"社会分工"或"阶级分析"的视角，我们才能理解并解释

[①] 参见《偶像》，"德国人缺少了什么"章4节、"一个不合时宜者的漫游"章24节。KSA 6, Ss. 106—107, Ss. 127—128；中译见尼采：《偶像的黄昏》，卫茂平译，上海：华东师范大学出版社，2007年版，页102—104，页139—140。

[②] 参见"艰难时代的哲学"46节（尼采：《哲学与真理：尼采1872—1876年笔记选》，田立年译，上海：上海社会科学院出版社，1993年版，页152—153）、《人性》上卷第八章465及481节［KSA 2, S. 300, Ss. 314—316；中译见尼采：《人性的，太人性的——一本献给自由精神的书》（上卷），魏育青译，上海：华东师范大学出版社，2008年版，页317—318，页332—333］、《朝霞》卷三179节（KSA 3, Ss. 157—158；中译见尼采：《朝霞》，田立年译，上海：华东师范大学出版社，2007年版，页221—222）等。

清楚尼采那种怪异的"精神贵族主义"立场。①

可见,我们可以称之为尼采的"政治哲学",实际上迥异于传统的政治哲学的各种范式和基本主题。尼采从他的"权力意志"学说出发重新进行"价值评价",在基督教传统价值崩溃之后试图为西方文化重建一套新的"价值的等级秩序",并由此而确立了他的"文化优先于政治"或"文化政治"的立场。这也可以解释为什么尼采从不像今天流行的政治哲学那样思考国家、宪政、契约、正义或社群等问题,也不像传统政治哲学那样去考察"政体的类型"并分析其优劣。尼采所思考的问题是,在欧洲文化日渐衰颓的时代中,如何抛开基督教文化及其道德,在新的观念上重新为欧洲文明的价值观念奠基,以此提振欧洲文化。对于尼采来说最重要的事情乃是,明确"欧洲虚无主义降临"的时代大势,以"积极虚无主义"去摧毁基督教价值的"消极虚无主义",重新创造西方新的文化价值。这个最紧迫也是最重要的事情就决定了"文化与政治的关系"。

在尼采看来,政治并没有内在于政治自身的目的,政治并不是像马基雅维利的政治现实主义所声称的那样,政治不是为了国家、民族、阶级、社会或个体权利而存在,政治是为了提升一个民族或整个欧洲的文化价值或文明威望而存在,真正的大政治是重新创造文化的价值,拯救"欧洲虚无主义时代"中欧洲文化的衰退。由此可见,我们今天泛泛地将尼采的政治哲学归为一种"文化政治",是模棱两可的。我们必须在上述的问题意识和思想关切中去理解尼采的"文化政治"的意思。显然,尼采从未像当今北美流行的"文化研究"那样泛泛谈论文化的意识形态性质、文化的政治维度或者"文化与权力的同谋"。如果我们从这种"文化研究"的角度去理解尼采的"文化政治"观念,那注定是南辕北辙的。澄清尼采的"文化政治"的内容和意义,这也是本书的一个任务。

尼采的"文化政治"观念最早表现在他的《不合时宜的沉思》之中,那些观点在当时看起来既不显得十分激进,也并不是什么奇谈怪论。甚至可以说,他和他那个时代的许多德国浪漫主义者或保守主义者共同分

---

① 参见"城邦"(KSA 1, Ss. 764—777;中译见尼采:"《古希腊国家》序言",蒋如俊译,魏育青校,载于《复旦哲学评论(第一辑)》,王金林,郭晓东主编,上海:上海辞书出版社,2004年版:页248—257)、《人性》上卷第八章439节[KSA 2, Ss. 286—287;中译见《人性的,太人性的——一本献给自由精神的书》(上卷),页302—303]、《敌》57节(KSA 6, Ss. 241—244;中译见吴增定:《敌基督者》讲稿,北京:生活•读书•新知三联书店,2012年版,页248—253)等。

享一些比较相近的文化观念。德国当代知识社会学家勒佩尼斯（Wolf Lepenies）在《德国历史中的文化诱惑》一书中全面地展示了两三个世纪以来德国人对文化的崇拜和迷恋，从中我们可以看到，"文化崇拜"简直就是所谓"德国性"的一部分。[①] 因此可以说，尼采对文化的推崇是最典型的"德意志意识形态"。不过，如果就"文化政治"所创造出来的爆炸性效果和极其深远影响来看，尼采的哲学应该是这种德意志的"文化政治"最具代表性的形态，他的思想划开了西方思想史上的一个时代。

尼采哲学没有什么概念分析，也没有思辨的色彩，他为自己创造了一种适合文化批判和政治批判的独特文体。尼采从不是一个文化评论家或政治评论家，他从哲学的高度和深度、西方历史兴衰命运的厚度和广度以及极端激进地批判的强度，去阐述其"文化政治"的理念。略去那些难以捉摸的修辞策略、复杂的激情和心绪以及近乎神秘主义的精神体验不谈，仅就哲学而言，尼采是从"上帝之死""权力意志""永恒轮回""视角主义""价值重估"等哲学学说出发，对整个西方文明从希腊悲剧时代到苏格拉底、从柏拉图主义到基督教、从卢梭的平等主义的兴起到当代欧洲虚无主义的历史兴衰和文明危机进行了一个全景式的深刻反思，诊断了时代的危机，开出一套拯救欧洲文化衰退的救治方案。不管人们对尼采哲学是好是恶，至少无人能忽视他对德国乃至整个欧洲的"文化政治"理念所产生的无人能及的影响。

尼采的"文化政治"观念之所以比那些泛泛的文化批评或政治评论更为深刻，就在于它实际上乃是尼采哲学学说的基本内容。如果我们深入理解"权力意志"学说的话，我们会发现这一学说并不仅仅是一种纯粹的哲学分析，也即在哲学上解构柏拉图的理念论及其"理念的世界"、解构基督教的上帝观及其目的论的世界图景、解构现代自然科学的机械论的宇宙论；而且，它也包含了一种自我立法、自我创造和价值重估的新道德观念或"价值论"，并且由此出发而推崇希腊罗马的异教伦理、贬斥基督教的所谓的"奴隶道德"。再进一步，这种道德谱系学的价值评价实际上是建立在"权力意志的心理学"之上的，主人道德与奴隶道德的区分乃是主人心理与奴隶心理之分，也就是拥有权力意志的自我肯定的精神与充满怨恨的虚无主义的内倾性的心理之分。由此可见，"权力意志"学说具有本体论、伦理学和道德心理学三个层面的意义。

[①] 参见勒佩尼斯：《德国历史中的文化诱惑》，刘春芳、高新华译，南京：译林出版社，2010年版。

贵族激进主义的文化政治
——尼采政治哲学研究

不仅如此,"权力意志"学说在本体论、伦理学和道德心理学三个层面上都具有"文化政治"的意义。"权力意志"学说并不是一种纯粹的理论,尼采针对叔本华最终归于意志的涅槃的"悲观主义"的意志论提出他这个具有"悲剧精神"的学说,其意图旨在批判德国文化的颓废主义和"欧洲虚无主义",因此,只有把它放回到尼采的"文化政治批判"的思想意图中加以考察,权力意志学说才能充分显示其内涵。否则,作为纯粹的理论它很难被视为一种融贯的世界观,作为道德学说它难以被视为一种融贯的伦理学。只有搞清楚尼采本人提出"权力意志"学说的"文化政治批判"的问题意识,我们才能恰当地分析和批判这一学说。

尼采的"文化政治批判"将当代欧洲文化的虚无主义的起源追溯到柏拉图主义和基督教道德的"消极虚无主义",尤其是他晚年在《论道德的谱系》中越来越明确地通过对基督教道德的谱系学批判,揭示基督教道德是如何成功地进行了一场"奴隶起义",颠覆了希腊罗马的异教高贵的道德德性,并如何滋生出了现代平等主义的民主文化,最后竟不可避免地最终导致"欧洲虚无主义"的全面降临。在谱系学地分析了西方文化的"消极虚无主义"道德心理的起源后,尼采彻底拒斥了基督教道德和平等主义道德的价值。他的"权力意志"和"超人"学说不能说是清晰地给出了一整套创造新的欧洲文化的目标和方案,但是对于摧毁欧洲传统的文化体系,无疑绰绰有余了。在他摧毁欧洲传统价值体系的"积极虚无主义"策略中,他推崇西方历史上各种"非道德主义"的马基雅维利式的政治强人,推崇基督教之外的各种异教义化、风俗和道德,推崇悲剧式斗争的战士精神。无疑,这些激进主义的极端言论有助于实现尼采的"积极虚无主义"的意图,但是却不足以阻止意识形态对它的滥用。因此,尼采也需要明确地与十九世纪下半叶流行的各种意识形态相抗争。他几乎对所有现代的政治概念或意识形态,诸如民主、权利、幸福、国家主义、民族主义、种族主义、反犹主义、自由主义、保守主义、社会主义等都展开了激烈的批判。只有彻底考察这一方面,我们才能理解尼采在他的"贵族激进主义"的"文化政治"与各种现实政治之间保持的距离。他的哲学批判、道德谱系学批判、以及道德心理学批判所追求的目标和效果,最终都指向一个根本性的文化政治问题,即在一个欧洲虚无主义降临的时代中,只有拥有权力意志的"超人"才能创造新的欧洲文化与新的道德价值,以拯救陈腐的基督教道德、现代平等主义以及各种现代政治的意识形态所引发的欧洲文化的虚无主义的危机。这才是我们时代的"大政治",而那些政治意识形态,无论是左派的还是右派的，无论是民族主义还是国际主义，无论是自由主义、社会主义还是保守主义，在面对西方现代性发展了四个世纪之后所产生的全面危机时，都是无济于事的。

本书旨在澄清尼采的政治批判和文化批判的基本特征，并试图解释尼采的政治哲学思想何以具有一种"贵族激进主义"的立场，以及他的文化政治批判与道德谱系学批判是如何根植于他的哲学学说的。我们看到，所谓的"尼采的政治哲学"虽然采取了西方政治哲学传统中"哲学优先于政治"的立场，但他却不是从某种传统的或现代的哲学角度去思考政治，他思考政治的哲学乃是全新的"尼采的哲学"。我们也看到，尼采赞扬马基雅维利的"非道德主义"的权力政治和斗争政治，但却从未在根本上认同现代政治所追求的社会目标，他为现代政治所确立的目标乃是全新的"更高类型的人"和"更高类型的文化"。澄清和平议诸多关于尼采的政治思想的混乱意见与争议，展示尼采的政治哲学思想的连贯性、复杂性和独特性，这是本书的任务。鉴于所要分析的内容如此之驳杂，所要清理的线索如此之曲折，本书只是在极为有限的意义上完成了这一艰巨的任务，更为深入的研究还有待于未来更多的时日。

第二节 尼采政治哲学的各种解释模式

尼采研究著作汗牛充栋，但是尼采的政治哲学研究一直不多。这是一个奇怪的现象。究其原因，人们对尼采那里是否存在一种"政治哲学"，如果有，它到底是一种什么意义上的政治哲学，仍然有很大的分歧和激烈的争论。

无人能否认尼采是世纪之交西方最伟大的哲学家之一，其影响或许只有马克思、弗洛伊德、海德格尔等寥寥数人才能与之相比。然而，尼采在二十世纪的复杂形象也令无数的人困惑不已。只要想一想卢卡奇所说的臭名昭著的"纳粹的教父"、海德格尔所说的"西方形而上学的最后的完成者"、后现代主义和学院左派极力推崇的"后现代主义始祖"，以及施特劳斯所说的"柏拉图式的政治哲学家"和"现代性第三次浪潮的开创者"这四种典型的断言，人们就会明白，在尼采这里根本无法避免"解释的冲突"。

看起来，尼采根本不像任何其他的西方哲学家那样，能给人们提供一个明确的、大体上统一连贯的"思想体系"或思想立场，并且我们知

贵族激进主义的文化政治
——尼采政治哲学研究

道，尼采对此可能造成的思想混乱、矛盾和误解有着非常明确的"自我意识"。因此，任何尼采研究想要直接通过钻研尼采的文本而回避二十世纪各家各派对尼采的解释，都是不可能的。与此相反，对"尼采思想接受史和阐释史"有一个清楚的了解，恰恰是进行尼采研究不可或缺的前提。

　　二十世纪最著名也是最强有力的尼采解释者非海德格尔莫属。海德格尔在他两大卷的巨著《尼采》中给出的是一种典型的"非政治"的解读。海德格尔将尼采判定为"最后的形而上学家"，人们通常认为是贬义，实际上已经是对尼采最高的评价了。因为海德格尔所说的"形而上学的完成"的意思是，尼采思想实现了西方形而上学的各种极端的可能性。不过，在海德格尔看来，尽管尼采已经达到了突破西方形而上学的极限，但仍然还有根深蒂固的形而上学的束缚。

　　海德格尔从存在论的视角分析了尼采的思想，他认为尼采的"权力意志"学说是对存在者的规定，"超人"学说是对此在的规定，而"永恒轮回"学说则是对存在者的存在的规定。"超人"以其权力意志肯定"同一者"的永恒轮回，摆脱怨恨和对时间的复仇，也就是从对存在的虚无主义中解放出来。就此而言，尼采的努力乃是西方形而上学最典型的表现形式。

　　如果从海德格尔这一"存在史"的视角来看，尼采的思想的确是与政治无涉的，是"非政治"的。[①] 不过，考虑到海德格尔的尼采研究及其尼采课程都成形于纳粹当局大肆篡用尼采的言论思想为其内外政策服务的时代（1936—1944），他对尼采的"非政治"的解读似乎也可以理解为一种耐人寻味的"反政治"之举，即暗中抵制纳粹对尼采思想的意识形态化的利用。

　　海德格尔的尼采解释将尼采从一个"作家"提升到"哲学家"的高度，因此，对尼采哲学的研究不能绕过海德格尔的解释。自从十九世纪五六十年代海德格尔出版了《尼采》以来，它就代表了从纯粹哲学的角

[①] 参见 Martin Heidegger, *Nietzsche*, Pfullingen, Verlag Günther Neske, 1961（中译见海德格尔：《尼采》上下卷，孙周兴译，北京：商务印书馆，2010 年版）;„Nietzsches Wort , Gott ist tot'", *Martin Heidegger Gesamtausgabe Band 5: Holzwege*, Frankfurt am Main, Vittorio Klostermann, 1977, SS. 209—267 [中译见《尼采的话"上帝死了"》，载于海德格尔：《林中路（修订本）》，孙周兴译，上海：上海译文出版社，2008 年版，页 192—241]、《尼采的形而上学》（王志宏译，载于汪民安、陈永国编：《尼采的幽灵——西方后现代语境中的尼采》，北京：社会科学文献出版社，2001 年版，页 197—233）等。

8

度解读尼采思想的深度。海德格尔的弟子洛维特以及存在主义哲学家雅斯贝尔斯对尼采的解释都与海德格尔的解释路线有或多或少的相似之处。①

第二次世界大战后英美世界最富盛名的尼采著作英译者考夫曼（Walter Kaufmann）也坚持认为尼采的思想是"非政治"的，但是他的理由不同于海德格尔。这位德裔美籍犹太学者堪称英美世界第一位试图从纳粹意识形态对尼采思想的利用中拯救其名誉之人。考夫曼坚持认为尼采是"反政治"的，尤其与纳粹的意识形态格格不入，因此，并不是尼采的思想导致了纳粹，而是纳粹扭曲地利用了尼采的言论。考夫曼认为，尼采著作的基本主题是"反政治的个体的问题，这种个体追求的是那种远离现代世界的自我完善"。② 考夫曼还明确指出，尼采主要关注的问题是"文化问题"以及"人的提升"的问题。

考夫曼澄清了尼采所说的"重估一切价值"并"创造新的价值"的"超人"，实际上指的就是"艺术型的哲学家"或者"艺术—哲学家"，也就是像尼采本人那样的人。③ 作为尼采著作的主要英译者，考夫曼对尼采哲学的精髓在文化层面上的意义有着精准的把握。不过，他却有些矫枉过正。他忽视了尼采大量谈及政治人物以及他早年习作《希腊城邦》等论文在文化政治层面上的意义。就此而言，考夫曼给出的尼采形象过于单薄浅显，过于文艺化，无法令人信服。汉语学界二十世纪八十年代在国内最早重新引介尼采学说的周国平，其尼采解读的路数比较接近考夫曼的解释路线，即尼采在本质上是一个非政治甚至是反政治的"诗人

---

① 参见 Karl Löwith, *Von Hegel zu Nietzsche：Der revolutionäre Bruch im Denken des neunzehnten Jahrhunderts*, Hamburg, Felix Meiner Verlag, 1995（中译见洛维特：《从黑格尔到尼采》，李秋零译，北京：生活·读书·新知三联书店，2006 年版），以及 Karl Jaspers, *Nietzsche：Einführung in das Verständnis seines Philosophierens*, Berlin, Walter de Gruyter, 1981（中译见雅斯贝尔斯：《尼采其人其说》，鲁路译，北京：社会科学文献出版社，2001 年版）。

② 参见 Walter Kaufmann, *Nietzsche：Philosopher, Psychologist, Antichrist*, Princeton, N. J., Princeton University Press, 1974, p. 418.

③ 参见考夫曼前引书。此外，当代学者布罗杰（Thomas Brobjer）也认为尼采"主要是一个非政治和反政治的思想家"，参见 Thomas Brobjer, "Nietzsche's Wrestling with Plato and Platonism", in Paul Bishop ed., *Nietzsche and Antiquity：His Reaction and Response to the Classical Tradition*, Rochester, NY, Camden House, 2004, p. 252（中译见氏著：《尼采与柏拉图和柏拉图主义搏斗》文中"尼采对柏拉图政治观点的批评"一节末尾，载于保罗·彼肖普编：《尼采与古代——尼采对古典传统的反应和回答》，田立年译，上海：华东师范大学出版社，2011 年版，页 323）。

贵族激进主义的文化政治
——尼采政治哲学研究

哲学家"。①

与考夫曼同为纳粹上台后避居美国的德裔犹太学者列奥·施特劳斯不同于考夫曼对尼采的"非政治"的解释,他非常重视尼采思想的政治维度,他将尼采视为"柏拉图式的政治哲学家"。② 施特劳斯及其学派认为,尼采曾经深刻地思考过政治哲学的基本主题,即"哲人与大众""贵族与民主""诗与哲学""隐晦的教诲""宗教、哲学与政治""知识与生命"等主题,并且作为现代性第三波运动的发动者,对卢梭的现代性方案进行了激烈的批判,在二十世纪引发了持久的影响,整个后现代主义运动都可以视为尼采所发动的"现代性第三次浪潮"的延续。这与哈贝马斯的判断是一样的,他称尼采是"从现代向后现代转折的关键人物",是"后现代主义的始祖"。

不过,施特劳斯本人与施特劳斯学派的布鲁姆(Allan Bloom)、潘格尔(Thomas L. Pangle)、罗森(Stanley Rosen)、丹豪塞(Werner J. Dannhauser)、皮平(Robert B. Pippin)以及深受他们影响的朗佩特(Laurence Lampert)的解释方式也略微有所不同,在此不能进行更深入的讨论。③ 比较值得一提的是,施特劳斯的学生丹豪塞的学生戴威勒(Bruce Detwiler),他敏锐地捕捉住了尼采思想的"贵族激进主义"特征,并以此为题澄清了一些尼采的政治哲学问题。本书借鉴了戴威勒对

---

① 参见周国平:《尼采:在世纪的转折点上》(南京:译林出版社,2012年版)、《尼采与形而上学》(南京:译林出版社,2012年版)等。

② 施特劳斯研究尼采的唯一一篇出版的论文《注意尼采〈超善恶〉的谋篇》收录于他的文集《柏拉图式的政治哲学研究》中。参见 Leo Strauss, "Note on the Plan of Nietzsche's *Beyond Good and Evil*", in *Studies in Platonic Political Philosophy*, with an introduction by Thomas L. Pangle, Chicago, University of Chicago Press, 1983, pp. 174-191. 该文中译收录于朗佩特:《施特劳斯与尼采》(田立年、贺志刚等译,上海:上海三联书店,2005年版),页 203-222。

③ 参见 Allan Bloom, *The Closing of the American Mind: How Higher Education Has Failed Democracy and Impoverished the Souls of Today's Students*, New York, Simon & Schuster Audioworks, 1987(中译见布鲁姆:《美国精神的封闭》,战旭英译,冯克利校,南京:译林出版社,2007年版);Thomas L. Pangle, "The 'Warrior Spirit' as an Inlet to the Political Philosophy of Nietzsche's Zarathustra", *Nietzsche-Studien*, 15 (1986): 140-179(中译见潘格尔:"战士精神与扎拉图斯特拉的政治哲学",王新生译,载于刘小枫、倪为国选编:《尼采在西方——解读尼采》,上海:上海三联书店,2002年版,页 65-119);Stanley Rosen, *The Mask of Enlightenment: Nietzsche's Zarathustra*, Cambridge, Cambridge University Press, 1995(中译见罗森:《启蒙的面具——尼采的〈扎拉图斯特拉如是说〉》,吴松江、陈卫斌译,沈阳:辽宁教育出版社,2003年版)、《尼采的"柏拉图主义"》(张辉译,载于《尼采在西方》,页 120-146);Werner J. Dannhauser, "Friedrich Nietzsche", in Leo Strauss and Joseph Cropsey ed., *History of Political Philosophy* (3rd edition), Chicago, University Of Chicago Press, 1987, pp. 829-850 [中译见丹豪塞:《弗里德里希·尼采》,载于列奥·施特劳斯、约瑟夫·克罗波西

"贵族激进主义"的一些研究，不过，在如何理解尼采政治哲学的"贵族激进主义"性质上，笔者提供了不同于戴威勒的思路和理据。笔者深受张汝伦尼采解释的影响，明确提出尼采的"贵族激进主义"是一种"文化政治"命题，并加以全面的论证。

汉语学界方面，刘小枫于世纪之交尼采逝世一百周年之际著文《尼采的微言大义》（2000年），在文中他明确提出尼采的政治哲学问题。刘小枫特别注重尼采的"隐晦的教诲"、他对启蒙现代性的批判、"哲人与知识大众的关系"以及"哲人与普通大众的关系"等问题，与施特劳斯学派的罗森的立场颇有相近之处。刘小枫还编选了尼采研究文集《尼采在西方——解读尼采》，并主编《尼采注疏集》，极大地推动了国内新一轮尼采研究的热潮。

此外，吴增定在其著作《尼采与柏拉图主义》中以尼采对"柏拉图主义"的形而上学传统的批判为线索，从"求真意志"深入讨论了"真理与谎言"与"真理与生命"问题，从柏拉图式的政治哲学讨论了"哲学与政治"与"哲学与宗教"问题，这些都是典型的施特劳斯学派的政治哲学主题。另一位青年学者张文涛在《尼采六论——哲学与政治》一书中所讨论的主题与吴增定所讨论的主题相似，但研究深度不及前者。两者都受到刘

主编：《政治哲学史（第三版）》，李洪润等译，北京：法律出版社，2009年版，页826—847]、"扎拉图斯特拉与苏格拉底"（载于刘小枫选编：《尼采与古典传统续编》，田立年译，上海：华东师范大学出版社，2008年版，页30—63）；Bruce Detwiler, *Nietzsche and the Politics of Aristocratic Radicalism*, Chicago, University of Chicago Press, 1990（中译见戴威勒：《尼采与贵族激进主义政治》，杨淑娟译，台北："国立编译馆"，1997年版）；Laurence Lampert, *Nietzsche's Teaching: an Interpretation of Thus Spoke Zarathustra*, New Haven, Yale University Press, 1986、*Nietzsche and Modern Times: A Study of Bacon, Descartes, and Nietzsche*, New Haven, Yale University Press, 1993（中译见《尼采与现时代——解读培根、笛卡尔与尼采》，李致远、彭磊、李春长译，北京：华夏出版社，2009年版）、*Leo Strauss and Nietzsche*, Chicago, University of Chicago Press, 1996（中译见朗佩特：《施特劳斯与尼采》，前揭）、*Nietzsche's Task: an Interpretation of Beyond Good and Evil*, New Haven, Yale University Press, 2001（中译见《尼采的使命——〈善恶的彼岸〉绎读》，李致远、李小均译，北京：华夏出版社，2009年版）；Robert B. Pippin, *Modernism as a Philosophical Problem: On the Dissatisfactions of European High Culture*, Malden, Blackwell Publishers, 1999（中译见皮平：《作为哲学问题的现代主义》，阎嘉译，北京：商务印书馆，2007年版）；Francis Fukuyama, *The End of History and the Last Man*, New York, Free Press, 1992（中译见福山：《历史的终结及最后的人》，黄胜强、许铭原译，北京：中国社会科学出版社，2003年版）。

贵族激进主义的文化政治
——尼采政治哲学研究

小枫解释尼采的影响,比较接近施特劳斯学派对尼采的解释路线。[①]

除了德国的海德格尔、英美世界的考夫曼和政治哲学家施特劳斯的尼采解释模式之外,二战后法国哲学也曾经掀起了一场尼采热潮,创建了他们独特的尼采解释路线。如果说施特劳斯的解释路线是"右翼尼采主义"的话,那么法国哲学家的解释路线就是"左翼的尼采主义"。[②] 哈贝马斯在《步入后现代:以尼采为转折》一文中将我们今天耳熟能详的后现代主义者德勒兹、福柯、德里达通通称为"尼采的门徒",因为他们这一代人都将尼采视为"左派的先锋"和"后现代的鼻祖"。[③] 哈贝马斯认为对尼采有两条最重要的解释路线,一条是从海德格尔到德里达,另一条便是从巴塔耶(Georges Bataille)到福柯。[④] 尽管这两条路线各有侧重,但是这些法国哲学家都无视尼采的政治言论,而特别注重发掘尼采对传统哲学的"逻各斯中心主义"、"理性主义"、"人道主义"以及一言以蔽之的"形而上学"的批判,并从中引申出"非理性主义"、"去中心化"、"视角主义"、"隐喻"和"解构主义"等要素,于是,尼采就成了当代哲学最伟大的革命者。当代哲学最伟大的革命者的哲学革命而非其政治言论,将支持他们这一代法国哲学家的左派立场。

很显然,后现代主义对尼采的解读模式过于强调尼采哲学对西方传统形而上学和知识论的解构性和谱系学批判的一面,却没有充分意识到

[①] 参见刘小枫:《尼采的微言大义》(载于《书屋》,2000年第10期,页4—22);吴增定:《尼采与柏拉图主义》(上海:上海人民出版社,2005年版)和张文涛:《尼采六论——哲学与政治》(上海:华东师范大学出版社,2007年版)等。

[②] 参见 Peter Levine, *Nietzsche and the Modern Crisis of the Humanities*, Albany, State University of New York, 1995, pp. 151—186.

[③] 参见 Gilles Deleuze, *Nietzsche and Philosophy*, tr. H. Tomlinson, London, Athlone Press, 1983 (中译见德勒兹:《尼采与哲学》,周颖、刘玉宇译,北京:社会科学文献出版社,2001年版)、《能动与反动》(姜宇辉译,载于《尼采在西方》,页306—342)、《游牧思想》(汪民安译,载于《尼采的幽灵》,页158—167);福柯:《尼采·弗洛依德·马克思》(方生译,李猛校,同前书,页96—113)、《尼采·谱系学·历史学》(苏力译,李猛校,同前书,页114—138);Jacques Derrida, *Spurs: Nietzsche's Styles*, tr. B. Harlow, Chicago, University of Chicago Press, 1979、德里达:《风格问题》(衡道庆译,载于《尼采在西方》,页397—416)、《阐释签名(尼采/海德格尔):两个问题》(陈永国译,载于《尼采的幽灵》,页234—252);Allan Megill, *Prophets of Extremity: Nietzsche, Heidegger, Foucault, Derrida*, Berkeley, University of California Press, 1985; Ernst Behler, *Derrida-Nietzsche, Nietzsche-Derrida*, München: Ferdinand Schöningh, 1988 (中译见从英译本转译的恩斯特·贝勒尔:《尼采、海德格尔与德里达》,李朝晖译,北京:社会科学文献出版社,2001年版)。

[④] 参见 Jürgen Habermas, *Der philosophische Diskurs der Moderne: Zwölf Vorlesungen*, Frankfurt am Main, Suhrkamp, 1985 (中译参见哈贝马斯:《现代性的哲学话语》,曹卫东等译,南京:译林出版社,2011年版,尤其是书中"步入后现代:以尼采为转折"一节)。

尼采本人的政治立场与他们所持有的"左派"立场在根本上是冲突的。尼采的政治立场是反现代自由民主和社会主义的"激进右派",因此,无论对于"激进民主",还是马克思主义左派,都是格格不入的。①

在过去三十年间,法国的后现代主义成为席卷欧美的一场思潮,很多美国学者都深受巴塔耶、德里达、福柯、德勒兹等一代人对尼采的解释方式。比如美国学者内哈马斯(Alexander Nehamas)对尼采的解释就是典型的后现代主义的,后现代主义成为当今尼采研究的主流模式。②在汉语学界中,汪民安在《尼采与身体》一书中对尼采思想的研究遵循的是典型的后现代主义解释路线,他所理解的尼采的政治立场乃是一种解构主义的政治批判和文化批判。③

尼采的政治哲学的确是一种"文化政治批判",但是这种"文化政治"究竟是什么意思,所有的后现代主义者都未能给出系统而深刻的论述。美国政治思想家沃林(Sheldon S. Wolin)在他的经典之作《政治与构想》中指出,尼采的政治哲学是一种"文化的政治"(the politics of culture),④它以精英主义的文化批判和道德批判作为切入点,以此针对从基督教兴起到现代社会民主浪潮来临所导致的价值的民主化、多元化以至于虚无化的困境和问题。沃林认为尼采的价值判断立足于哲学、诗歌、音乐、悲剧、教育这些精英文化领域之于民众之间的差异性和优越性,因此,才有了他在政治上的激进性和批判性。沃林这些判断大体上是不错的,但是对于深入探究尼采的政治哲学的理路,他似乎没有太多的兴趣。美国学者斯特朗(Tracy B. Strong)和沃伦(Mark Warren)论尼采的政治思想的思路大体上都接近于沃林的观点。⑤

---

① 只不过这种右派不是旧贵族保守主义的陈腐"右派",而是一种激进的精神贵族主义。本书接下来会对此问题详细展开。

② 参见 Alexander Nehamas, *Nietzsche, Life as Literature*, Cambridge, Mass., Harvard University Press, 1985;内哈马斯:《"未来的哲人"是谁?——对〈超善恶〉的一种解读》(孙宜学译,载于《尼采在西方》,页 179-207);《关于苏格拉底面相的一个推论——尼采论"苏格拉底问题"》(载于《尼采与古典传统续编》,页 64-120)。

③ 参见汪民安:《尼采与身体》(北京:北京大学出版社,2008 年版)。

④ 参见 Sheldon S. Wolin, *Politics and Vision: Continuity and Innovation in Western Political Thought* (Expanded edition), Princeton, N. J., Princeton University Press, 2004(中译见谢尔登·S. 沃林:《政治与构想:西方政治思想的延续和创新(扩充版)》,辛亨复译,上海:上海人民出版社,2009 年版,尤其是书中"尼采:前集权主义的、后现代"章及其第十四节"文化的政治")。

⑤ 参见 Tracy B. Strong, *Friedrich Nietzsche and the Politics of Transfiguration*, Berkeley, University of California Press, 1989,以及 Mark Warren, *Nietzsche and Political Thought*, Cambridge, Mass., MIT Press, 1988.

贵族激进主义的文化政治
——尼采政治哲学研究

汉语学界中，张旭东特别强调尼采的"文化政治"的意义，并将其置于黑格尔、韦伯、施米特、本雅明等德国思想家的基本问题意识之中，探讨了他对现代性的文化批判、道德批判和价值重估对于西方文明自省自新的意义。[①] 张汝伦和陈家琪的尼采研究也同样重视尼采从文化精英立场对欧洲虚无主义和现代民主的平庸性的文化批判。张汝伦在其《文化，还是政治？》一文中，通过分析德国当代学者勒佩尼斯《文化和政治》及《德国历史中的文化诱惑》等书中提出的德国思想史上"文化优于政治"之传统，清楚地点明了"文化政治"在德国近现代思想史和政治史上的复杂意义，对于理解尼采哲学是一个不可或缺的视角。[②] 本研究最初的问题意识和研究旨趣就源于张汝伦的这篇论文。[③]

陈家琪在《"平庸是时代的危险所在"——再论尼采的"大政治"的概念》一文中引用勃兰兑斯（George Brandes）的"贵族激进主义"以及雅斯贝尔斯对尼采"大政治"概念的分析，指出尼采的"大政治"学说是其文化政治的基本命题。[④] 上述学者的"文化政治"或"文化政治批判"的解释路线既鲜明地突出了尼采哲学的问题意识和观念的语境，又强调了德国人的"文化的诱惑"或"文化崇拜"本身就具有强烈的政治意味，它有其独特的历史处境，也有其悲剧性的历史影响。综合上述不同的尼采解释路线来看，"文化政治批判"或许是一条最有可能深入尼采政治哲学思想深处的解释方向。

通过国内外尼采研究的粗略考察不难发现，首先，尼采并不是一个典型意义上的"政治哲学家"，至少不是霍布斯、洛克、罗尔斯或奥克肖特那种意义上的政治思想家。但是同样不可否认的是，尼采的思想确实涉及政治层面，他对政治有广泛而深入的思考，也有自己的政治立场，也发表了很多激烈的政治言论。这些都是不能在理解和解释尼采思想时

---

① 参见张旭东：《全球化时代的文化认同——西方普遍主义话语的历史批判》（北京：北京大学出版社，2006 年版，特别是其中"尼采"上下两章）。

② 勒佩尼斯书中多次以尼采为例来说明他的论点。参见 Wolf Lepenies, *Kultur und Politik: Deutsche Geschichten*, München, Carl Hanser, 2006、*The Seduction of Culture in German History*, Princeton, N. J., Princeton University Press, 2006（中译见勒佩尼斯：《德国历史中的文化诱惑》，前揭）。

③ 参见张汝伦：《文化，还是政治》（载于氏著：《政治世界的思想者》，上海：复旦大学出版社，2009 年版，页 501—514）、"现代西方哲学的开拓者：尼采"（载于氏著：《现代西方哲学十五讲》，北京：北京大学出版社，2003 年版，页 47—63）。

④ 陈家琪：《"平庸是时代的危险所在"——再论尼采的"大政治"的概念》（载于《社会科学论坛》，2004 年第 9 期，页 4—13）。

一笔勾销或一笔带过的。过去对尼采的政治哲学思想研究得不够深入，一方面固然是由于尼采的政治言论十分复杂，充满争议，又与历史纠缠不清，另一方面也是由于人们并没有充分认识到，尼采的政治哲学思想与他的哲学之间其实具有密不可分的关系，从他的政治哲学思想入手可以更为深刻地理解尼采的哲学姿态。

其次，当我们重新检视尼采的政治言论和政治观念时可以发现，尼采对政治的态度并不总是敌视性的和负面的；看来确实有为他所赞赏的政治现象和政治人物，而这些政治现象和政治人物也不能一概以"反动"、"保守"或"邪恶"而论。[①] 应该对此进行更为深入细致的分析，这才是应有的研究态度。尼采对一些政治人物和政治制度的推崇，的确有一部分是他的思想中比较实质性的，而不是借古喻今的。

再次，我们必须将尼采在不同的语境中所表达的看起来自相矛盾的言论加以分析，比如他有时对俾斯麦的实力政治十分推崇，这是出于他的马基雅维利主义的非道德主义的视角，而尼采更多的时候是极度愤怒且充满敌视地批判俾斯麦的文化政策以及俾斯麦的第二帝国的市侩文化的。这要求我们在理解和解释尼采的政治言论时不仅要格外小心，而且还要尽可能将其重新置于这些言论所针对的历史事件的时代语境之中。绝大多数的尼采研究者，无论是海德格尔还是考夫曼，无论是施特劳斯学派还是解构主义，通常都会忽略尼采著述中的政治言论与俾斯麦时代的德国政治之间的紧密联系，这反而导致人们对尼采的文化政治批判的观念和方式产生极为严重的误解。此外，细致地

---

① 在卡梅隆（Frank Cameron）和多姆波夫斯基（Don Dombowsky）按照年代编辑的《尼采政治著作选》中，1871—1874 年的"竞赛政治"时期的主要著作有《希腊城邦》、《荷马的竞赛》以及《不合时宜的沉思》等；1878—1880 年的"自由精神"时期的主要著作有《人性的，太人性的》和《漫游者和他的影子》等；1881—1885 年的"道德批判"时期的主要著作有《朝霞》、《快乐的科学》和《扎拉图斯特拉如是说》等；1886—1887 年的"贵族激进主义"时期的主要著作有《超善恶》、《快乐的科学》（第五卷）、《论道德的谱系》等；1888 年的"敌基督"时期的主要著作有《偶像的黄昏》《敌基督者》《瞧，这个人》以及同时期的遗稿等。参见 Frank Cameron and Don Dombowsky ed., *Political Writings of Friedrich Nietzsche: An Edited Anthology*, New York, Palgrave Macmillan, 2008. 在这些不同时期的论述中，尼采均有大量的政治言论，并且尼采这些政治言论与整个俾斯麦时代的德国政治（1870—1871 年的普法战争、1871—1887 年普鲁士与天主教的"文化斗争"、1878 年的《反社会党人非常法》、1878 年的"柏林会议"、1880 年代的种族主义与反犹主义等）有着绝对不可忽视的实质性的关联。关于尼采所处时代的德国历史，参见 Hans-Ulrich Wehler, *Das Deutsche Kaiserreich, 1871—1918*, Göttingen, Vandenhoeck und Ruprecht, 1983（中译见汉斯－乌尔里希·韦勒：《德意志帝国》，邢来顺译，西宁：青海人民出版社，2009 年版）。

贵族激进主义的文化政治
——尼采政治哲学研究

甄别哪些是尼采有意采用的修辞策略,哪些是尼采未能摆脱他所处的时代的意识形态话语的束缚,对于理解和解释尼采的政治哲学思想也是十分必要的。

最后,我们在理解和界定何谓政治哲学时需要有一个更为开阔的视野,而不能局限于被当今十分流行的罗尔斯的自由主义政治哲学或施特劳斯的古典政治哲学所规定的政治哲学观念。否则的话,就只能给尼采的政治言辞找几个流行的政治哲学范畴作为框框套上去了事,而无法实事求是地深入考察尼采的政治哲学思想。如果从更为广义的政治哲学观念来看,我们就可以清楚地勾勒出尼采以其极富历史洞察力的视角所思考的"我们时代的政治哲学"的基本主题。

实际上,尼采比任何人都清醒地意识到西方政治的现代性的历史处境和危机状态,这就是"上帝之死"所带来的宗教传统的崩溃和传统道德价值观念的解体,随之而来的是一个虚无主义时代的全面降临,这就是现代政治所要面对的社会状态和历史处境。对此的反应无论是自由民主的宪政,还是无产阶级的革命,还是保守主义的守旧,都不足以应对,甚至只会加剧这个危机的进程。因此,尼采对自由民主、社会主义、保守主义、国家主义、民族主义这些现代政治的意识形态充满怀疑。他并不是怀疑政治本身,而是怀疑这些现代性政治方案能够解决传统价值的崩溃和文化衰落所带来的政治的正当性和政治的目标的匮乏问题。有鉴于各种现代政治意识形态的限度,尼采给出了自己的"大政治"的概念,确立了"大政治"的目标,即提振欧洲文化以及人的提升。为此,必须培育超越于启蒙主义的"自由精神"的"超人",也就是一代欧洲新人,而非受制于"末人"或"畜群"的政治意见。新一代的欧洲"艺术—哲学家"能够重估一切传统文化的价值,创造欧洲文化的新的价值体系,这不仅是针对传统的形而上学、知识论、道德和信仰的价值重估,也是针对建立这些价值基础之上的现代政治的价值的重估。因此,对现代性政治观念的批判性重估是不可避免的。现代性政治观念最重要的形而上学和道德的正当性基础就在于"平等主义",无论是自由主义的民主政制,还是社会主义,都是建立在这一观念之上的。尼采认为这一政治观念是欧洲文化衰颓的根本原因,如果不能以"金发野兽"的战士精神摧毁平等主义的柏拉图主义和基督教道德的起源,如果不能以"非道德主义"的贵族激进主义摧毁平等主义的道德价值观,现代性政治的文化危机就始终无法得以解决。①

综上所述，尼采思想的确存在一个政治哲学的维度，本书的研究便针对这一领域展开。尼采的学说的"反政治"或"非政治"的姿态，就其基本意图和修辞策略而言，是有其文化政治批判的目的的；而他的那些政治言辞更不用说，也都有其"文化政治批判"的用意。于是，本书的任务就是致力于解决下述问题：如果尼采思想确实在肯定的意义上存在一个政治哲学的维度，那么它的含义到底是什么呢？如果尼采的"文化政治批判"确实有其政治哲学的基础，那么它的哲学内容到底是什么呢？

第三节 尼采政治哲学的界定、层次与论证结构

本书将尼采的政治哲学界定为一种"贵族激进主义"的"文化政治"。因此，全书的各章节将围绕澄清"贵族激进主义"和"文化政治"的含义，分析其哲学观念的内涵、基础和前提来进行。本书的结构安排力图体现对研究的基本命题所做的层层推进的论证，与此同时，它也应该是对尼采的政治哲学思想所做的由表及里、抽丝剥茧、推敲辩证的分析。

除了引言和结论部分，全书共分成四章：第一章首先描述尼采哲学的"贵族激进主义"特征，分析"贵族激进主义"的反基督教道德和反民主的"非道德主义"立场及其哲学基础。第二章接着描述尼采的"贵族激进主义"对启蒙运动的平等主义民主政治以及各种现代政治意识形态的批判，分析尼采的"贵族激进主义"的"大政治"概念。第三章进一步分析尼采的"贵族激进主义"的"大政治"观念背后的政治哲学思想，尤其是要集中分析尼采的"政治的概念"，探讨对于尼采来说"政治"是否是精神性的权力意志的斗争领域以及作为精神性的权力意志的"文化"，其斗争性是如何体现在政治领域之中的。第四章集中分析尼采政治哲学的哲学基础，即他的权力意志学说、永恒轮回学说以及道德心

---

① 参见 Keith Ansell-Pearson, *Nietzsche Contra Rousseau: A Study of Nietzsche's Moral and Political Thought*, Cambridge, Cambridge University Press, 1991（中译见凯斯·安塞尔－皮尔逊：《尼采反卢梭——尼采的道德—政治思想研究》，宗成河、孙磊、熊文驰译，北京：华夏出版社，2005年版）。

贵族激进主义的文化政治
——尼采政治哲学研究

理学说，探讨尼采的哲学学说与他的政治哲学思想互为表里密不可分的关系。至此，对尼采的政治哲学的研究不仅澄清了他的"贵族激进主义"的文化政治批判的内涵和目的，而且也澄清了他的"政治的概念"以及他的哲学学说与其政治哲学之间比人们通常所能想象的更为密不可分的关系。

本书的第一章解释了何以可以用"贵族激进主义"来概括尼采政治哲学思想。首先我们描述了尼采的"贵族激进主义"具有"反民主""反基督教""反理念世界"的特征，分析了尼采的"贵族激进主义"一词中所说的"贵族"到底指的是什么及其与欧洲旧贵族的本质区别，接着又分析了这一词中的"激进性"到底指的是什么，指出了尼采思想中的战斗性精神和反保守主义的取向。尼采的"贵族激进主义"看起来既是一种激进的"右派无神论"，也是一种反民主与反民族主义的政治批判主义。

在前两节的描述性分析的基础之上，这一章最后一节深入探讨了尼采的"贵族激进主义"的怀疑主义价值论，即一种"非道德主义"。这种"非道德主义"针对的乃是传统的基督教的道德。尼采从权力意志的世界观肯定了生命本能的本体论地位，判定柏拉图的理念世界、基督教的道德心理以及现代平等主义乃是对生命本能的虚无化和颓废化。因此，必须以"非道德主义"的"积极虚无主义"的批判主义去解构这些"消极的虚无主义"，"重估一切传统知识论和道德体系的价值"。"积极虚无主义"毕竟还是一种虚无主义，仍然不是一种新的自我立法的创造性价值本身，它只能进一步以"永恒轮回"学说去克服"积极虚无主义"的内在的虚无性。这最终要依靠作为自我立法者的"艺术—哲学家"。在此之前，积极摧毁传统价值则依赖于体现在各种"非道德主义"之中的权力意志，尤其是权力政治中的权力意志。这就不难理解"非道德主义"的政治现象在尼采那里具有一个不可或缺的地位。

本书第二章全面分析了尼采的"贵族激进主义"的政治批判。尼采几乎对现代政治的各种意识形态都毫不妥协地加以批判，无论是国家主义、民族主义、反犹主义，还是自由主义、保守主义、社会主义，概莫能外。而对十九世纪流行的各种意识形态的批判还可以进一步往前追溯到对启蒙运动的现代政治理念的批判，尤其是批判英国的情感主义和法国的卢梭的平等主义。尼采对现代性第二波，即启蒙运动的政治理念的批判深入启蒙运动的理性乐观主义和进步论的历史主义之中。

在深究尼采对启蒙运动的现代性政治观念的批判和十九世纪流行的

各种政治思潮或意识形态时，很容易看到在尼采这些政治—道德批判之后有一个他自己的欧洲"大政治"观念。欧洲的"大政治"是尼采的"贵族激进主义"的欧洲文化政治至关重要的一部分。没有这个"大政治"的概念，就好像尼采除了启蒙主义政治批判和19世纪意识形态政治批判之外，就没有什么正面的政治主张了。因此，澄清尼采的欧洲"大政治"的基本含义，十分有助于正面地理解尼采本人的政治理念。

本书第三章在前面的描述、分析和解释的基础之上，进一步解释尼采的"政治的概念"，探讨其"文化政治"究竟在何种意义以及在何种程度上是与现实政治相关的。为此需要先澄清尼采的"文化"概念以及他的"文化政治"观念到底是什么意思。之后将充分地讨论尼采的"贵族激进主义"的"文化政治"为什么既与现实政治密切相关，又与其保持充分的批判性距离。只有讨论了尼采思想的这种复杂性之后，我们才能理解为什么无论是左派还是右派，无论是古典主义还是后现代主义，都可以从尼采的政治哲学中获得相应的理论支持。由此，我们对尼采的修辞策略也会有了一个较之所谓的解释学或视角主义而言更为深刻的理解。在本章最后一节中，不仅要描述尼采的"文化优先于政治"观念的历史语境和德意志文化传统，而且更要深入分析尼采本人为"文化政治"所给出的哲学根据。而对这一哲学根据的全面分析，则是本书第四章的任务。

本书第四章将从第三章对尼采的政治哲学观念的分析转向对尼采的哲学观念的分析，尤其是对他的"权力意志"学说的分析。尽管尼采曾试图将权力意志泛化为一种世界观，但是这种本体化的尝试不仅困难重重，而且很难摆脱某种现代自然科学观念的残余。因此，必须转向尼采的文化政治批判的视角去理解"权力意志"学说的意图。

在获得尼采立论的问题意识之后，我们再重新在生命本能的本体论、主人道德的伦理学以及自我肯定的道德心理学等层面上展开对"权力意志"学说的全面细致的分析。最后，还必须把"永恒轮回"学说作为克服"积极虚无主义"的必要的补充引入"权力意志"学说中，并在哲学的层面上充分显明，尼采最后所诉诸的"艺术—哲学家"的"超人"理念，实际上为政治哲学层面上的"贵族激进主义"的"文化政治"奠定了基础。

如果说尼采"激进主义"的哲学基础是他对形而上学"流变"观的强调外，那么，其"贵族主义"的哲学基础则是他对"存在"及其等级秩序的肯定。"贵族激进主义"的哲学基础则统一在"永恒轮回"学说对

贵族激进主义的文化政治
——尼采政治哲学研究

"存在"与"流变"的辩证肯定。至此可以说，尼采的哲学与政治哲学的密不可分的关系为深入理解尼采学说提供了一个新鲜而独特的视角。本书对尼采的政治哲学研究也算是为国内的尼采研究做了一份小小的贡献。

本书的结论试图指出，尼采对西方现代性危机的深刻认识是前所未有的，他本人后来也被视为这场划时代的全面危机的一个"象征"。尼采判定现代性危机的实质不仅仅是托克维尔所说的"民主大势不可逆转"和"大众的僭政"，而且还有"上帝之死"以及建立在上帝观念之上的近两千年欧洲文明价值体系的崩溃。这一现代性危机不能简单等同于"形而上学的解体""语言表征的危机""艺术的颓废""宗教信仰的式微""世界大战的爆发""革命的爆发"等诸多局部现象，它是整体性的"西方的没落"。对这一现代性危机的深刻认识和悲剧性体验，是尼采哲学的问题意识的直接起源。

尼采的"贵族激进主义"的"文化政治批判"及其极端性的修辞策略，都是对这一时代的历史处境和文明的危机的反应和应对。尼采的思想的激情、个人的灼痛体验、他对时代敏锐的感知和洞察力，都体现在了他对现代性危机的深刻判断和激烈反应之中。这也使得尼采的哲学学说形态和实质内容都不再如此前经典哲学家的哲学那样，是一种纯粹的理论哲学，它毋宁说是一种政治哲学。这种政治哲学无论从左翼尼采主义来看，还是从右翼尼采主义来看，它仍然是"我们时代无可超越的政治哲学"。

本书立意之初曾深受张汝伦的《文化，还是政治？》一文以及戴威勒的《尼采与贵族激进主义政治》一书的启发，将尼采的政治哲学确立为一种"贵族激进主义"的"文化政治"。通过本书各个章节层层推进的分析和论证，我将这一基本命题的内涵和意义充分展示出来，不仅对尼采的政治哲学中那些充满争议的话题和问题做了细致的澄清，而且也为理解和解释尼采哲学学说本身打开了一个新鲜而独特的视角。

第一章　何谓"贵族激进主义"?

如果尼采确有一种我们可以称之为"政治哲学"的东西的话，那么他的政治哲学应该是一种"文化政治"，而这种"文化政治"的典型特征可以概括为"贵族激进主义"。

1887年11月26日，第一篇尼采思想传记的作者、著名的丹麦学者勃兰兑斯给尼采写了一封信，信中将他的思想归为"贵族激进主义"。在六天后的回函中尼采说："您的'贵族激进主义'一词用得太好了。请允许我说，在我看到的有关我本人的各种术语中，它可以算是最聪明的一个。"①

勃兰兑斯在《尼采》中准确地把握住了"贵族激进主义"思想中"好战"的"非道德主义"的特征，他认为尼采对欧洲新一代文化精英和知识阶级寄予了热情的期望，期望他们既能深刻反省欧洲文化的危机，又能克服这场前所未有的危机。勃兰兑斯认为尼采对人性和人的道德心理具有类似于拉罗什富科（La Rochefoucauld）、克尔凯郭尔和陀思妥耶夫斯基等人的无比深刻的洞察力，同时他也发现尼采思想具有一种难以捉摸的非理性主义的"神秘主义"因素。可以说，勃兰兑斯以"贵族激进主义"这一用语捕捉住到了尼采思想各个层面上的特质，突出了其哲学思维方式的独特性，并得到尼采本人积极的认同。

看起来，"贵族激进主义"是一个自相矛盾的词组，因为自法国大革命以来西方政治分裂成"贵族保守主义者"与"大众民主激进主义者"，并不存在政治取向上"既是贵族主义又是激进主义"的情况。当勃兰兑斯说尼采哲学是一种"贵族激进主义"时，他认为尼采持有反无政府主义和社会主义的政治立场。不过，这显然不是尼采的"政治立场"，因为

---

① George Brandes, *Friedrich Nietzsche*, tr. A. G. Charter, London, Heinemann, 1914, p. 64. 乔治·勃兰兑斯：《尼采》，安延明译，北京：中国社会科学出版社，1985年版，页133。

贵族激进主义的文化政治
——尼采政治哲学研究

尼采不仅仅反无政府主义和社会主义，他还反民族主义、种族主义和反犹主义，很多人都相信他是一个"反政治"的人。因此，"贵族激进主义"这个词语必须在一种"文化政治"而非纯粹的政治的意义上加以理解。

通过下面的分析我们将显明，尼采的"贵族激进主义"这里的"贵族"，指的并非在阶级和政治等级意义上的"贵族阶级"，而更多地是指那种在文化上拥有权力意志的高贵的"超人"，其典型形象是"艺术家—哲人"，而非马基雅维利式的政治伟人；而这里的"激进主义"指的也不是政治上的革命行动实践，而更多地是指那种在文化上能够创造生命价值的艺术、思想、文化实践。因此，可以说，"贵族激进主义"的意义首先是在文化政治的层面上的，它更多指的是，为了克服当代欧洲文化虚无主义，欧洲文化精英就必须以权力意志激进地"重估一切价值"，摧毁基督教和平等主义的奴隶道德，并成为自我创造的新人类类型，创造新的道德价值，创造一种充满生命本能的健康强劲的新欧洲文化。

"贵族激进主义"一词中的"激进性"体现在对传统的欧洲道德和传统文化的摧毁性上，其"贵族性"则体现在对基督教的大众道德和民主社会以及社会主义的平等主义的拒斥上，其"贵族激进主义"整体的立场体现在对"德国文化市侩主义"和"欧洲虚无主义"毫不妥协的批判斗争之上。

可见，尼采的"贵族激进主义"的理念并非一种政治意识形态或政治立场，它毋宁说是一种政治批判，即它坚持政治的目的与判断政治优劣的标准并不在于政治本身，不在于国家、民族利益、人权、平等、最大多数人的福利等目标，而在于一种政治是否有利于提升人类的最高类型、创造生命价值以及提振文化。

可以说，尼采是所有现代哲学家中最激进地坚持"哲学或文化之于政治的优先性"的哲学家。他完全无视我们今天的政治科学和政治哲学所热衷的那些议题，他相信在一个极端推崇平等主义的政治文化中大众都被"幸福"豢养成"畜牲"，真正有价值的事情乃是恢复一种异教的"主人道德"或"贵族德性"，培育一个能够创造激发生命本能的文化的"自由精神"或"超人"的知识精英群体。

第一节　何谓尼采的"贵族"

尼采的"贵族激进主义"首先是一种文化上或价值上的贵族主义，也即推崇"人的最高类型"，贬斥颓废的人的类型及其奴隶道德心理。其基本内涵至少涉及三个方面的内容：一，以文化贵族主义反对现代大众民主和社会主义中的平等主义；二，以主人道德或异教德性反对柏拉图主义的世界观以及基督教的道德心理及其虚无主义；三，与上述批判相应的崇尚好战的"非道德主义"。本节将对这三个方面分别加以论述。

一、文化贵族主义反对大众民主

在自传《瞧，这个人》中尼采曾自称祖先是波兰贵族，[①] 之后他又称自己和伏尔泰一样，是"精神贵族"。[②] 可见尼采并非完全是在种族、阶级的意义上使用"贵族"一词的，"精神贵族"是他更为常见的用法。在回复勃兰兑斯的信中，他也颇为认可勃兰兑斯对他的思想的"贵族激进主义"的描述。可以说，贵族激进主义是尼采哲学思维方式的典型特征。

尼采的贵族激进主义的立场最早发端于他的希腊文化研究之中。人们在评论希腊文化的辉煌时总忘不了指出，希腊文明是建立在奴隶制之上的。在年轻时未发表的短论《希腊城邦》中，尼采指出，希腊的奴隶制是与希腊城邦崇尚竞争的精神相一致的，平等主义产生不出辉煌的希腊文化。奴隶制的正义就在于为了少数人能在此基础上创造出灿烂的艺术和文化，而非仅为了特权阶级能作威作福。

尼采说："为了给艺术发展提供一片广阔肥沃的土壤，绝大多数人必须为少数人服务，他们必须超越个人困苦的限度，奴隶般地屈服于生活的艰辛。在他们付出的同时，特权阶级便依靠他们的剩余劳动（Mehrarbeit）摆脱了生存斗争，以便创造一个新的需求世界（eine neue Welt des Bedürfnisses），并满足它。与此相应，我们不得不承认这刺耳

[①] 参见《瞧》，"我为什么这样智慧"，三。KSA 6, S. 268；中译见《看哪这人：尼采自述》，页 10。
[②] 参见《瞧》，"《人性的，太人性的》及其两个续篇"，一。Ibid., S. 322；中译引书同前，页 108。

贵族激进主义的文化政治
——尼采政治哲学研究

的真理,即奴隶制属于一种文化的本质。……为了一小部分奥林匹斯人(Olympische Menschen)能够创造出艺术世界的作品,就必须增加艰难度日者的痛苦。"①

在尼采看来,希腊城邦充分体现了国家的目的,即不是功利主义所谓的"最大多数人的最大利益",而是在于促成少数艺术、文化天才的诞生。他说:"国家真正的目的、奥林匹斯的生存和不断涌现的天才的诞生和准备——与这些相比,其他一切事物只是工具、辅助手段和催化物"。②

与此相反,尼采对近代平等主义的所谓"人的尊严""劳动的尊严"这类口号嗤之以鼻,他说:"对一个完全以奴隶的方式行事而又对'奴隶'这个字眼讳莫如深的世界来说,这两个概念犹如安慰剂。"③ 在尼采看来,平等主义的上述美丽口号无异于一种畜群道德的自欺欺人,它并没有改变社会中的大多数人不得不奴隶般辛苦劳作的残酷事实,而"奴隶不得不日复一日地用蹩脚的谎言安慰自己,就像每个富有洞见的人在所谓的'人人平等'、所谓的'人之为人的基本权利'或是在劳动的尊严中所辨认出的那样。"④

尼采认为,与其虚伪地赋予劳动者尊严,不如坦然承认奴隶制的必要性。毕竟"奴隶决无法理解,在哪个层面以及在何种程度上人们才有可能谈论'尊严',即当个人完全超越自己,且不必为了延续个人的生命而不得不生儿育女和工作操劳的时候"⑤。当然,以上论点只是尼采年轻时的习作中不成熟的见解,但是也足够坦率。当我们比较尼采晚年著作时,我们发现他的很多观点并没有发生本质上的变化。

在晚期著作《超善恶》的第九章"什么是贵族?"中,尼采对文化贵族主义做了最成熟的表述。尼采经常说的"少数人""一小部分人""天才""精神贵族"只是一些描述性的词语,其实质的含义在《超善恶》的第九章中得到了展开的论述。就像他在早年习作《希腊城邦》中所说的那样,产生高贵者、"精神贵族"的社会不仅需要有奴隶制,而且在高贵者和普罗大众之间要有一个价值等级秩序,要有一个巨大的"等级距离

---

① 参见 KSA 1, S. 767;中译采《复旦哲学评论》第一辑,页 250。本书所用之"城邦"译文均采此版本,下引不赘。
② Ibid., S. 776;中译引书同前,页 256,笔者据德文原文及从英译本转译的《希腊城邦——一部未著之作的序言》(曹明译,载于林国华、王恒主编:《古希腊的傲慢与偏见》,上海:上海人民出版社,2011 年版,页 33—44)调整了部分译文。
③ Ibid., S. 764;中译引书同前,页 248。
④ Ibid., S. 766;中译引书同前,页 249。
⑤ Ibid.;中译引书同前。

感"。

尼采说:"每一个高贵的典型的'人'迄今为止一直是而且它将始终是贵族社会的产品。贵族社会是这样的社会,它相信在人们中间存在着一个长长的价值的等级次序和差别系列,而且在某些形式或其他形式的贵族社会中需要奴隶。没有'距离的激情'(das Pathos der Distanz),以及产生于具体的阶级差别,产生于统治阶级对部下和工具的展望和俯视,产生于他们不断地使用命令和服从、镇压和防范,其他更神秘的激情就绝不可能产生了,他们总是渴望在灵魂内部重新扩大距离,形成更高、更罕见、更远、更广阔的状态。总之,正是高贵的典型的人,不断'自我征服的人'在超道德的意义上使用道德公式。的确,人们对贵族社会(也是高贵的典型的人的前提)的起源史不能抱任何人道的幻想:真理是严酷的。"①

区分贵族与大众的基础就在于贵族的"主人道德"与大众的"奴隶道德"之间的二分。在《超善恶》第九章260节,尼采纲领性地阐述了道德上的主奴之分,它可以被视为《论道德的谱系》的"序言"。

尼采认为,主人道德和奴隶道德是最基本的道德类型。统治阶级、主人、贵族,是"价值的创造者",那些高贵的品质被他们认为是"善的"、卓越的、决定价值等级秩序的。他们是不断自我超克,勇于制定"超善恶""超道德"的道德之人。正是这些高贵的品质将主人与奴隶和大众区别开来:"在主人道德那里,'好'(gut)和'坏'(schlecht)的独立实际上就是'高贵'和'卑贱'的对立。"② 主人作为价值的自我规定者,他直接评判:"凡是对我有害的东西本来就是有害的。"而胆小、卑贱、只考虑蝇头小利、自甘堕落、自甘为人奴役之徒,则受到主人的贬斥。主人自信、自傲、"铁石心肠",并蔑视"大公无私",警惕"同情"和"热心"。"只有强者才知道什么是尊严,这是他们的艺术,这是他们大显身手的地盘。"贵族既知道友谊,也知道斗争,他们的友谊就在竞争和争斗之中,是贵族道德的典型特征。

与贵族道德的"好"和"坏"的区分相对,奴隶道德建立的评价标准是"善"(gut)与"恶"(böse)的对立。奴隶作为被压迫、被统治

---

① 参见《善恶》,第九章257节。KSA 5, S. 205;中译采尼采:《论道德的谱系·善恶之彼岸》,谢地坤、宋祖良、程志民译,桂林:漓江出版社,2007年版,页277。
② 以下引文若无说明,均引自《善恶》,第九章,260节。Ibid., Ss. 208-212;中译引书同前,页279-282。

者，他们对强者的道德心存怨恨，他们怨恨主人所尊重的一切"好"的、"善"的东西。奴隶"欣然告诫自己，这里的快乐乃是过眼云烟。相反，那些减轻人们痛苦的品质却得到重视和尊敬，正是在这里，同情、仁慈、助人为乐、热心肠、容忍、勤奋、谦卑和友好得到了敬重"。在奴隶这里受到敬重的，都是些为了维持生存所最实用的品质。尼采断言："奴隶的道德本质上都是实用的道德。这里，最出名的善和恶的对立的起源之地就在于人们确信权力和危险是恶。"

在此，奴隶道德对主人道德进行了一场戏剧性的颠覆，奴隶将主人道德中的"好人"称为"恶人"。"按奴隶道德来说，'恶人'令人害怕；按主人道德来说，恰恰是'好人'才会令人害怕，而且就是要叫人害怕，而坏人则被认为是叫人瞧不起的东西。"奴隶还将自己作为在主人道德中受到贬斥的"坏的""坏人"称为"善的""善人"。这种善人在奴隶看来"都是可靠的人，他本性善良，容易受骗，也许有点笨，一个老好人"。

尼采认为，自基督教成为罗马国教以来，恰恰是奴隶道德而非主人道德处处获得了举足轻重的地位，即使在今天的民主时代依然如此。"渴望自由、快乐的本能以及对于自由的敏感必然属于奴隶道德和奴隶伦理学"，这恰恰是近代以来的主流意识形态。与此相反，"崇敬和献身的本领和热情乃是贵族的思想方式和评价方式的正规标志"。然而，尼采慨叹道，这种价值连同古老的斯堪的纳维亚的维京武士与法国普罗旺斯地区中古时代的骑士诗人们一道一去不复返了。

尼采断言，现代大众民主意识形态实际上是一种奴隶道德，它所宣扬的平等主义的民主理念，不仅掩盖了现代国家中政治统治与经济生活中的实质的等级制，而且还发明了一种功利主义追求最大多数人幸福的"幸福"文化，大众实际上只是作为"畜群"而非自由的个体被国家所豢养，从中既无法孕育出更高的类型和最高的类型的人出现，也无法培养出一种高级文化。

尼采从不吝惜以最极端的言辞去刺激和批判现代平等主义的奴隶道德，比如他在晚年的《敌基督者》（第 57 节）中借着推崇古印度的《摩奴法典》勾勒了一个反民主的价值等级制社会。当然，这不是一个现实政治制度的设计，而是一个文化政治的寓言。它不过是《扎拉图斯特拉如是说》中的"三种变形"寓言的另一个版本，甚至我们还可以在柏拉图的《理想国》中找到其原型，只不过它们被尼采赋予了新的意义。①

在柏拉图的《理想国》中，根据人的灵魂的和谐秩序的原型，一个正义的城邦或国家应该是哲学家成为统治者阶级，武士作为他们的辅助者是第二等级，其他的从事各种社会分工各司其职的人作为第三等级。这个阶级次序并不是根据人们的出身和财富，而是根据人们的天性、德性和灵魂中的能力而确定的。尼采所勾勒的等级制社会也是按照灵魂的特性而定的，不过，这一灵魂的特性不是人的理性能力，而是人的生命意志力。

尼采在《敌基督者》中指出，根据自然，任何社会都会区分出三种类型："一种是偏重精神的；一种是偏重膂力、性情热烈；而第三种与前两者都不同，它体现的只是平庸——但正是这第三种类型代表大多数，而前两种是遴选出来的。"②

最高的等级是极少数的最具精神性的人。作为最完善的等级，他们代表幸福、代表美、代表世上所有的善。也只有他们，才被获准追求美，追求美的东西；只有在他们的身上，"善"才不是奴隶道德那样的软弱。美和善是这些极少数人的特权。他们还富于自我肯定的本能，不会像奴隶、贱民一样对世界充满怨忿。"他们统治，不是因为他们想要统治，而是因为他们**存在**；他们不能随心所欲地退居其次。"作为最强者、最具生命价值的人，他们以自我强制的苦行为乐，尤其是以获取知识为乐。上述言辞实际上是重复了《论道德的谱系》中对主人道德和贵族德性的论述。

第二等级被尼采称为"正义的守护者""秩序的看守人""高贵的战士"。他们是作为战士、法官和法律维护者的最高表现形式的国王。第二等级是第一等级的执行人，是最具精神者的追随者，是他们的左右手，是他们最优秀的门徒。尼采这些讲法完全套用了柏拉图在《理想国》与《法篇》中对哲学家与作为国家护卫者的武士之间的关系的说法，这些第二等级的护卫者相当于他常说的"金发野兽"。

第三等级是普罗大众。他们是社会中最广大的群体，是高级文化金

---

① 在1888年春的一则以"关于《摩奴法典》批判"开头的未刊笔记中，尼采认为《摩奴法典》的等级秩序是建立在"神圣的谎言"的基础上的，这个讲法也是源于柏拉图的《理想国》中"高贵的谎言"的说法。参见 KSA 13, 15 [45], S. 439—440；中译见尼采：《尼采著作全集·第十三卷·1887—1889年遗稿》，孙周兴译，北京：商务印书馆，2010年版，页516—518。

② 以下引文若无说明，均引自《敌》, 57节, 引文中的强调字体系原文。KSA 6, Ss. 241—244；中译采《〈敌基督者〉讲稿》, 页248—253。

贵族激进主义的文化政治
——尼采政治哲学研究

字塔所赖以奠基的广大的地基，同时也是被压榨与被毁灭的被造物。第三等级操持"手工业、贸易、农业、**科学**、绝大部分艺术"，"一言以蔽之，全部**职业**活动的总和，这些都仅仅是与平庸者的能力和追求相适应"。第三等级是一些有用的东西，是一个个"螺丝钉"。他们的存在是第一等级和第二等级存在的基础。因此，并不是要消灭第三等级，而是要严格确立等级之间"不平等"的秩序。尼采说："对于平庸者来说，平庸是一种幸福；掌握一门手艺、专业化是一种自然本能。一种更深刻的精神，完全不值得对平庸本身表示抗议。为了使与众不同者存在，**首先**需要平庸：平庸是高级文化的条件。"总而言之，"要维持社会，要使更高的类型和最高的类型成为可能，就需要区隔这三种类型。倘若有权利存在，那么首要的条件就是权利的**不平等**。所谓一种权利，就是一种特权。根据其存在的方式，每个人都同样享有他的特权。"

尼采看起来好像是赞同柏拉图在《理想国》中所表达的思想，即各个阶级各司其职、各安其位，他特别强调了这一思想中等级的"不平等"的意义。对于现代人来说，这绝对是大逆不道的反动言论。但是，如果考察尼采同时代的历史文献就会发现，作为与社会主义、共产主义、无政府主义等激进社会思潮一同出现的种族主义、保守主义和反革命主义等社会思潮，那些"反动"言论在十九世纪下半叶非常普遍，直到二战后在欧洲才不再大面积地流行。如果将那些"反动"言论放回当初它们产生的历史背景之中，将其视为对当时出现的社会主义、共产主义、无政府主义等激进社会思潮的同样激进的反应，就更容易理解它们。

尼采对当时的社会主义和无政府主义运动的批判尤为激烈，他将无政府主义者和社会主义者视为与声称上帝面前人人平等的基督徒一脉相承。在尼采看来，那些激进的社会主义者和无政府主义者颠覆了"自然的不平等的价值等级秩序"，"损害了劳动者对其卑微存在的本能、快乐和满足感。这些无赖分子让劳动者心怀嫉妒，教会他们**报复**"。他们鼓动起大众对统治者充满"怨恨"，这种奴隶道德起义不仅使得大众失去了其自然的快乐，而且也失去了道德的正当性。尼采说："不正义从来就不在于权利的不平等，而是在于对'**平等**'权利的要求。……什么是**坏**？就是所有那些来自软弱，来自嫉妒，来自**复仇**的东西。"

在尼采看来，基督教道德、现代民主政治，以及社会主义和无政府主义，所有这些在一个至关重要的问题上都是一样的，即不可救药的平等主义。平等主义不仅违反了自然秩序中的正义，而且也颠覆了道德价值的等级秩序。而价值的等级秩序乃是尼采的超人学说的核心。

看起来，尼采的权力意志和视角主义具有一种针对一切传统价值的"积极的虚无主义"和解构性，但这并不意味着在解构了传统的目的论世界观和道德价值之后，剩下的就是一切价值平等，也不意味着超人所确立的价值是随意的价值。相反，超人自我创造价值本身，将成为新的价值等级秩序中首要的价值，将成为各种价值中首要的价值。

由此看来，尼采的视角主义与视角之间的等级秩序并非相互排斥的；超人自我创造价值与价值的等级秩序也并不是相互排斥的。它们之间正好是一反一正，一破一立，相辅相成的：一方面是对全能视角和绝对客观真理的解构，另一方面，是对新的更高的人的类型和更高级的文化的追求，前者正好为后者奠定了基础。而这种相辅相成的立场唯一排斥的就是平等主义，尤其是大众民主时代的"人人平等"、怎么都行。尼采对主人和奴隶之分、"高贵者"与"平庸者"之分、贵族与大众之分，都是基于他的人类价值等级秩序和文化价值等级秩序观念。

总而言之，看来尼采是会十分认同托克维尔的判断，即"欧洲民主的大势不可避免"，但与此同时，"大众的僭政"和"畜群的道德"也随之而来。尼采将欧洲的民主化称为"欧洲的同质化"，他认为这一不可避免的时代大潮实际上是欧洲文化的萎靡颓废和自我贬黜的根源所在。这也就是他为什么如此敌视卢梭以及无政府主义和社会主义的原因。

其实，尼采并不敌视民众，但他敌视现代平等主义以空洞的或激进的民主向民众宣扬平等的福音。为了抵挡民主时代"末人"的虚无主义倾向，尼采锻造了一套同样激进的文化贵族主义的言辞。要理解这些言辞的修辞性和论战性效果，我们必须将它重新放回到十九世纪下半叶欧洲政治思潮和文化斗争的历史语境之中。这样我们才能找到他的"贵族激进主义"的文化政治批判的精神关切与矛头所指。

二、批判基督教的"为民众的柏拉图主义"

在尼采看来，欧洲文化危机的罪魁祸首乃是基督教的虚无主义的彼岸世界观与基督教的禁欲主义的奴隶道德心理。此外，现代民主的平等主义观念也在"上帝面前人人平等"的基督教信仰中有其渊源。在尼采看来，基督教文化是西方文化走到衰颓边缘的根源，因此，要想重振欧洲文化就必须从批判基督教入手，首先做一个"敌基督者"。

尼采深入基督教的世界观与"宗教人"的道德心理的深处，解构基督教的道德价值观念与基督教的生命虚无主义。这是尼采与一般的启蒙主义的无神论者简单抨击与拒斥宗教不一样的地方。尼采多次批评那些

贵族激进主义的文化政治
——尼采政治哲学研究

浅薄的无神论者并没有在道德心理上摆脱基督教的道德心理和价值观念，相反还以世俗化的方式更多地继承了他们声称要反抗的东西。因此，要彻底地解构基督教的道德价值观念就不能仅仅局限于无神论的"自由精神"，还要进一步"去重估一切价值"，以"积极的虚无主义"彻底地摧毁基督教的"消极的虚无主义"。

在《超善恶》的"前言"中，尼采将基督教视为"为民众的柏拉图主义"（Platonismus für's Volk）[1]，因为柏拉图主义为知识人提供了一个彼岸的理念世界，而基督教则为民众提供了一个彼岸的理念的世界。柏拉图主义与基督教的世界观二者之间这种顺承的关系到底是什么意思呢？尼采在《偶像的黄昏》中有一篇著名的文章《"真实的世界"如何最终成了寓言》，这篇文章可以解释他的观点。

尼采认为，柏拉图的理念学说区分了生成和变化的现象世界与永恒不变的理念世界，他贬斥前者而肯定后者，于是，他以理念的概念塑造了一个"真实的世界"，它是区别于并超越于感性的世界的"理念的世界"，这个真实的理念的世界只有哲人、有德性的人以及智者才能到达，而普通的民众的世界永远是变动不居的意见世界，因而永远无法到达"真实的世界"。[2]

基督教接过柏拉图的理念论的主张，进一步声称只有彼岸的世界、天国和死后的灵魂不朽才是"真实的世界"，而所有尘世的权力、地位、荣誉、财富、智慧、美貌等是"虚假的"、"罪恶的"以及"错误的"。但是与柏拉图的主张不同，基督教并不认为真实的彼岸世界只有少数的哲人、智者和有德性的人才能到达，与此相反，所有的民众只要信仰上帝，就能够到达彼岸的真实的世界，从而获得灵魂的救赎，得到真正的幸福。基督教把柏拉图归给哲学家才能看到的"真实的世界"许诺给了所有信仰的民众，因此成了"为民众的柏拉图主义"。

于是，柏拉图关于理念的世界才是"真实的世界"的神话在基督教那里成了一种上帝创世的宇宙秩序，一种"本体论神学"。"理念"变成了"上帝"，"神话"变成了"神学"，"真实的世界"变成了"绝对的真理"。

---

[1] 参见《善恶》，"前言"。KSA 5, S. 12；中译采《论道德的谱系·善恶之彼岸》，页120。

[2] 参见《偶像》，《"真实的世界"如何最终成了寓言：一个谬误的历史》。KSA 6, Ss. 80-81；中译见《偶像的黄昏》，页62-64。对这篇文章的一个解释，参见吴增定：《尼采与柏拉图主义》，上海：上海人民出版社，2005年版，页20-22。

启蒙主义的无神论运动第一次以科学的批判理性主义精神动摇了基督教的宇宙论和世界观,然而,卢梭的自然宗教和公民宗教以及康德的道德形而上学和道德神学却再一次延续了基督教的道德价值理念,并将基督教的"真实的世界"从宇宙论转向主体性之上,开启了信仰私人化的时代。

随着十九世纪科学主义的全面胜利,"上帝死了",随之而来的是实证主义对一个完全感性的物质的"真实的世界"的崇拜。尼采认为实证主义只不过是"颠倒的柏拉图主义",因为它仍然相信存在一个"真实的世界",也就是相对于理念世界和此岸世界的"感性的世界"和"此世的世界"。实证主义的"理智的诚实"的原则仍然是来自基督教的权力意志,即"求真意志"以及"良心的诚实"。

尼采认为,上帝死了的世界,不仅废除了"真实的世界",连相应的"虚假的世界"的观念也废除了。但是,废除了真实与虚假的对立的世界并非一无所有,剩下的乃是一个权力意志的世界。在这个权力意志的世界中,有的人宁可追求虚无也不能无所追求,而有的人却能够自我超越和自我克服,在自身的自我肯定之上创造新的价值。这就是"超人"。尼采的"超人"学说是针锋相对于基督教的"真实的世界"世界观的学说。

尼采不仅从权力意志学说出发去批判基督教的"权力意志"所塑造的"真实的世界",而且更从权力意志学说出发去批判基督教的道德心理,这就是他晚年在《论道德的谱系》书中的批判主题:基督教的"道德上的奴隶起义"。如果说前者探讨的是"真实的世界如何最终变成了寓言"的问题的话,那么后者就是探讨"奴隶道德的善恶观如何颠覆了主人道德的好坏观"的问题。

尼采将"奴隶道德的善恶观如何颠覆了主人道德的好坏观"的问题视为犹太人与希腊罗马人之间的道德价值观的冲突。他以近乎"反犹主义的阴谋论"的论调谈到犹太人的"奴隶道德的起义"。他说:犹太人曾"怀着铭心刻骨的仇恨(无能的仇恨),咬紧牙关地嘟囔着什么'惟有苦难者才是善人;惟有穷人、无能的人、下等人才是善人;惟有受苦受难的人、贫困的人、病人、丑陋的人,才是惟一虔诚的人,惟一笃信上帝的人,惟有他们才配享天堂的至乐。相反,你们这些高贵者和当权者,永远是恶人、残酷的人、淫荡的人、贪婪的人、不信上帝的人,你们将永远遭受不幸,受到诅咒,并将罚入地狱'"①! 犹太人颠覆了希腊罗马人的异教道德的观念,从此彻底改变了西方文明的道德心理机制,统治了西方文化近两千年。

在尼采看来,基督教完全继承了犹太民族的道德价值观念,并沿着这一道德价值定向又发明创造了一些新的概念,将"把不图报仇的无能吹捧为'善良',把怯懦的卑贱吹捧为'恭顺',把屈服于所仇恨的对象的行为吹捧为'服从'(也就是服从于他们所说的一个人,这人命令他们屈服,他们称他为上帝)。弱者的非侵略性、绰绰有余的胆怯、倚门而立和无法改变的消极等待,在这里还获得了'忍耐'的好名声,它或许还被称为品德;没有报仇的能力叫做没有报仇的意愿,或许还美其名曰为**宽恕**"②。

基督教这些发明无一不是他们的反向的权力意志的爆发。作为弱者,他们试图颠覆强者的道德价值,因此,他们的道德价值并不是自足的,而是从对强者的道德的怨恨、反叛和仇恨出发的。尼采说:"他们所仇恨的对象不叫做敌人,不! 他们仇恨的是'**非正义**'和'不信上帝';他们所信仰和期望的,不是对复仇的期盼和甜蜜复仇的陶醉,而是上帝的胜利,是**正义的**上帝对不信上帝的人的胜利;他们在这个地球上还热爱的人,不是他们满怀仇恨的兄弟,而是他们'满怀爱心的兄弟',是地球上一切善人和正义的人。"③

尼采揭露了基督教试图用爱的言辞掩盖了他们对强者的"怨恨"和仇恨,却总是在处处留下语言用语上的证据。尼采说道:"但丁犯了一个大错误,他以一种能引起恐惧的勇气,在通往他自己的地狱大门上写了一句题词:'永恒的爱也创造了我';那么,在基督教的天国及其'永恒的极乐'的大门上,无论如何更有理由写上这句题词:'永恒的恨也创造了我',假如在通往谎言的大门上可能有真理的话!"④

尼采在《论道德的谱系》中将犹太教—基督教的道德价值定位于对主人道德的"怨恨"与颠覆,而在《敌基督者》中他进一步阐发基督教的道德价值的核心内涵,即"上帝面前人人平等"的平等主义。

---

① 参见《论道德的谱系——一篇论战的檄文》,《谱系》第一章七节。KSA 5, S. 267;中译采《论道德的谱系·善恶之彼岸》,页 18。

② 参见《谱系》,第一章十四节。Ibid., S. 281;中译引书同前,页 28。引文中的强调字体系原文,笔者统一用楷体加粗字体表示,下同不赘。

③ 参见《谱系》,第一章十四节。Ibid., S. 283;中译引书同前,页 29。

④ 参见《谱系》,第一章十五节。Ibid., Ss. 283–284;中译引书同前,页 29–30。

尼采在《敌基督者》(第 43 节) 中说:"'所有人的**平等**权利'这一学说,基督教对它做出了最彻底的表述;基督教来自低劣本能的最阴暗角落,由此对人与人之间的一切敬畏感和距离感,即是说对一切文化之上升、成长的**前提**,发动了一场殊死的战争。这一学说的毒害就是,基督教将大众的**怨恨**铸造成它的**主要武器**来反对**我们**,反对尘世间的一切高贵者、快乐者、心胸大度者,反对我们在尘世间的幸福……。迄今为止,承认每一位彼得和保罗的'不朽'就是对**高贵人性**的最大、最恶意的谋杀。**同时**,我们没有低估从基督教一直蔓延到政治领域的灾难!今天,任何人都不再有勇气追求特权、追求统治权、追求一种对自己和同类的敬畏感,追求一种**距离的激情**……

我们的政治**患上**了这种缺乏勇气的**疾病**!思想的贵族制已经被灵魂平等的谎言埋在地下最深处;只要对'大多数人的特权'的信仰发动并**且将要发动**革命——那就丝毫不用怀疑,恰恰是基督教、是基督教的价值判断,将每一次革命都仅仅翻译成为鲜血和犯罪!基督教是一场由所有地上爬行者对身处**高位者**发动的起义:'卑贱者'的福音使一切**变得**更卑贱……"[①]

这段文字堪称尼采毕生批判基督教道德的一段总结性文字。它清楚地表述了尼采的基督教批判的基本纲领:基督教的平等主义、同情和谦卑等道德,都是出于弱者和无能者对强者的"怨恨"和颠覆,是对强者的道德价值的反叛与谋杀。它的道德的谎言在政治中造成了现代西方的民主政治与社会主义、无政府主义激进运动,是欧洲虚无主义的罪魁祸首。为了欧洲文化从病态和衰颓中恢复健康,重振力量,必须勇敢地反对基督教近两千年来的平等主义的"道德上的奴隶起义",再来一次针对基督教道德价值的彻底的革命,重建价值的等级秩序以及价值等级的"距离的激情"。

综上所述,尼采一方面批判了基督教的彼岸世界的虚无主义,作为民众的柏拉图主义,它使得人无视大地的意义和此世生活的价值,它使得人陷入灵魂的内倾之中,陷入道德内疚和罪责之中,陷入禁欲主义的虚无主义之中,导致对生命本能的贬斥和颓废;另一方面他批判了基督教的平等主义的道德价值,它声称自己站在"大多数民众的权利"的立场,赢得了大多数民众的支持,其本质却不是对大多数民众的生命本能的肯定,相反却是由对少数的强者道德价值的怨恨和颠倒的机制构成的。

[①] KSA 6, Ss. 217–218;中译采《〈敌基督者〉讲稿》,页 210。

从这一视角来看，由犹太教—基督教所发动的"第一次道德起义"所确立的"奴隶道德"在现代启蒙主义的"第二次道德起义"之后仍然毫发无损，虽然无神论推翻了上帝的信仰，但是"上帝面前人人平等"的平等主义道德原则反而以其世俗化的形式，即社会民主，深深地扎根于现代性之中。

也正是根植于这种洞见，尼采才能清晰地看透他的时代的社会主义和无政府主义运动的"第三次道德起义"的本质，它们不过是许诺了一个比资产阶级的民主更为平等更为民主的道德价值，实际上并没有摆脱基督教的平等主义和启蒙主义的民主的道德价值观念。

尼采既没有从意识形态的视角去进行阶级意识的区分，也没有从思想史的视角进行观念史的溯源，他从他独特的道德价值和道德心理的谱系学分析，揭示了西方现代性的不同阶段相通的实质，即与所谓的"贵族激进主义"相对的大多数民众的平等主义。在举世欢呼这种新的解放、新的革命和新的道德时，尼采却颇为好斗地将其贬斥为一种"奴隶道德的起义"，其理由很简单，恰恰是这种道德价值观念导致"欧洲虚无主义"时代的降临。

三、自由人的战士精神

按照德勒兹的讲法，尼采的权力意志学说是一种关于"力与反作用力"的学说：拥有强力的是那些贵族或异教徒，而那些宗教人是软弱无力和无能的，他们对强者及其力量充满怨恨，并采取"道德化"的反作用方式去驯服强者的力量。主人道德与奴隶道德归根结底是体现并导致权力意志和生命本能的强劲与衰颓的两种价值观念之间的斗争，也是两种西方文化模式之间的斗争。

尼采的贵族激进主义的理论基础完全基于他的权力意志、生命本能和主人道德的学说，但是他在表述这些理论学说时采取了极为激进主义的修辞。为了消除基督教的"同情"道德和现代民主的功利主义的趋乐避苦的"幸福"伦理的恶劣影响，尼采激烈地鼓吹尚武好斗的战士精神。他把这种战士精神用"金发野兽"的形象表现出来，也表现在他关于战争、女性和民族主义的一些激烈的言辞中。

其实，尼采最初在《希腊城邦》中还是以相对客观和节制的学术语言来阐发这些思想的，他认为古希腊人和古希腊城邦在体育、艺术、政治乃至军事等方面的竞争有助于天才、英杰的涌现，有助于城邦的持续繁荣。随着权力意志学说的深化以及克服欧洲虚无主义的急迫任务，这些在其早年并不过激的思想后来才演变成大量关于战争、斗争和战士的言辞。

尼采青年时期的习作《希腊城邦》的思想倾向确定下了他日后关于文化的基本观念,那就是希腊城邦之间的冲突、希腊的体育竞赛以及希腊的神话与希腊悲剧,是希腊文化充满生命力的根源。古希腊的"城与城、族与族之间血腥的嫉妒",导致了希腊各个城邦之间持续不断的大大小小的流血冲突。但"在特洛伊战争与恐怖场面的不断重演中,荷马,作为真正的希腊人,看得出了神"[1]。

在另一篇同时期的早年习作《荷马的竞赛》中,尼采继续发挥了古希腊人与人、城与城之间充满妒意的竞争对于希腊人的卓越以及古希腊文明存续的必要性的主题。如果有一天忽然没有了竞争,即使是城邦中最杰出的个人,即使是希腊社会最强盛的城邦,也会不可避免地走向败亡。尼采在文中举了希罗多德笔下米尔提亚戴斯(Miltiades)和修昔底德笔下雅典、斯巴达的结局,得出如下结论:"这证明了没有羡慕、嫉妒和竞赛的野心,希腊城邦,就像希腊人一样,瓦解了。它变得邪恶而残酷,它变得复仇心重而不信神,简而言之,它变得'前荷马的'——然后仅仅一个惊慌失措的恐惧就足以使它垮台并粉碎它。"[2]

尼采提到古希腊神话中不和女神厄里斯(Eris)两姐妹中的妹妹,她使得邻人之间、同行之间为了富足、发达而相互攀比,为人间带来了繁荣。这位"好"厄里斯妹妹虽然使"陶工嫉妒陶工,木匠反对木匠,乞丐羡慕乞丐,吟游诗人羡慕吟游诗人",[3] 但她——而非"坏"厄里斯姐姐,却受到古希腊人的爱戴。古希腊人根本不将嫉妒、竞争视为"污点"。他们是真正的强者,敢于去面对竞争和战斗。

此外,希腊人用他们最有名的"陶片放逐法"放逐城邦里最杰出的人物,这也并不是为了安全或出于嫉妒,而是为了保持竞争:"这一奇怪制度的原初功用不是作为一个安全阀,而是作为一个刺激物:卓越的个体被移走,因此新的权力竞赛能被唤起:一个与现代意义的天才的排他

---

[1] "城邦",载于 KSA 1, S. 771;中译采《复旦哲学评论》第一辑,页253。

[2] 参见 Nietzsche: "Homer on Competition", in *On the Genealogy of Morality and Other Writings*, ed. Keith Ansell-Pearson, tr. Carol Diethe, Cambridge, Cambridge University Press, 1994(北京:中国政法大学出版社,2003年影印), p. 194. 本书"竞赛"译文均转译自该书此文。

[3] 此文为赫西俄德《工作与时日》开头部分的一段诗句,转引自尼采《荷马的竞赛》。Ibid., p. 190.

贵族激进主义的文化政治
——尼采政治哲学研究

性相敌对的思想,但这一思想假设总有**若干**天才彼此刺激去行动,就像他们也将彼此保持在一定的界限内一样。这是竞争之希腊理念的核心:它厌恶优势的垄断,且害怕这样的危险,它渴望作为反对天才的**保护性措施**——一个第二位的天才。"①

尼采分析道,希腊人的竞争与母邦的整体利益联系在一起,个人在竞争中获得的名声同样被视为母邦的荣誉,这极大地刺激和培养了希腊人的荣誉感。希腊人从孩提时代起,就深刻地感受到他体内要成为在城邦间竞赛中给其城邦带来拯救的工具之强烈欲望:在这一欲望中,他的自私被点燃,也被控制和限制住。因是之故,古代的个人更自由,因为他们的目标更近且更易于达到。另一方面,现代人到处被无限性所迷惑,让他迷失了目标也丧失了激情。如果要比较古代人的自由与现代人自由的巨大差别,恐怕就在于古代人敢于面对野心嫉妒、欲望激情和名声荣誉,并不以其为道德上的邪恶,也不以其为社会上的破坏性力量,相反却视其为城邦赖以生存的基础。正是这种健康的异教文化,产生出了那么多优秀的个人,也创造了那么辉煌的希腊文明。敢于竞争对于激发个体的卓越与文化的生命力的重要性可见一斑。

尼采在其中期的著作《人性的,太人性的》(上卷第八章477节)中拓展了其早年关于竞争、斗争和战争之于文化政治的重要性的观点,他不无夸张地说:"我们暂且还不知道有什么其他手段,可以像每次规模宏大的战争一样,有力和准确地把那种兵营里的狂放能量,那种非个人的深仇大恨,那种杀手心安理得的冷酷无情,那种消灭对手时的有组织的同仇敌忾,那种对巨大的损失以及对自身和朋友的生存所持的傲慢的无所谓态度,以及那种地震般深沉的心灵震撼传送给各个日益衰弱的民族。由此喷涌而出形成了溪水和河流,当然挟裹着各种石头和垃圾翻滚而来,摧毁了娇嫩的文化绿地,随后一旦情况有利,便以新的力量转动起精神作坊里的一组组齿轮。文化完全离不开激情和邪恶。"②

为了保持对自身必要的刺激,一些生命意志旺盛的民族即使在和平的年代,也通过寻找战争替代物如罗马人捕猎野兽、组织格斗、迫害基督徒或英国人进行危险的考察、航海、登山活动的方式来保持其力量。所有这些民族都意识到,必须通过可怕的战争及其替代物来维持他们的

---

① Ibid., pp. 191-192. 引文中的强调字体系原文。
② KSA 2, Ss. 311-312;中译采《人性的,太人性的——一本献给自由精神的书》(上卷),页329。

高度文明不会衰落，而现代人所追求的安稳、太平、富足的幸福生活、消极自由和文化享受，则不可避免地导致生命的颓废和文化的衰亡。尼采相信，只有战争才能培育自由，真正的自由人是战士，而不是那些发明了幸福的布尔乔亚或"末人"。①

斗争和战争都是可怕且痛苦的，现代自由主义为人类发明了"幸福"，千方百计逃避痛苦和可怕的斗争和战争，结果只能产生出那些颓废的"末人"，而不是真正的充满战士精神的自由人。在《超善恶》（第二章"自由精神"的最末一节）中，尼采批评自由民主主义者混淆了"自由精神"的概念："他们属于拉平者，属于这错误地命名的'自由精神'，并作为民主的趣味及其'现代观念'的善辩的和写作的奴隶……，他们用一切力量想追求的东西是兽群的普遍的绿草地的幸福，带着对每个人来说的安全、无危险、舒适、生活便宜；他们的两个最充分地唱尽的歌和学说叫做'权利平等'和'同情一切受苦的人'，而受苦本身被他们看作某种必须**废除**的东西。"②

尼采看到，自从霍布斯的契约论开创了现代自由主义以来，现代人的自由的基础无非就是人"对暴死的恐惧"。为了避免"一切人反对一切人的"冲突，终结国与国之间的"自然状态"，实现"永久和平"的设想，霍布斯在"对暴死的恐惧"和契约论之上为现代政治设计了一个追求和平与幸福的社会。显然，这种社会所培育的人的理想乃是卢梭和黑格尔所说的"布尔乔亚"，一种逃避斗争、废除了痛苦与死亡的危险并安享"幸福"的颓废的"末人"。

尼采认为，艰难困苦、危险强暴更有助于"生命本能"上升为"权力意志"，"和不利的条件所进行的不屈不挠的斗争乃是一个物种逐渐变得强大的原因"。③战争、竞争、痛苦、危险比和平、安逸和幸福更有助于人的自我超克、人的自我提升和真正的自由，和平、安逸和幸福只能导致人有如"畜群"般的懈怠、涣散和颓废。

尼采说："迄今'人'这个'植物'在何处和如何最有力地生长到高的程度，并认为这每次在颠倒的条件下发生，为此人的状况的危险性才生长到巨大的地步，他的发明能力和掩饰的力量（他的'精神'）在长期

---

① 参见《偶像》，"一个不合时宜者的漫游"，38节"我的自由概念"。KSA 6，Ss. 139–140；中译见《偶像的黄昏》，页160。

② 参见《善恶》，第二章44节。KSA 5，S. 61；中译采《论道德的谱系·善恶之彼岸》，页156–157。引文中的强调字体系原文。

③ 参见《善恶》，第九章262节。Ibid.，S. 215；中译引书同前，页284。

贵族激进主义的文化政治
——尼采政治哲学研究

的压迫和强迫下发展到精妙和大胆的地步,他的生命意志必须被提高到无条件的权力意志。我们认为,艰难,强暴,奴隶状况,在胡同和心中的危险,隐蔽状态,斯多亚主义,诱惑者的技巧,各种的残酷行为,一切的恶,可怕的东西,专制的东西,猛兽和蛇之类的东西,在人那里像其对立物一样,同样好地服务于提高'人'类……"①

为了"更高级的人、更高级的灵魂、更高级的义务、更高级的责任、创造性的全权和主人气",人"必须靠自己的拳头生活",而这种富于战斗性的生活方式甚至"属于'伟大'这个概念"。② 然而,现代自由民主的平等主义,将抹平人的差异提升为"道德",提倡渺小、懦弱、享受的**"畜群"**式的幸福,使得个体生命和整体的文化变得极为颓废。一个颓废的自由只不过是声称的自由,真正的自由来自个体强大的权力意志。

尼采指出:"战争培育自由。因为何为自由,就是一个人具有自我负责的意志。就是一个人紧守分开我们的距离。就是一个人对劳累、严酷、匮乏,甚至对生命变得更加漠然。就是一个人准备为他的事业牺牲别人,不排除自己。自由意味着,男性的,好战和好胜的本能支配其他本能,比如支配'幸福'的本能。**成为自由的**人,更是成为自由的**精神**,踩踏着小商贩,基督徒,母牛,女人,英国人和其他民主主义分子所梦想的舒适的可鄙方式。自由人是**战士**。在个人如同在民族,自由根据什么衡量?根据必须克服的阻力,根据保持**在上**之地位要付出的辛劳。自由人的最高级类型必须到那里寻找,在那必须克服最强大阻力的地方:离暴政咫尺之遥,紧靠被奴役之危险的门槛。这在心理学上是真实的,倘若人们这里在'暴君'统治下领教那无情可怕的本能,而它们要求最高的权威和自我约束——尤里乌斯·凯撒是最好的典范;这在政治上也是真实的,人们只要回顾一下历史。曾经有些价值和成为有价值的民族,从来不是在自由主义机构下成就自己的:**巨大的危险**从这些民族中造就出某些值得敬畏的东西,是危险教导我们认识我们的救助手段,我们的德行,我们的武器装备,我们的**精神,迫使**我们坚强。"③ 尼采推崇像凯撒这样的斗士以及罗马和威尼斯这样好战热衷冒险的贵族社会,因为他们

---

① 参见《善恶》,第二章 44 节。Ibid., Ss. 61-62;中译引书同前,页 157,译文略有调整。
② 参见《善恶》,第六章 212 节。Ibid., S. 147;中译引书同前,页 232。
③ 参见《偶像》,"一个不合时宜者的漫游",38 节"我的自由概念"。KSA 6, Ss. 139-140;中译采《偶像的黄昏》,页 160。引文中的强调字体系原文,笔者统一用楷体加粗字体表示,下同不赘。

用巨大的危险、困苦、辛劳铸就了坚强的品格和真正的自由,他们是充满权力意志的自由人。

正是基于权力意志学说,尼采赋予了贵族的战士精神和敢于斗争的德性极为崇高的地位。尼采以好战的斗士将其"权力意志"学说形象化。尼采曾说过:"就我的本性来说,我是好战的。进攻,这是我的本能之一。"① 他本人往往喜欢使用好战的修辞,鼓动好战的精神,呼唤一个"更富于阳刚之气的、战斗的、再度首先把勇敢视为荣誉的时代"。②

不过,在尼采那里,战士精神和好战的德性并没有被置于最高的地位,因为他们作为第二等级是要服从代表最高精神性的权力意志的哲人之下的,他们将扮演一个辅助者和护卫者的角色。比如,尼采在《扎拉图斯特拉如是说》第一卷"论战争和战士"章中论到:"如果说你们不能成为知识圣人,那么我以为,你们至少也该是知识的斗士吧。知识的斗士是这种神圣的伴侣和先驱。"③ 尼采借扎拉图斯特拉之口表达了哲人与武士之间的联盟:"我置身在战争中的弟兄们啊!我深爱着你们,我现在和以前均是你们的同类。"④

当然,尼采并不是一个狂热的"好战主义"者,更不是"军国主义"者。战士精神在很大程度上是他的权力意志学说的一个形象化的表达。对于尼采来说,不仅存在现实的战争,而且在文化和知识领域同样存在斗争和竞争。权力意志不仅仅是追逐"物质性的权力",而且也包括对"精神性的权力"的追求。显然,政治领域中的权力意志的斗争在价值等级上不如精神文化领域上的权力意志的竞争。

在《荷马的竞赛》中尼采所谈到的希腊人的体育竞赛或诗歌竞赛是"和平而友好的战争",而现实政治中残酷可怕的战争则是敌对性的冒着死亡危险的斗争。尼采对战争的推崇强调的是"战士精神",而不是穷兵黩武主义。人们并不是为了战争而战争,而是为了提升生命的品质和文明生存的力量。

---

① 参见《瞧》,"我为什么这样智慧",七。Ibid., S. 274;中译采《看哪这人:尼采自述》,页 19。

② 参见《快乐》,第四卷 283 节。KSA 3, S. 526;中译采尼采:《快乐的科学》,黄明嘉译,上海:华东师范大学出版社,2007 年版,页 270。

③ 参见《扎》,第一卷,"论战争和战士"章。KSA 4, S. 58;中译采尼采:《扎拉图斯特拉如是说——一本为所有人又不为任何人所写之书》,黄明嘉、娄林译,上海:华东师范大学出版社,2009 年版,页 89。

④ Ibid.;中译引书同前。

第二节　何谓尼采的"激进主义"

在上一节中，我们从反民主、反基督教和战士精神三个方面分析了尼采的"贵族激进主义"的文化政治的基本内涵，分析了这些内容如何在不同层面上展现出他的"权力意志"学说的激进批判性效果。

尼采的"贵族激进主义"是一种典型的欧洲思想，一方面看起来它像是一种"反动的"或向封建回归的"保守的"思想，因为他不仅反对资产阶级民主，而且同样反对社会主义和无政府主义的革命；另一方面，在反对基督教传统和现代早期的自由民主制时，他又表现出与社会主义和无政府主义同样激烈的激进性。所以，尼采的立场不应被看成是一般意义上的保守的反动的"贵族主义"，而应该充分理解这种文化政治意义上的"激进的"贵族主义。显然它不是一种时代倒错的政体类型，也不是一种反动的古老阶级，而是一种新的哲学学说。它是"权力意志"和"超人"学说的另一个名字。

在《扎拉图斯特拉如是说》（卷三"论新旧标牌"章 11、12 节）中尼采呼唤一个欧洲的文化"新贵族"（neuen Adels），从中我们能看到"贵族"一词在尼采这里到底指的是什么。尼采所说的"新贵族"其地位不是以金钱或社会等级来衡量，他们其实是文化上的"高贵"之人，他们要"成为未来的创造者、育种者和播种者"。[①] "新贵族"既蔑视基督教"神圣的精神"，也超拔于祖国、祖先、民族之上，可以说，他们就是"超人"（der Übermensch）的"另一个形象"。

要理解尼采的"贵族激进主义"的"新贵族"含义，就不能忽视他对政治意义上的"贵族"的否弃、"敌基督"与"上帝之死"的宣告以及对民族主义的批判这三个方面。通过下面对"新贵族"的分析，我们将会理解尼采的"权力意志"所确立的"人的高级类型"以及"超人"学说在现实世界中可能的主体或载体到底是什么。

一、"新贵族"对"旧贵族"的否弃

尼采的"贵族激进主义"中的"贵族"既可以是一种阶级，也可以是一种政体。贵族制（aristocracy）是西方古典时期最佳政体学说和政体循环

[①] Ibid., Ss. 254—255；中译引书同前，页 337—339。

论中的一个根本概念，它被认为是善好的政制的典型，即"有德性之人的统治"。而现实中的贵族制则往往成了由世袭的贵族，尤其是封建世袭的"贵族"所统治，因而就不是原初意义上的"有德性之人的统治"的意思了。

就尼采使用贵族制这一词来说，他显然不是在政体类型的意义上，特别不是在欧洲封建贵族的意义上来使用"贵族"一词的，尼采所说的"贵族"毋宁是恢复了贵族制的原初意义的贵族制，即以"有德性和卓越的人进行统治"的意思，只不过对于尼采而言，这些卓越的自由的有德性的人，也就是他所谓的"高贵的人"和"新贵族"并不是在传统的意义上是卓越的，而是在他所说的"生命本能"和"权力意志"上是卓越的。显然，他们绝非十九世纪晚期欧洲封建贵族制残留的"旧贵族"。

那么，尼采究竟认为什么德性才是"新贵族"的德性呢？显然，在很大程度上，尼采并没有遵循亚里士多德或西塞罗所开列的勇敢、大气、节制、公正等贵族德性。他所认为真正的贵族德性，首先是他笔下扎拉图斯特拉所谓的"超人"所具有的德性，即能够进行"积极虚无主义"、能够进行道德价值自我立法、能够创造新的价值的人。这些人既包括那些能够以"金发野兽"的力量去摧毁旧的基督道德的"非道德主义"的政治家如凯撒、博尔贾、拿破仑，也包括那些伟大的文化人如莎士比亚、歌德。这些人当然不是世袭或受封的贵族，他们甚至也不是拥有传统德性的人，当尼采将它们确立为"新贵族"的模范时，他是在《扎拉图斯特拉如是说》中所谓的"新贵族"的意义上重新塑造他们的形象的。可以说，他们是历史上曾经拥有权力意志的超人。

不过，显然尼采使用"贵族制""贵族"来表述自己的"权力意志"和"超人"学说也不是没有缘由的。一方面，尼采认为古希腊罗马的异教徒以及其他非基督教道德习俗中的人往往拥有不同于基督教的道德的另一种德性，它们大都不会使人变得颓废软弱，这一点是他强调的要点；另一方面，从文化上以及对人的塑造上，"超人"的文化政治目标与古代贵族德性培养的目标是相似的，即培育优秀卓越的人。

"超人"的目标与现代民主制的目标，即滋养大量安享幸福的"末人"的目标是完全不一样的。因此在当时尼采不仅蔑视民主社会的平等主义的理念，更是非常激烈地抨击社会主义与无政府主义。这为他在他的时代找到了很多同道和追随者。从这两方面或许可以理解尼采为什么同意勃兰兑斯使用"贵族主义"，并且是"贵族激进主义"来描述他的哲学的基本特征了。

如果尼采是在贵族制的原初的意义上使用它并加以引申的话，那么，

41

贵族激进主义的文化政治
——尼采政治哲学研究

显然就不能将"新贵族"视为当时尚在欧洲残存的封建贵族。法国大革命之后出现了左翼与右翼之分，革命与保守之分，激进主义与传统主义之分，其中欧洲封建贵族总是与保守主义密不可分的。如果从尼采激烈批判社会主义和无政府主义来看，他似乎是保守主义的。但是，尼采不仅反对现代资产阶级民主和无产阶级的革命，他也同样反对封建贵族。他认为腐朽的欧洲封建贵族旧势力，鼓吹保守复古的传统主义，对于西方文明来说完全是没有前途的。历史不可能也不能开倒车，历史只能继续往前走。无论是基督教的反革命，还是封建贵族的反革命，都只能加剧欧洲虚无主义的文化危机，无助于挽救欧洲文化的衰亡。

在《扎拉图斯特拉如是说》（卷四"与国王们的谈话"章第 1 节）中，尼采借"右边的国王"的话抨击欧洲残存的旧封建贵族不过是一群"金玉其外、虚伪矫饰、过度化装的群氓"，"尽管他们自称为'贵族'，但一切皆虚伪、腐败，尤其是血液，为古老的恶病以及更恶的治疗艺术家所造就"。这些道貌岸然的旧贵族"用陈旧发黄的祖辈光荣、用愚不可及之人和最狡猾之徒的纪念币、还有今天所有以权力进行肮脏交易者的纪念币，用这些装扮炫耀自己"[①]！一句话，旧贵族睡在先辈的荣光之上，操劳于现实中"货币经济"法则统治下的权钱交易，是一群腐朽不堪的保守势力。

显然，尼采是与这些欧洲的残存的没落群体完全格格不入的。在他晚年的手稿中我们还可以看到他说，他要对当时的普鲁士—德意志帝国王族霍亨索伦家族展开"殊死战争"。[②] 因此，尼采的"贵族激进主义"中的"贵族"一词到底是什么意思，至少在否定的意义上我们可以确定其一部分的含义，即它并不是指欧洲封建贵族的传统势力，因此他的立场也不是所谓的"保守主义"或"反动派"。尼采的"贵族激进主义"是激进地要恢复贵族、贵族制概念的原初意义，他将这种原初的意义赋予了"超人"的德性和自由。

二、批判基督教的保守主义

尼采对欧洲没落的封建贵族及其保守主义政治的不满，还体现在他对于旧贵族结盟的保守的基督教教会的态度上。熟悉西方政治史的人们都知道，贵族在传统上一般都同基督教教会联系在一起，而尼采"新贵

[①] Ibid., S. 305；中译引书同前，页 399。
[②] 参见 KSA 13, 25 [13], [14], Ss. 643-644；《尼采著作全集·第十三卷·1887—1889 年遗稿》，页 767-769。

族"则是深受启蒙运动影响的无神论的"自由精神"。与十九世纪政治左派的无神论不同，按丹豪塞的说法，尼采创建了政治右派的无神论。①

当然，触及尼采的无神论，还只是其思想的一半，因为无神论的"自由精神"仍然不是尼采所说的"超人"理想。但是，无神论的确是尼采激进的解构主义一个不可或缺的要素。尼采对西方"上帝之死"时代的基本判断就是，这是基督教的"消极虚无主义"（passive Nihilism）的后果，而在"上帝之死"时代，完全没有必要再重新返回基督教传统，而是需要以"贵族激进主义"去克服基督教的虚无主义带给欧洲文化的厄运，这就是尼采思想的基本方案：他的"超人学说"。

尼采的"超人学说"是一种建立在没有任何本体论神学的形而上学基础之上的新人理想和文化理想。超人所依赖的"权力意志"和"永恒轮回"学说是一种"积极虚无主义"（activer Nihilism），只有通过它们对欧洲虚无主义的克服，才能建立起更高的人类的类型。而最初的"超人"是从"上帝之死"中诞生的，这就是《扎拉图斯特拉如是说》第一卷结尾所宣称的：上帝死了，超人必须诞生。②

在尼采的著作中，"上帝之死"的说法最早见于《快乐的科学》。③在该书第三卷标题为"疯子"的第125节里，尼采以寓言的形式讲到：市场上跑来一个疯子，大白天却手提灯笼说要找上帝。市场上正巧聚集着一群不信上帝的人，他们嘲笑揶揄了疯子一番，疯子却说："上帝哪儿去了？让我们告诉你们吧！是我们把他杀了！是你们和我杀的！咱们大伙儿全是凶手！……上帝死了！永远死了！是咱们把他杀死的！"④这是尼采著作中关于"谋杀上帝"最著名的一段。尼采从没有说上帝不存在，相反，他说的是我们现代人杀死了上帝。

在该书的第五卷343节中，⑤尼采指出，"上帝之死"给整个欧洲的道德和信仰传统带来了毁灭性的打击。"断裂、破败、沉沦、倾覆，这一系列后果即将显现"，因为"整个欧洲的道德，原本是奠基、依附、植根于这一信仰的"。那些启蒙运动的"自由的人"一听到"上帝之死"的消息，他们"就顿觉周身被新的朝暾照亮"，他们"的心就倾泻着感激、惊

---

① 参见沃纳·丁·丹豪塞："弗里德里希·尼采"之"上帝之死及其意义"一节，载于《政治哲学史》，页836；*History of Political Philosophy* (3rd edition), p. 839.
② KSA 4, S. 102；中译见黄明嘉、娄林译本，页144。
③ 参见《快乐》第108、125和343节等处。
④ KSA 3, Ss. 480—481；中译见《快乐的科学》，页208—209。
⑤ Ibid., Ss. 573—574；中译引书同前，页323—324。

诧、预知和期待的洪流"。"上帝之死"在他们那里"也许同人们估计的恰好相反，断不是悲伤和消沉，而是难于言说的新的光明、幸福、轻松、欢愉、勇气、朝霞……"但是，这些无神论者从未意识到随着"上帝之死"而来的整个西方道德价值体系的崩溃将会给西方带来多么巨大的冲击和历史性的灾难。

在几年后的著作《扎拉图斯特拉如是说》中，尼采借扎拉图斯特拉这位波斯先知之口再三提到了"上帝之死"的话题。这一次，尼采明确地宣告了他的哲学纲领：上帝死了，他要教人们做"超人"。如果不能学会做"超人"，那么就无法走出欧洲虚无主义的危机与困境。

在《扎拉图斯特拉如是说》第一卷"序言"第3、4节中，扎拉图斯特拉给市镇上的民众宣讲"超人"。超人的最基本含义是肯定"尘世的意义"（der Sinn der Erde）。尼采的这一提法不仅是针对基督教否定尘世、渴望彼岸的教义，而且是针对"上帝之死"的历史处境。基督教两千年的历史，就是一个否认尘世自身的独立意义而把超越尘世的"彼岸世界"、"理念"或"上帝"视为尘世的意义的历史。但近代科学和哲学贯彻了基督教的"求真意志"和"理智的诚实"，最终揭露上帝的存在只是一个谎言。现代人亲手杀死了上帝，于是，在这个上帝死去的时代，尘世本身理应获得解放和肯定。"超人"取代了上帝成为"尘世的意义"，人不再作为上帝的影像，而是应该追求成为"超人"。"超人"就是要重新肯定"尘世的意义"，克服上帝死后所导致的尘世价值上的虚无和无意义状态，重估一切传统价值，重新为尘世赋予新的价值和意义。

可以说，尼采的整个哲学都是对"上帝之死"的反应。上帝之死意味着整个欧洲人的礼法政教之崩溃、欧洲人的道德体系的崩溃。而这个道德体系背后又有一整套的形而上学体系，这个形而上学体系的核心不是"存在"，而是上帝。当科学摧毁了信仰之后，当启蒙主义和无神论兴起之后，不仅人们对上帝的信仰崩溃了，而且整个西方的知识体系和道德权威都崩溃了。如果这两样东西崩溃了，那么就没有什么权威和正当性的最终依据了。这就是虚无主义的意思。因此，"上帝之死"与"虚无主义的时代的降临"是一个意思。

如果知识体系和道德信念都崩溃了，那么显而易见的是政治观念也同样会崩溃。随着虚无主义时代的降临，政治也成了"虚无主义政治"——尼采把自由民主制视为"政治虚无主义"的典型形态，因为它的正当性的根基是相对主义、怀疑主义和多元主义。恰恰是"上帝之死"导致了在政治上的现代甚至是后现代的方案，即走向自由民主的末人社会，人们在生活方式和政治观念上讲究宽容一切、怎么都行，他们"发明了幸福"，仿佛历史就"终结"于此。这种自由民主制创造了与"超人"相反的人类的类型，即"末人"（der letzte Mensch），这是一种就人的类型而言极其虚无、颓废和奴性的人类。[①] 而尼采所要追求的社会文化理念是一个有利于文化健全和人的超越、提升的"超人"的贵族社会，它能够抵挡自由民主导致的对人的真正的自由的摧毁。

尼采的贵族政治理想因其鲜明的"反民主"特征而被归为为"右派"；但区别于典型右翼政治中保守的贵族主义者、秩序党人对上帝亡灵自欺欺人的虚假供奉、对基督教会及其价值主张的虚伪附和，尼采主张的是一种宣告"上帝之死"的"敌基督"的彻底无神论，因而尼采的贵族主义文化政治理念是激进的，而非保守的。可以说，"右派无神论"是尼采的"贵族激进主义"的激进性的一个显著标志。

三、批判民族主义的保守主义

除了反对封建贵族和旧教会的结盟，尼采也同样反对保守主义所依赖的民族主义，好像民族主义就是新的家乡，是君主象征毁灭之后新的象征和寄托。对十九世纪新兴的欧洲民族主义运动的批判表明，尼采的"贵族激进主义"的政治批判具有极其深刻的一面。

在法国大革命之后，现代民族国家建立主权国家的政治行动与民族主义密不可分，不论是统一的民族国家建立之前和之后，民族主义都是不可或缺的一股现代政治力量。民族主义通过对本民族底层民众的全体动员，日益抬升民权，其民主诉求与封建专制的王权相冲突，并最终成为战胜后者的政治力量。考察德国的统一过程，就充分体现了这一点。

[①] "末人"是尼采在《扎》第一卷"扎拉图斯特拉前言"章第 5 节里，对应于"超人"而提出来的概念。"末人"指面对"上帝之死"的虚无主义时代处境，丧失了生存的意义、价值或目标，自欺欺人地信仰已经死去的旧价值的人。"末人"是"上帝之死"所导致的现代性的直接后果：人们既然已经失去了生活的目的，那么索性就将"自我保存""不好不坏"发明为自己的"幸福"、目标。按扎拉图斯特拉的说法，他们既不贫也不富，既不关心"统治"，也不关心"服从"，"人人追求平等，人人也都事实平等"。这种低劣的类型是"上帝之死"后与"超人"相反的最低下的"尘世的意义"。然而讽刺的是，扎拉图斯特拉对"末人"的这些批判却引来了民众们的欢呼，他们对他说："你把这末人给我们吧，噢，扎拉图斯特拉……把我们变成末人吧！那我们就将馈赠给你超人！"（KSA 4, S. 20）这段寓言表明，尼采认识到现代社会中的大多数人就像上述起哄的民众那样不堪忍受"上帝之死"的虚无主义后果，他们无法如超人般面对虚无奋发而起，自我超越、自我确立生活的价值，而是宁愿把虚无本身当作生活的目标。现代人明明已经联手谋杀了上帝，但却不敢接受"上帝之死"的后果，他们将"末人"当作神圣不可侵犯的现代价值的核心，拒绝扎拉图斯特拉"超人"的教诲。

贵族激进主义的文化政治
——尼采政治哲学研究

以俾斯麦为代表的容克贵族在领导德意志民族统一的过程中,纵容一种"德国高于一切"的德意志民族主义。尽管他们仍然试图将旧的君主制及其贵族附庸保留在现代民族国家之中,但是,推行议会制改革、普选权和福利立法等以动员势力日益强大的新兴资产阶级以及地位有所抬升的平民大众,已是大势所趋。尽管看起来它仍然捍卫君主制和贵族制,反对法国大革命以及它所代表的大众民主的激进主义路线,但是,保守主义此时实际上已经不得不接纳大众民主的现代立场,转向民族主义的力量来获得民族国家建设和强大的正当性资源。

尼采敏锐地洞察到保守主义实际上与大众民主共享了相同的意识形态即民族主义。这导致了民族文化固步自封、狂妄自大,"知识庸人"大行其道,同时也阻遏了欧洲一统的进程。这与尼采所倾心的欧洲高贵文化和"大政治"相背离。他从早年《不合时宜的沉思》①和《人性的,太人性的》②等著作开始即对此有所批判,在后期的不少手稿中,更是随处可见其对保守主义与民族主义的反动联合,特别是其在俾斯麦时期的各种表现的谩骂。

在1885年秋至1886年春的一则遗稿中,尼采说道:"我越来越觉得,我们并不浅薄,并没有足够的好心肠,不足以为这个边陲的容克祖国助一臂之力,并且赞同它那恶狠狠的愚昧口号:'德国,德国,高于一切。'"③ 在同期另一则手稿中,他还提到:"——我们必须已然下降到最后的瓦格纳及其拜罗伊特报刊的水平,才能应付一个类似的由骄横、暧昧和德意志狂构成的泥潭,正如那些对德〈意志〉民〈族〉的讲话表现出来的那样。"④

在尼采看来,在"祖国"、"血缘"和"种族亲缘"的福利之上,有地位高出千百倍的"国际的价值"。但狭隘的民族主义者、爱国主义者看不到或假装看不到这一点,他们的民族仇恨被"世袭王朝的家族充分利用",而且这些民族主义者往往来自商业阶层和平民文人,这其实是"**较低等的**种类获得了优势地位"。⑤ 因而,"**德意志精神的没落**,它是与爱

---

① 如该书中《施特劳斯——表白者与作家》一文。
② 如该书上卷第八章"国家一瞥"中的第475、480和481节。
③ 参见KSA 12, 1 [195], Ss. 54—55;中译引尼采:《尼采著作全集·第十二卷·1885—1887年遗稿》,孙周兴译,北京:商务印书馆,2010年版,页60。
④ Ibid., 1 [196], S. 55;中译引书同前,页61。
⑤ Ibid., 7 [47], Ss. 310—311;中译引书同前,页354—355。引文中的强调字体系原文,统一用楷体加粗字体表示,下同不赘。

国精神和民族主义的兴起亦步亦趋的"。① 普鲁士—德意志帝国王族霍亨索伦家族一方面以基督教徒自居，另一方面又"在民众中间撒播民族主义的该诅咒的不和种子"。这个家族"阴险的家仆们"及其代言人俾斯麦虚伪地推行民主化、福利化的改革，"出于对奴隶们的爱而要求'解放'"。以俾斯麦为代言人的霍亨索伦王族利用民族主义的真实目的，在尼采看来不过是为了"自己高高在上"，为了"自己的家族政治"。"必须把谎言中的**欺骗**和**清白无辜**带到世界历史的法庭面前"。②

尼采无比仇恨霍亨索伦王族，他们以"用一种该诅咒的本能可靠性消灭了**伟大的**使命、世界历史的目的、一种更高贵和更精致的精神状态的所有前提"。他们用民族主义的意识形态毒药败坏了全体德意志人："你们倒是来看看德意志人本身，可能是如今世上存在的最低等、最愚笨、最卑鄙的种族，他们**被霍亨索伦化了**，直到仇恨精神和自由的地步。"③ 尼采对欧洲诸王朝民族主义外衣下肮脏的利益政治有一种无以表达的藐视和愤怒，他呼唤"来一点清新的空气吧！欧洲的这样一种荒唐状况再也不能持续下去了！"

尼采对民族主义者质问道："在这种蠢牛般的民族主义背后隐含着某种思想吗？现在，当一切都指向更大的共同利益之时，激起这样一种粗野的自尊心又会有什么价值呢？"要知道，民族主义者所鼓吹的"新帝国""是建立在那个最陈腐和最可鄙的想法上的，那就是权利平等和选举平等"。"而今日文化的真正价值和意义就包含在一种相互的融合和促进中！"因此尼采认为，欧洲的统一"势在必行"。④

在十九世纪，欧洲在经济、政治上的统一本来有望在拿破仑的铁腕下得到实现，但尼采看到，"德国人用他们的'自由战争',⑤ 使欧洲失去了意义，失去了拿破仑在日时那奇迹般地意义"。因此，德国人"就得对今天产生的、存在的一切恶果负责，要为现存的**反对文化**这种病态非理性，即民族主义，这欧洲所患的**民族神经官能症**负责；为欧洲小国林立、渺小政治的永恒化负责。是他们剥夺了欧洲本身的意义，欧洲的**理**

---

① 参见 KSA 13，11［129］，S. 61；中译采尼采：《尼采著作全集·第十三卷·1887—1889 年遗稿》，页 67。引文中的强调字体系原文，笔者统一用楷体加粗字体表示，下同不赘。
② Ibid．，25［13］，S. 643；中译引书同前，页 767—768。
③ Ibid．，25［14］，S. 644；中译引书同前，页 768—769。
④ Ibid．，11［235］，Ss. 92—93；中译引书同前，页 109。
⑤ 指普鲁士等国反对拿破仑入侵的战争。

性——他们把欧洲带进了死胡同"[1]。

看来，尼采并不是俾斯麦的拥护者，而是拿破仑的拥护者。他心目中的政治乃是拿破仑的欧洲，而非俾斯麦的帝国。尼采认为俾斯麦的帝国所推行的民族主义不仅将德意志文化变得市侩腐朽，而且也将整个欧洲的统一进程带进了死胡同。要走出这条"死胡同"，使欧洲各国重新联系起来，尼采认为只有克服民族主义的藩篱，走向欧洲联合起来的"大政治"。

第三节 "贵族激进主义"是一种"非道德主义"[2]

尼采对自由主义民主政治和保守主义的民族主义政治都持批判态度，因为这些现代政治意识形态都建立在一种世俗化的基督教道德之上，即启蒙主义的自由平等的理念之上。而对平等主义的政治诉求，不论是自由民主，还是社会主义，还是民族主义，都导致了人的最高价值的贬黜和欧洲文化的衰落。为了捍卫欧洲文化的最高价值和健全的德性，尼采主张一种政治与道德上的"非道德主义"。"非道德主义"（Immoralism）是尼采的"贵族激进主义"的核心要素。

"贵族激进主义"建立在永恒轮回和权力意志的本体论之上。在一个永恒轮回的生成的世界之中，存在的只有生成的无辜，此时尚未有善恶的区分。存在的只有力的生成、积聚与耗散，此时尚未有道德评价。生成即存在，生成的世界是一个超善恶的世界。这是尼采的"非道德主义"的基础。

进而言之，当权力意志肯定生命和尘世的意义，肯定生成的无辜与时间的消逝时，这里存在的价值评价就是对于生命本能而言的，即肯定生命还是否定生命，是生的本能还是死或虚无的趋向。因此，可以说，最原初的正义就是权力意志的有无，权力意志的强度的多少，权力意志的表现形态的健全还是颓废。道德中善恶的判断相对于权力意志的原初的价值来说是派生性的。权力意志就是最原初的"善"。如果非要以柏拉

---

[1] 参见《瞧》，"《瓦格纳事件》——一个音乐家的问题"，二。KSA 6, S. 360；中译采《看哪这人：尼采自述》，页175。

[2] 本节第一、二部分受吴增定《尼采与柏拉图主义》一书和张庆熊《"虚无主义"和"永恒轮回"——从尼采的问题意识出发的一种考察》一文（载于《复旦学报（社会科学版）》，2010年第3期，页37—44）的颇多启发，在此对两位老师表示感谢。

图主义和基督教道德的善恶观念来衡量的话，那么权力意志最原初的正义与善就是"非道德主义"的。①

根据最原初的"善"或"好"对西方传统的道德价值进行"重估一切价值"，势必要采取一种极为极端的对基督教道德的摧毁，这种"积极虚无主义"的激进性与暴力也是"非道德主义"的。因此，我们可以在上述三个层面上指出尼采的"贵族激进主义"的根本特征就是"非道德主义"，这里的"道德主义"指的是西方传统的基督教道德及其世俗化的人道主义和平等主义的道德。

尼采认为，权力意志肯定生命本身的"非道德主义"是原初性的，而基督教道德和人道主义道德是派生性的。对于文化和人的提升的目标而言，非道德主义不仅是手段，也是目的。在西方历史上，政治现实主义就是典型的"非道德主义"，因此，那些马基雅维利主义式的人物或政治事件经常被尼采拿来作为"非道德主义"的素材。此外，艺术与科学是要比政治更高的"非道德主义"领域。

在《瞧，这个人》中尼采表示了对"非道德主义的政治"的欣赏。②我们在尼采的著作中经常会看到他推崇那些比较残忍冷酷的政治人物，比如阿尔西比亚德、修昔底德、亚历山大、喀提林、凯撒、博尔贾、马基雅维利和拿破仑，他也比较推崇那些非基督教的政制，如希腊城邦、罗马帝国、古犹太王国等，其理由都不外是这些政治人物或政制创造出了一种强劲有力的人与文化。

那些为尼采所欣赏的比较残忍冷酷的人与文化，恰好与基督教的"道德主义"相反，它们往往因为其活生生的"现实主义"或者说是"非道德主义"而充满生命活力，拥有健全的道德习俗。按照尼采在《希腊城邦》中的看法，往往是那种充满残酷斗争的政治社会能产生出来文化的健全和人的提升，创造出优秀的人。看来只有"非道德主义"才能创造出"伟大的政治"，创造出生机勃勃的道德习俗，创造出强劲有力的文化。希腊人、罗马人，亚历山大、凯撒、博尔贾、拿破仑这些具有"政治本能"的人，以及尼采所说的"金发野兽"，他们的存在都是有助于文化的健全和人的提升的积极的政治因素。

---

① 参见 KSA 13, 14 [115], S. 291；中译见《尼采著作全集·第十三卷·1887—1889年遗稿》，页 351。

② 参见《瞧》中"为什么我是命运"章第二节末"我是第一位非道德主义者"（Immoralist）的提法。KSA 6, S. 366；中译见《看哪这人：尼采自述》，页 187。

贵族激进主义的文化政治
　　——尼采政治哲学研究

一、权力意志与生命本能

　　尼采的非道德主义是由永恒轮回的"生成的世界"、权力意志的"原初的善"以及"重估一切价值"的"积极虚无主义"这三重思考所支撑的,其中,权力意志作为超善恶的原初的善是最根本的哲学根据。权力意志之所以是最原初的善,因为"生命就是权力意志,权力意志就是生命"。权力意志对生命的肯定是一种堪比于上帝创世的"大肯定"。权力意志不仅维持生命,而且提升和发展生命,创造生命的自由,因此,在一个根本不存在理念或上帝作为生命的意义和目的的世界中,再也没有比权力意志更为原初的善了。正如尼采在《扎拉图斯特拉如是说》第二卷"论自我超越"章中所写到的:"哪里有生命,哪里便有意志,但不是向生命之意志(der Wille zum Leben),而就是权力意志!"①

　　在权力意志的视角下来看,善恶的价值只不过是"最智慧的人"即哲人对权力意志的运用。最智慧的哲人如同一叶载着各种"庄重而隐匿的价值评估"的轻舟,将自己的意志和价值置于如同河流一般的"不智慧"的民众之上,形塑他们的价值。在一个永恒轮回的世界中,在一个恢复了自然的秩序的世界中,"永恒的善与恶——这并不存在!"因此,人们必须自我创造价值,为自己立法。而"谁决心成为善恶中的创造者:真的,他就必须先当破坏者,必须把种种价值打个粉碎"。"最高的恶便属于最高的善,因为这善是创造性的善"。② 也就是说,道德价值的创造者本身是非道德、超善恶的。

　　权力意志是最高的善,或者最原初的善,因为权力意志就是生命,就是肯定了尘世的意义与生成的无辜。价值是权力意志的创造,而柏拉图主义和基督教道德的价值也是希腊人与犹太人的权力意志的创造。当然,他们创造的价值体系是一种否认生命和尘世的意义的价值,因为在创造这套价值体系之初,他们针对希腊罗马的贵族德性发起了一场知识革命和奴隶起义。柏拉图主义声称通过哲人所认识的理念世界而发现了"真理",我们的生命及其所栖居的大地是虚假的、无意义的。基督教同样声称存在上帝的天堂与芸芸众生所居住的尘世,尘世与尘世中的生命都处于原罪、堕落和恶的状态,因而注定是无意义的。按照基督教的善

---

　　① KSA 4, S. 149。
　　② 本段中的引文亦参《扎》第二卷"论自我超越"章。Ibid., Ss. 146–149;中译见黄明嘉、娄林译本,页 198–202。

恶的道德,"善"与"真理"或"真实"就在于超感官的世界,由此,柏拉图主义为基督教道德奠定了一个本体论的基础。

在自然科学摧毁了基督教和柏拉图主义的宇宙论和世界观之后,尼采进一步声称传统的形而上学只不过是一个"寓言"或一个"谎言"。永恒轮回的生成的世界既非希腊的自然目的论的世界,也不是基督教的上帝创造的世界,而是一个没有目的论的"自然"的世界。在这个世界中,存在的只有权力意志,只有生命的本能。

尼采在1885年的一则笔记中说过:"你们也知道我头脑中的世界是什么吗?要叫我把它映在镜子里给你们看看吗?这个世界是:一个力的怪物,无始无终,一个坚实固定的力,它不变大,也不变小,它不消耗自身,而只是改变面目;作为总体,它的大小不变,是没有支出和消费的家计;但也无增长,无收入,它被'虚无'所缠绕,就像被自己的界限所缠绕一样;不是任何含糊的东西,不是任何浪费性的东西,不是无限扩张的东西,而是置入有限空间的力;不是任何地方都有的那种'空虚'的空间,毋宁说,作为无处不在的力是忽而为一,忽而为众的力和力浪的嬉戏,此处聚积而彼处消减,像自身吞吐翻腾的大海,变幻不息,永恒的复归,以千万年为期的轮回;其形有潮有汐,由最简单到最复杂,由静止不动、僵死一团、冷漠异常,一变而为炙热灼人、野性难驯、自相矛盾;然而又从充盈状态返回简单状态,从矛盾嬉戏回归到和谐的快乐,在其轨道和年月的吻合中自我肯定,自我祝福;作为必然永恒回归的东西,作为变易,它不知更替,不知厌烦,不知疲倦——:这就是我所说的永恒的自我创造、自我毁灭的狄奥尼索斯的世界,这个双料淫欲的神秘世界,它就是我的'善与恶的彼岸'。它没有目的,假如在圆周运动的幸福中没有目的,没有意志,假如一个圆圈没有对自身的善良意志的话——你们想给这个世界起个名字吗?你们想为它的一切谜团寻找答案吗?这不也是你们这些最隐秘的、最强壮的、无所畏惧的子夜游魂投射的一束灵光吗?——**这是权力意志的世界——此外一切皆无**!你们自身也是权力意志——**此外一切皆无**!"[1]

因此,传统的哲学和科学的知识,不过是"追求真理的权力意志"也即"求真意志"的体现。真正的哲学问题仍然是"生命与真理"或

---

[1] 参见尼采:《权力意志:重估一切价值的尝试》,张念东、凌素心译,北京:中央编译出版社,2005年版,页416。笔者调整了个别译名,引文中的强调字体系原文,统一用楷体加粗字体表示,下同不赘。

贵族激进主义的文化政治
——尼采政治哲学研究

"生命与知识"的问题,而不是"永恒的真理"或"客观的知识"的问题。

在早年著作《悲剧的诞生》中,尼采就已指出,古希腊悲剧在日神精神和酒神精神的交互作用下创造出一个"假象世界",将世界本身是一团混沌,生命本身是一个不断生成、变化和消逝的过程,并不存在一个永恒的意义或"真理"这个最残酷的真理悄然遮蔽起来。能正视这一残酷真实的,只能是少数其作为"求真意志"的权力意志极为强健的智慧者,诸如"希腊悲剧时代"的哲人[①]或悲剧诗人;而对于广大民众,他们无法接受上述这种生命意义或目标的丧失,直视真理会使他们再也没有勇气或信心生活下去。[②] 这就将真理与生命的悖论问题突显了出来:最深邃的真理会戕害大多数人的生命意志;为了生命的存续,就需要用谎言来遮蔽真理。

古希腊的悲剧就是这样遮蔽真理的"谎言",但它是一种保全人们健康、无辜之生命意志的"高贵的谎言"。悲剧诗人们通过将人世的无常诉诸非道德、几乎不可理喻的奥林匹斯诸神和英雄们的"命运"等,净化了人们的情感,鼓励人们刚健有为地沉着生活。而苏格拉底和柏拉图师徒则用科学精神和辩证法撕破了上述神话,代之以"现象世界与理念世界"的区分、"善的理念"、"灵魂不朽"、"德福一致"之类的"道德哲学"说教。这在摧毁了古典神话世界的同时却从卑贱的角度迎合了民众的道德想象:一种需要用"善有善报、恶有恶报"之类的道德欺骗掩饰"窃钩者诛,窃国者诸侯"之类残酷真实的"求假意志"。[③]

柏拉图主义的基督教继承者从被罗马人统治、压迫的立场上继承了上述"低贱的谎言",虚构出"上帝""天国""博爱""善恶报应"等更低贱的意识形态。按尼采的讲法,这种意识形态谎言里充斥的是对"金发猛兽"般的主人统治的无比怨恨,是一种不折不扣的"奴隶道德"。但

---

① 参见尼采《希腊悲剧时代的哲学》《科学和智慧的冲突》等早年著作。
② 当我们思考自己个体的存在、自身生命的起源时,会发现这完全是一种先于、强加于我们意志选择之上的父母的专断——我们的降生是个被迫的结果,无论传统、文化为这个"被迫"附加上怎样的"意义"。当思考人类这一种类的起源时,进化论的解释不是没有疑问的——为何只有少数古猿才能进化成人,而至今大多数猿猴仍是猿猴呢?当我们思考生命的起源时,自然科学也只得承认那是一个亿万年前的未知起点,没有人能说清生命为什么突然在无机的地球上就那么产生了。而当我们再追问物质、宇宙的开端、原因和终点、意义时,这更是一些直至今日仍玄妙得几乎令人恐惧的未解之谜。总之,这个世界之存在的来源与终结、生命的本质和意义,是一个谜——说得更彻底些,就是荒谬与虚无。
③ 苏格拉底—柏拉图的道德说教最典型的莫过于《理想国》绝大部分篇幅中苏格拉底对色拉叙马霍斯观点的反驳。

这种奴性的求假意志也是权力意志的表现,^① 只不过是一种不健康的、病态的表现罢了。

然而要求"必须永远超越自我"的"权力意志"没有停留在基督教的"求假意志"阶段。作为"求真意志"的"权力意志"通过基督教所表面提倡的"理智良心""理智诚实"一步步发展出现代科学、启蒙理性,终于否定了基督教以及其他一切神话、寓言和谎言,无论其高贵与低贱。这就将一个"上帝之死"后如同"荒芜的花园"般不断生灭、流变的,没有因果可循的虚无主义世界赤裸裸地带到现代人眼前。这个虚无主义的世界是一片深渊,其上没有任何生命的原因或超验的目的、意义、理想。人们的生命重又面临虚无的重大威胁。

二、永恒轮回与"同虚无主义斗争"

尼采通过"生命与真理"的问题揭示了柏拉图主义的求真意志所构造的理念世界不过是一个对生命与尘世虚无化的"寓言"或"谎言",实际上存在的世界是一个"永恒轮回"的世界,这个生成的混沌世界中没有目的、意义、价值,也没有永恒与不朽。对真理、知识或存在论的追求,无不是出于对这一永恒轮回的世界的恐惧。尼采认为,拥有权力意志的人克服了对生成与时间的恐惧,治愈了虚无主义的疾病,而那些柏拉图主义者、基督教道德主义者、科学主义者以及发明了幸福的"末人",则不能承受永恒轮回之沉重与残酷,因而无法领悟永恒轮回的生成世界的意义。

在尼采生前发表的著作中,"永恒轮回"学说最早以暗示的方式出现在《快乐的科学》第四卷 341 节。尼采在《扎拉图斯特拉如是说》第三卷"幻相与谜团"(Vom Gesicht und Räthsel)章和"初愈者"章中,对"永恒轮回"学说做了经典的阐述。在"初愈者"章第 2 节中,扎拉图斯特拉的动物们发表了"末人"版本的"永恒轮回"看法,他们说:"万物去了又来;存在之轮永远转动。万物枯了又荣,存在之年永远行进。万物分了又合;同一座存在之屋永远在建造中。万物离了又聚;存在之环永远忠实于自己。存在始于每一刹那;每个'那里'之球都绕着每个

---

① 尼采在《扎》第二卷"论自我超越"章中写道:"哪里有牺牲、屈服和爱的目光;哪里就有要当主人的意志。较弱者从小道上潜入城堡和有权力者的内心——在此处偷窃权力。"(KSA 4, S. 148;中译采黄明嘉、娄林译本,页 200。)这指的恐怕就是基督教通过将自身的奴性美化为"牺牲、屈服和爱",从而在"道德"上自我抬高,翻转、否定掉主人无辜而优越的地位。

'这里'旋转。中心无所不在。永恒之路是弯曲的。"①

这也就是说，世界是无始无终的，万物都在重复"生成—消逝—毁灭"的无限循环，没有进步、没有终极目的，一切的努力终究要落空。就连高贵的"超人"与"渺小之人""末人"也都会永恒地复归，每一次"复归"都是前一次的完全重复，没有任何新意。

尼采在"幻相与谜团"章第 1 节里，用侏儒对扎拉图斯特拉的嘲笑形象说明了"永恒轮回"的残酷："哦，扎拉图斯特拉……你，智慧之石！你把自己抛得那么高，但，凡高抛之石必定——下落！哦，扎拉图斯特拉，你，智慧之石，投掷之石，星辰的毁灭者！你把自己抛得那么天高——但，凡高抛之石——必定下落！你自己注定要被石头砸死：哦，扎拉图斯特拉，你把石头抛得真远，——但它必然落到**你自己**身上！"②

那么，永恒轮回是否意味着一种抛起石头砸自己的运动呢？扎拉图斯特拉与侏儒（亦即"超人"与"末人"）的区别是否意味着"前者跳得越高，摔得越重，后者跳得低一些，摔得轻一些；前者被自己抛得又高又重的石头击毙，后者则逍遥自在？"③ 超人与末人、高贵与低贱、一切好坏善恶的价值仿佛都要在这永恒轮回中被夷平、归于虚无，生命的任何"创造"都只是过去的简单重复，生命本身似乎就是一个永远无意义的自我重复的过程，这个"同一个东西的永恒轮回"对尼采而言是一个非常恶劣、折磨人的问题。

在"幻相与谜团"章第 2 节里，尼采把这个问题比喻为一条爬进年轻牧人喉咙并"死死咬住"的"黑色大蛇"。这里的蛇"象征轮回，一条头钻进了牧人的喉咙的粗黑的蛇象征一种可怕的轮回，象征生活的空虚和无意义"④。然而牧人——亦即扎拉图斯特拉自己狠狠地咬了黑蛇一口，咬掉了蛇头并"吐得老远"，然后"向上跳起"。于是牧人"不再是牧人，不再是人——而是一位变形者，一位周身闪耀的人，他**笑**了！大地上从未有人像**他**这样笑过！"⑤

在这个极富象征性的寓言中，牧人咬断蛇头意味着扎拉图斯特拉自

---

① KSA 4，Ss. 272—273；中译采尼采：《尼采著作全集·第四卷·查拉图斯特拉如是说》，孙周兴译，北京：商务印书馆，2010 年版，页 352。

② Ibid.，S. 198；中译采黄明嘉、娄林译本，页 263—264。引文中的强调字体系原文，下同不赘。

③ 参见张庆熊前揭文第三节"永恒轮回的挑战"，页 41。

④ 引文出处同前。

⑤ KSA 4，S. 202；中译采黄明嘉、娄林译本，页 268。

己拯救了自己,他变换了视角并克服了永恒轮回的虚无深渊,将其变成了对生命的最高肯定。扎拉图斯特拉在此洞见到了任何附加在生命之上的超验"意义""目的"并不真实,这是对不断生灭的生命本身的一种虚构。"永恒轮回"通过将"虚无"的境遇极端化,恰好逼迫富于求真意志——权力意志之人将生命的每一个当下的瞬间从被彼岸、超验的目的虚无化的命运中拯救出来,[①] 重新肯定了"生成的无辜"、重新肯定了生命本身的正当性,从而激发一种勇敢渴望、礼赞、肯定此世生命的原初的"善"。

至此,"生命与真理"的问题也得到了化解。真正强健的生命意志敢于正视生灭循环的真理并无畏地呼唤它来上千百次。无论是高贵还是低贱的"谎言"此时已经不再需要,也正因为如此,任何依附在所谓"永恒真理"、超验目的之上的道德、价值都不过是"生命意志"为了保护生命本身的曾经虚构而已。现在,要根据是否有助于促进生命真正的自我肯定与提升来"重估一切价值",排定出价值的新等级秩序。为此,必须对一切传统的知识价值与道德价值进行"积极虚无主义"的重新评估。

三、非道德主义的政治

从权力意志出发重估一切价值,不仅要重估柏拉图主义的理念论形而上学和真理概念的价值,要重估基督教道德的价值,而且也势必要求重新审视政治的价值,因为"一切价值的价值转换也是一切政治的价值转换,尼采把道德等同于政治"[②]。

---

① 所谓彼岸、超验的目的将生命的每一个环节(/时刻/瞬间)虚无化,是指诸如柏拉图主义的"求假意志"所悬设的"人生目的"会使生命中的每一个时刻仿佛都因其不具有意义,除了这个目的之外的生命中的一切偶然(Von Ohnegefähr)都是没有意义的。详见《扎拉图斯特拉如是说》第三卷"日出之前"章:"'偶然'——这个世上最古老的贵族,我把它还给了万物,我把万物从目的的奴役中解救出来了。……但我在万物中发现了这种福乐的安全保证:它们宁愿依然以偶然性之足——**舞蹈**。"(KSA 4, S. 209;中译采孙周兴译本,页261—262,并据德文原文做部分改动,其中的强调字体原文。)把"偶然"还给万物,把万物从目的的奴役中解救出来,是指"认清每个人每时每刻都有自己的意志和意愿,但万物之上和万物之中并没有一种'永恒的意志'和意愿,这样在万物之上就赢得了自由和澄明。"(——语见张庆熊前揭文,页42。)用一个通俗的例子或许有助于说明这个问题:设若一名男子将自己的择偶标准定为必须寻求一名自己最爱的、"永恒女性"般的女子,但他却因害怕生命中下一位邂逅的女子会比当下已经结识的女子更令自己喜爱而拒绝与具体情境中的每一位女子交往,从而永远也无法得到自己的最爱。他生命中的每一次偶然邂逅都被"永恒女性""最爱"的超验目标所奴役,从而变得失去其独立的意义——即被虚无化了。

② 参见丹豪塞前揭文"上帝之死及其意义"节,页839;*History of Political Philosophy* (3rd edition), p. 841.

贵族激进主义的文化政治
——尼采政治哲学研究

按戴威勒的说法："尼采总是从一种把文化的鲜活与衰朽（decline）的问题，看作至关重要的理论架构，来评估政治领域。他从来所肯定的政治，是那种密切关联于文化的活泼与人之提升的。对尼采来说，西方世界的问题，根本就是衰朽的问题，而这反应在政治领域。由于尼采把因为'苏格拉底主义'（Socratism）与基督教的结果，而悄悄潜藏入西方文明的道德主义倾向，就看作是衰朽，他乃选择他所谓的'非道德主义'。他着手于那有名的'重估一切价值'，而这必定也带来既定**政治价值的重新评估**。"① 也就是说，"尼采的非道德主义，是他对西方价值批判的关键与目标"②。

尼采在价值重估的基础上提出了一种"非道德主义"的政治。③ 这种政治的核心关注是"文化的活泼与人之提升"，这种政治的敌人是西方文明中根深蒂固的"苏格拉底主义"（亦即柏拉图主义）和基督教的"道德主义"。尼采认为"自苏格拉底以降的欧洲历史有一个**共同点**"，即"试图把**道德的价值**抬高到超越其他所有价值的统治地位上"。"变得更善"成了人们"唯一的任务，其余一切都是达到这一任务的**手段**"。

那么道德权力的上述巨大发展意味着什么呢？尼采认为其背后隐藏着三种权力："1) **群盲**反对强者和独立不羁者的本能；2) **受苦者**和失败者反对成功者的本能；3) **平庸者**反对特殊者的本能。"尼采据此指出，这种所谓"道德"对生命所取得的优势是不正当的，它恰恰是最大的"非道德性"。④

在柏拉图主义和基督教那里，道德的来源是"善的理念""真理""上帝"等最高价值，但这些恰恰是"**捏造的**世界"，是"以往价值的专制暴政"。⑤ 在柏拉图主义和基督教看似没落的近代，康德为了挽救道德却祭出了所谓的"绝对命令"。但在尼采看来，"绝对命令"所诉诸的普

---

① 参见《尼采与贵族激进主义政治》第一章，p. 8，中译本（下同不赘）页 9。笔者根据该书英文原文调整了部分译文，引文中的强调字体系原文，笔者统一用楷体加粗字体表示，下同不赘。

② 引书同前，第五章，p. 110，页 152。

③ "非道德主义"（Immoralism）的提法还可参见《善恶》第 226 节中"我们（是）**非道德主义者！**"（KSA 5, S. 162）和《瞧》的"《不合时宜的思想》"章第二节中"而我是非道德主义者的第一人——"（KSA 6, S. 319）等处"非道德主义者"（Immoralist）的用语。

④ 以上引文参见 KSA 12, 9 [159], S. 429；中译采《尼采著作全集·第十二卷·1885—1887 年遗稿》，页 488-489。

⑤ 参见 KSA 13, 14 [134], S. 319；中译采《尼采著作全集·第十三卷·1887—1889 年遗稿》，页 381。

遍性、绝对性恰恰没有认识到道德目标的实质，即"这目标从不是另一个人的，更不是大家的"。康德的"绝对命令"所谓"在这种情况下，人人都必须这样做"被尼采认识是在"认识自我"方面还没有"走出五步远"。尼采抓住了康德伦理学的形式主义导致道德市侩主义之流弊，他指出："世上不存在、今后也不可能存在相同的行为；每个行动都是以独有的、不可重复的方式完成的，每个将要完成的行动也是如此；行动的所有准则只涉及粗略的外表……，用这些准则只能达到表面上的同一性，因而是虚假的；每个行为，无论对它观察还是回顾，都是琢磨不透的；我们对一些诸如'好'、'高尚'、'伟大'等等的看法根本不可能用自己的行为来证明，因为每个行为是不可认知的。"①

尼采主张："我们要成为我们自己——新颖、独特、无可比拟、自我立法、创造自我的人！"② 从权力意志的自我肯定出发，就必然要求打破习俗道德的陈规，尤其是从基督教的道德中解脱出来，进入一个"**非道德化了的世界里**"，这样的非道德主义者是相信奥林匹斯的异教徒，这种生物生活在"善与恶的彼岸"，"必须把一切高级存在也估价为非道德的存在"③。

尼采"非道德"的要求其实也就是重估基督教道德价值的要求。在《敌基督者》第2节里，尼采就提到："什么是好？——一切提升人之中的权力感、权力意志、权力自身的东西。什么是坏？——一切源于软弱的东西。什么是幸福？——权力**增长**的感觉——克服阻力的感觉。**不是**满足，而是更多的权力；**不是**泛泛的和平，而是战争；不是德性（Tugend），而是才能［Tuechtigkeit］（文艺复兴风格的**德性**，virtù，④非道德性的德性）。"

在尼采眼中，基督教对弱者的同情等等软弱的道德是一种颠倒黑白、挫败生命的"恶"："还有什么比任何一种恶都更为有害？——对一切失败者和软弱者的主动同情——基督教……"为了表示对这种颓废道德的拒斥，尼采不惜夸张地说："软弱者和失败者应该毁灭：这是**我们**首要的

---

① 参见《快乐》，第四卷335节。KSA 3, S. 563；中译采《快乐的科学》，页310。
② 引书同前。
③ 参见 KSA 13, 16 [16], S. 487；中译采《尼采著作全集·第十三卷·1887—1889年遗稿》，页573。
④ virtù：意大利语，意思是"德性；力量、能力；胆量，勇气。"它是意大利政治哲学家马基雅维里（1469—1527）在《论李维的前十书》和《君主论》中所使用的主要概念。【译注】

贵族激进主义的文化政治
——尼采政治哲学研究

爱人原则。应该促成他们走向毁灭。"①

  为了进一步与道德主义,尤其是与基督教的道德主义拉开距离,尼采不惜赞扬阿尔西比亚德(Alcibiades)、② 修昔底德、亚历山大、喀提林(Lucius Sergius Catilina)、③ 凯撒、博尔贾(Casare Borgia)、④ 马基雅维利、拿破仑等冷峻的政治人物,乃至推崇历史上残酷强悍的希腊城邦、罗马帝国、威尼斯城邦、法兰西帝国和俄罗斯帝国。

  在《超善恶》第五章"论道德的本性史"第 200 节中,尼采称阿尔西比亚德是"为了胜利和为了引诱而事先被规定的谜一样的人的最美好的表现"。在 1888 年 10 月至 11 月间为写作《瞧,这个人》而准备、后被编入《偶像的黄昏》"我感谢古人什么"章第 2 节的手稿中,尼采则对比了柏拉图与修昔底德,认为柏拉图思想的最终意图偏离了"希腊人的一切基本本能",太"犹太化","具有先在的基督教性质",是一种将古代的高贵人物诱向"十字架"的"高级欺骗"。

  尼采声称:"对一切柏拉图主义的治疗都是**修昔底德**……原因在于那种无条件的意志,就是那种要毫不自欺、要在实在性中观察理性的意志,——而不是在'理性'中,更不是在'道德'中……没有谁能像修昔底德那样彻底地摆脱这种可怜的粉饰。……少有如此富于**实质**的思想家。在他身上,智者文化,也可以说**实在论者文化**(Realisten-Cultur),得到了完满的表达:这是一场处于苏格拉底学派正在到处爆发的道德欺骗和理想欺骗当中的不可估价的运动。希〈腊〉哲学已然作为希〈腊〉本能的**颓废**:修昔底德乃是古希腊人本能中所包含的全部强壮的、严格的、坚实的求实态度的伟大总结。此种**勇气**把修昔底德和柏拉图这样的人物区分开来:柏拉图是一个懦夫——因为他遁入理想之中——修昔底德则控制了**自己**,因此他也控制了事物。"⑤

---

  ① 以上引文参见《敌》,第 2 节。KSA 6,S. 170;中译采《〈敌基督者〉讲稿》,页 125。引文中的强调字体系原文。
  ② 阿尔西比亚德(前 450—前 404),伯罗奔尼撒战争时期雅典主战派将领,具有卓越政治、军事头脑和演讲才华,但频繁改变所效忠城邦的备受争议的人物。
  ③ 喀提林(前 108—前 62),罗马共和国元老、阴谋家,"喀提林事件"的首领,曾任行政长官和阿非利加行省长官。公元前 63 年喀提林谋反夺权,执政官西塞罗发表反"喀提林阴谋"演说并对叛乱派兵加以镇压,喀提林在激战中阵亡。
  ④ 博尔贾(1475—1507),教皇亚历山大六世的私生子,意大利文艺复兴时期手段高明毒辣的政治家,曾雇佣文艺复兴巨匠达·芬奇为其军队工程师。有观点认为马基雅维利《君主论》中"新君主"的原型就是博尔贾。
  ⑤ KSA 13,24 [1],Ss. 625—626;中译采《尼采著作全集·第十三卷·1887—1889 年遗稿》,页 747—748。

在《荷马的竞赛》开篇的第二段文字里，尼采带着几分欣赏地提到：亚历山大大帝将英勇坚守加沙城但终究战败被俘的波斯司令官巴提斯（Batis）的身体活活刺穿，并绑在自己的战车后拖曳于麾下士兵们面前示众。亚历山大这种对荷马史诗中阿基里斯虐待赫克托尸体的拙劣模仿，在尼采看来却集中体现了古代世界"最仁慈的"希腊人无辜的残酷特性。在本章第一节中引述过的《希腊城邦》的片段里，我们也看到尼采对建立在严酷奴隶制基础上、如战争机器般不断彼此攻伐的古希腊城邦的赞美。尼采认为，古希腊城邦不仅产生了伟大的艺术，而且其培养出来的希腊人是"自在的政治的人"（politische Menschen an sich），只有意大利文艺复兴时期的人们可以获得"同一称号"。

在 1885 年秋至 1886 年春的一则手稿中，尼采称古罗马阴谋政客喀提林是"一个堪与凯撒比肩的浪漫主义者"。[①] 在本章第一节引述过的《偶像的黄昏》"一个不合时宜者的漫游"章第 38 节里，尼采提到，"自由人的最高类型"必须到"离暴政咫尺之遥"的、像凯撒那样的人的地方去寻找；罗马和威尼斯的贵族社会是"有史以来培育坚强和最坚强类型的人的硕大温室"。在 1885 年秋至 1886 年秋的一则笔记中，尼采提到为了拉开人与人的心灵等级、为了"人的自我克服"，需要凯撒式的统治人物来"利用"欧洲的民主化运动。[②]

尼采颂扬文艺复兴所提倡的德性（virtù）是"摆脱了道德的德性"，[③] 他认为自己教导的"超人"可以到博尔贾那里去寻找，[④] 马基雅维利则凭借他的《君主论》与修昔底德同样达到了非道德的"实在论者文化"的"完满体现"。[⑤]

尼采同样赞扬拿破仑的影响。他在《超善恶》第五章 199 节中赞扬拿破仑的出现为欧洲当时退化得不敢"下命令"的"群居动物们"带来了一个发号施令者："拿破仑的影响的历史几乎是较高的幸运的历史，整个本世纪在它的最有价值的人和时刻中曾达到这较高的幸运。"[⑥] 尼采认

[①] 参见 KSA 12，1 [221]，S. 59；中译采《尼采著作全集·第十二卷·1885—1887 年遗稿》，页 67。

[②] Ibid.，2 [13]，Ss. 71-74；中译引书同前，页 81-83。

[③] Ibid.，10 [50]，S. 480；中译引书同前，页 548。

[④] 参见《瞧》，"我为什么写出了这样的好书"，一。KSA 6，S. 300；中译见《看哪这人：尼采自述》，页 69。

[⑤] 参见《偶像》，"我感谢古人什么"章，第 2 节。Ibid.，S. 156；中译见《偶像的黄昏》，页 184。

[⑥] KSA 5，S. 120；中译采《论道德的谱系·善恶的彼岸》，页 213。

贵族激进主义的文化政治
——尼采政治哲学研究

为，拿破仑虽然诞生于法国大革命之中，但却坚决反对启蒙运动的自由平等、大众民主、永久和平等"现代观念""现代文明"。并且，拿破仑通过缔造法兰西帝国、发动欧洲统一战争和保有征服世界的野心，从而"证明自己是文艺复兴运动最伟大的后继者之一。他再度弘扬了具有决定意义的古代气质，那花岗岩一般坚强的古代气质"①。

而尼采也对俄罗斯帝国表示出敬佩。在《偶像的黄昏》"一个不合时宜者的漫游"章第 39 节里，他认为俄国是"今天体内有持续力、能够等待和作出允诺的**唯一的政权**，——俄国是可怜的欧洲小国和神经质的对立概念"。与其形成对照的是"现代民主的半成品"德意志帝国，它标示着"国家的衰落形式"。②

可以说，上述这些非道德主义的政治人物和政制典型具有一个共同的特点，那就是克服了柏拉图主义—基督教的"颓废道德"对生命和文化的病态自戕，克服了庸俗道德意义上的"老好人""善人""慈悲人"，极大地激发了人产生和实现权力意志、肯定高贵的生命力量。③ 这种敢于发号施令、敢于充当主人的非道德主义政治正是尼采所欣赏的政治现象。唯有这种"非道德主义"的政治现象，才足以创造充满生命创造力和权力意志的文化，克服我们时代和未来两三个世纪的文化与伦理生活的虚无主义。

小 结

尼采那里的"贵族激进主义"在文化政治上所呈现的"贵族主义"与"激进主义"的奇怪组合究竟意味着什么，这是本章的核心问题。

首先，尼采的"贵族激进主义"是为了解决"上帝之死"所带来的西方文化虚无主义的问题的。尼采认为，"上帝之死"所导致后果并不是世俗的人道主义，而是西方知识体系和道德价值的全面崩溃。在这个虚无主义危机的时刻，我们得以可能直面存在与生命的深渊性真理。从这些洞见出发，必须扬弃一切传统的高贵或低贱的"谎言"，需要扬弃一切

---

① 参见《快乐》第五卷 362 节"我们相信欧洲的阳刚之气"。KSA 3, S. 610；中译采《快乐的科学》，页 366。
② KSA 6, S. 141；中译见《偶像的黄昏》，页 161。
③ 参见《瞧》，"为什么我是命运"，四。Ibid., Ss. 367-368；中译见《看哪这人：尼采自述》，页 189。

依附在这些谎言之上的道德，无论是柏拉图主义还是基督教道德，无论是世俗人道主义、人的尊严、个人权利和同情的道德，还是民主形式或社会主义形式的平等主义理念。就此而言，尼采不仅仅是整个西方文明传统有史以来最激烈的批判者，而且也是西方现代性诞生和发展三四百年以来最激烈的批判者。尼采的哲学所具有的爆炸性效果，就像是马克思的无产阶级革命理论或弗洛伊德的精神分析学说一样，甚至犹有过之。

尼采不仅批判起柏拉图主义不遗余力，而且他对实证主义、理性主义、历史主义，尤其是进步论也同样进行了深刻的批判。这就使得他拥有了一个超越于启蒙以来的现代政治的哲学基础，也就使得他可以拒斥现代性的主流社会理想和政治意识形态观念。正如哈贝马斯在《现代性的哲学话语》一书第四章"步入后现代：以尼采为转折"中所指出的那样，[①] 尼采的激进主义来自他义无反顾地反叛启蒙运动的乐观主义与理性主义，走向非理性主义。与此同时，尼采又毫不妥协地坚持"理智的诚实"这一启蒙运动遗产，将其用于"敌基督"的事业上。从基督教的良心和自然科学的真理良知中产生出来的"理智的诚实"乃是摧毁基督教的上帝信仰最强有力的力量，对此尼采非常清楚。

实际上，尼采继承了启蒙运动与浪漫主义的双重遗产，这也是重估一切传统道德和政治思想，并以"贵族激进主义"的"文化政治"取而代之的思想源泉之一。然而，尼采却从未受到启蒙主义对知识、理性和进步的信念的诱惑，他也从未像浪漫主义者那样求助于传统的人文主义，更不迷恋"重返中世纪"，更不用说那些君主或贵族了。对于十九世纪的各种政治意识形态，尤其是基督教保守主义和民族主义的保守主义，尼采的批判态度十分清楚。这也就是尼采的贵族激进主义为什么是激进主义而非保守主义的情况。当然，尼采的"激进主义"并不是左派无神论、社会主义或共产主义运动的革命激进主义，他对文化政治的关注、他对"价值等级秩序"的坚守以及他对平等主义的抵制，让他不能认同十九世纪左翼革命行动的逻辑。这样的话，我们就大体上澄清了尼采的"贵族激进主义"的基本立场。

正是在此基础之上，我们才可以进一步提出尼采的"贵族激进主义"的"文化政治"的问题意识和所追求的目标的问题。简而言之，其目标就是狄奥尼索斯，就是"超人"，就是"最高的人"，就是"艺术—哲学家"，就是应对"上帝之死"之后陷入虚无主义的黑暗深渊能够进行自我

---

① 参见《现代性的哲学话语》，页96—121。

贵族激进主义的文化政治
　　——尼采政治哲学研究

创造自我克服自我超越的新人。创造出这种"高贵的人"就是文化政治的目标所在。否则的话，这个社会就是萎缩和不生育的。① 而所有这一切努力都出于尼采所面临的西方三四百年未有的大变局：上帝死了，欧洲文化的虚无主义时代降临了。

---

　　① 早期晚期尼采思想中的狄奥尼索斯形象：尼采早期思想仍然是一种艺术形而上学，或审美主义，或康德式的艺术家天才论的观点，但是晚期思想中尼采否定了上述思想。狄奥尼索斯不再是《悲剧》中的从悲剧精神中诞生出来的艺术之神，而是《扎》中的永恒轮回的象征，是自我超越自我克服的象征，新价值的创造者和评价者。狄奥尼索斯是永恒轮回学说的人物形象。这个形象其实是绷紧生命与真理（知识）之间张力的"艺术家与哲学家"的合体。

第二章 贵族激进主义的政治批判

尼采的"贵族激进主义"是一种文化政治批判。尼采不仅对西方哲学以柏拉图主义为代表的形而上学传统展开了彻底的解构,而且也对基督教的西方道德宗教传统展开了摧枯拉朽的攻击。除此之外,我们在所有的尼采著作中都会看到,尼采本人几乎对启蒙运动以来的各种现代政治思潮和意识形态都发动了猛烈的批判:他批判了自由主义、社会主义、无政府主义、共产主义、妇女参政、人权、平等主义、社会契约论、功利主义、社会达尔文主义、军国主义、民族主义、反犹主义、国家主义、法国大革命以及俾斯麦治下的德意志帝国。看起来尼采好像是一个"非政治"的人。

尼采对启蒙运动以来的各种现代政治的批判性质疑到底意味着什么呢?是反对政治本身,还是仅仅反对"现代性"政治的种种"意识形态"呢?他赖以批判现代政治意识形态的出发点和哲学基础又是什么呢?无疑,现代政治的各种意识形态背后的理念的价值都在尼采的"重估一切价值"的规划之列,那么,尼采所给出的现代政治理念的价值评估是否充分呢?

在这些问题的引导下,在接下来的这一章里,我们将首先分析尼采对各种现代性意识形态的批判性立场及其基本理据,然后再分析他对现代政治的启蒙主义发端的批判,尤其是对卢梭的平等主义的批判,最后再分析尼采的"贵族激进主义"的"文化政治"所能认可的欧洲"大政治"的基本方案。

第一节 批判国家主义、民族主义、自由主义与保守主义

在本节,我们将集中考察尼采对十九世纪欧洲流行的国家主义、民族主义以及自由主义和保守主义政治思潮与实践的批判。这些现代政治

贵族激进主义的文化政治
——尼采政治哲学研究

的意识形态看起来有左右之分，分属针锋相对的敌对阵营，不过在尼采看来，这些现代政治的意识形态都不过是一些"现实政治"，是一些"小政治"，与他的欧洲大政治的文化政治理想相去甚远。

一、以个体主义批判国家主义

尼采对现代政治的批判首先集中于国家批判之上。在尼采的脑子里始终有一个希腊城邦和罗马帝国的形象，因此，现代国家的政治形式对他来说，并不是黑格尔意义上的"绝对精神的化身"，相反是吞噬个人自由和文化的怪物。因此，国家是现代政治最成问题的建构。废除国家对于个人自由来说是一件好事，因为现代国家这头怪兽靠吞噬个体生命来喂养自己，每个个体只是进贡给国家机器的献祭品。在现代国家这部机器里面，所有的生命本能和权力意志都不复存在。

霍布斯在其代表作《利维坦》中，借用《圣经》中一个海中巨怪的名字"利维坦"来命名他所设计的现代主权国家：一个"人造的人"，一个由众多臣民集合而成的"人造物"。而在《扎拉图斯特拉如是说》第一卷"论新偶像"章中，[①] 尼采就借助霍布斯的利维坦形象将国家就径直称作"怪物"，而且是"所有怪物中的最冷酷者"。[②]

尼采笔下的国家怪物满嘴谎言，他宣称："我，国家，就是民族（das Volk）。"然而，从前的民族让人民"信仰和爱"，而现在的国家假借民族的旗号，却给多数国民设下致命的陷阱："他们把一把剑和各种欲望悬于多数人之上"，现代国家对国民一方面用暴力为后盾加以统治，另一方面又诱之以各种利益。

尼采对人类的自然史做了一番描述，他笔下的扎拉图斯特拉提醒人们，从前各民族"都讲自己的善与恶的语言：相邻的民族并不理解它的这种语言。每个民族都从风俗和法律中为自己发明了语言"。这恰恰反映了在漫长的古代，各民族都从自身的生活信仰和权力意志出发设定自身的价值，而且这种价值观具有素朴的自我中心性和排他性。不过别的民族也有自己排他的价值观，彼此各行其是，没有什么高下之分。而现代国家"却用所有善与恶的语言说谎；而且不论它讲什么，它都在说谎"。

[①] 以下见 KSA 4, Ss. 61—64；中译见孙周兴译本，页 69—73。
[②] 参见 A. 彼珀：《动物与超人之间的绳索——〈扎拉图斯特拉如是说〉第一卷义疏》第二部分第 11 节"'新的偶像'：利维坦或暴力国家"。中译本参李洁译，北京：华夏出版社，2006 年版，页 210—221。

现代国家接过基督教时代的普适性的道德话语，妄图混乱地利用一切"善与恶的语言"，抹平各民族之间价值上的差异与多元，为自身存在和征伐他国的正当性披上绝对合理的外衣。符合上述现代国家绝对价值标准的人，就是善人；为之而死者，就是义士。国家就是这样引诱社会中巨量的民众——"多余者"为国家赴死，现代国家就是这样"吞食、咀嚼和再咀嚼"这些"太多太多"地被生产出来的大众的。①

现代国家诞生的时代同时也是基督教大公教会统一教权逐渐衰落以至于"上帝死了"的时代。然而上帝之死却为现代国家这个新偶像的粉墨登场腾出了地盘："大地上没有比我更伟大的：我就是上帝发号施令的手指。"正如霍布斯所说的，国家就是"尘世的上帝"。这个利维坦怪兽向征服了旧上帝的英雄们许诺："如果你们崇拜它，这个新偶像，它就愿意给你们一切"，于是有多少新时代的无神论思想家的"德性的光辉"和"高傲的目光"被现代国家收购利用去了，并且它还用这些新英雄和他们的学说作为钓饵去"引诱多余者"（die Viel-zu-Vielen）。

然而，为这些"太多太多"的国民大众准备的实则是"当作生命来颂扬的死亡"。那些在对外战争中的所谓"为国捐躯"，被现代国家虚伪地赋予了"永垂不朽"的评价。然而这些战死者在现代国家统治者的眼中不过是些微不足道的炮灰而已："是的，在那里早已发明了一种地狱的绝招，一匹死亡之马，在神性荣耀的盛装中发出铿锵之声！"

在此我们不妨对比一下尼采眼中古希腊城邦和现代国家在战争问题上的不同态度，就像是孟德斯鸠或卢梭在描述罗马国家与现代国家之间的区别所做的那样。尼采指出，古希腊城邦之间的战争，使普通民众能暂时放下自私盲目的生活，而投身于"国家生活的非凡时刻"，② 多少体会一些民族、集体事业的"伟大"。而现代国家之间的战争，往往是以"荣誉"的旗号争夺"民族商业和交通方面的利益特权"，③ 是国民个人私利特别是"金钱贵族"等统治阶级自私的延伸。这种战争追求的不再是光荣和伟大，而是现实的物质利益——这在尼采看来当然是卑贱的。

---

① 与古希腊城邦仅有的少量可直接参与、影响邦国军政事务的积极公民形成鲜明对比，现代国家里有庞大的"公民"队伍。但现代公民中的大多数人由于财产、教育、职业的局限，并没有多少参与政治活动的闲暇、经验、能力和热情。如何安顿这批公民身份扩大化后产生的"多余者"，是现代国家政治运作中要处理的一个棘手问题。

② 参见"城邦"。KSA 1，S. 771；《复旦哲学评论》第一辑，页253。

③ 参见《人性》上卷，第八章481节。KSA 2，Ss. 314–316；中译见《人性的，太人性的——一本献给自由精神的书》（上卷），页332–333。

贵族激进主义的文化政治
——尼采政治哲学研究

现代国家将这样放大的国民自私伪称为"善"和"不朽",从而诱使社会中不可计数的"多余者"投身于内外战争,将他们送上死路,却许诺了虚假的"死后的永生""永垂不朽"。

在这样的国家中,"好人和坏人统统丧失自己","国家就是人人都慢性自杀的地方",而这竟被叫作"生活"。在这种"生活"的泥淖中打滚的多余者,尼采描绘了其中三种典型的嘴脸:一种是"偷窃了那发明者的工作和智慧者的宝物",并"把这种偷窃称为教养"的知识庸人;一种是"总是患病"、"吐出自己的胆汁……称之为报纸"、彼此"自相吞食……但根本不能消化"的记者;一种是攫取巨额财富,以此作为谋求权力的"撬棒"的贪婪者。这些人像猴子般"爬行着"并相互践踏扭打,"他们都想要登上王位,此乃他们的疯狂"。

与古希腊城邦中奥林匹斯般生存的军事—政治—艺术天才的统治者相区别,现代国家中的统治阶级就是由扎拉图斯特拉口中的这些滑稽龌龊的"学者"、舆论操纵者和资产阶级政客组成的。他们不代表任何高尚的价值和文化,而"统统是一些疯子,爬行的猴子和过度的狂热者",代表着一种颓废、腐朽的精神状态。在尼采鄙夷的眼中,他们和他们崇拜的怪物——"新偶像"一道散发着令人窒息的恶臭。

扎拉图斯特拉为此呼吁:"避开这恶臭吧!远离了多余者的偶像崇拜吧!避开这恶臭吧!远离了这些人类祭品的雾气吧!……一种自由的生活依然为伟大的灵魂敞开。真的,谁若鲜有占有,他也就愈少被占有:让轻微的贫困受到祝福吧!国家消亡的地方,才开始有不再多余的人;那儿才开始有不可或缺之歌,那独一无二、无可替代的智慧。国家**消亡**的地方,——你们朝那里看呀,我的弟兄们!你们没有看见那彩虹和超人的桥梁吧?——"①

在尼采眼中,现代国家是供"多余者"和"末人"膜拜的"新偶像",它冷酷无情、满口谎言,却体现的是一种追逐物欲享乐的腐朽没落的价值取向,在其中人无论好坏都会失去自我。尼采在 1887 年 11 月至 1888 年 3 月间的一则遗稿中再次强调了这一点:"你们所有人都没有勇气去杀死一个人,或者哪怕只是去鞭打一个人,或者哪怕只是去——但在国家中,巨大的疯狂征服了个体,以至于个体竟**拒绝**为自己所做的事负责(服从、誓言等)。一个人为效力于国家而**做**的一切,皆有悖于自己

---

① 参见《扎》第一卷"论新偶像"章末。KSA 4, Ss. 63—64;此处译文根据德文原文综合自孙周兴译本页 72,和黄明嘉、娄林译本页 95。

的天性……同样地，他为了将来效力于国家而**学习**的一切，也有悖于自己的天性"。①

因此，只有呼唤"伟大的灵魂"从其中"破窗而出"，逃到自由生活的"旷野"，逃到（现代）国家消亡之处，才会有不再多余的、不可或缺的"个人"，亦即"超人"的出现，人才能获得"无可替代的智慧"。上帝死了，国家也死了，"超人"才能够真正地获得自由。

二、批判民族主义与反犹主义

（一）批判民族主义

与尼采对现代国家的批判相伴随的，是他对民族主义尤其是民族主义的最恶劣表现即反犹主义的鄙视和痛斥。尼采批判民族主义的态度固然是因为民族主义使得欧洲文化变得极其狭隘甚至发出恶臭，其实也与其建立统一而强盛的欧洲文明的拿破仑式理想密不可分。

国家主义、民族主义与反犹主义狼狈为奸地强化了现代欧洲民族国家的意识形态基础，让欧洲各国国民陷入以邻为壑的迷狂，为欧洲各国无休无止的纷争煽风点火。这在尼采看来完全是些琐屑的现实小政治，缺乏一种宏大高贵的文明、文化视野。

在尼采眼中，欧洲一统的强盛文明愿景是由拿破仑、歌德这样的大气的天才来实现的。在 1888 年春的一则遗稿中，尼采提到拿破仑"把欧洲设想为政治的统一单元"，而歌德"想象了一种欧洲文化，这种文化继承了已经**达到的**人性的丰富遗产"。② 而民族主义，比如以宗教改革、"德国哲学、解放战争、十九世纪末帝国的建立"为骄傲的德国民族主义，在尼采看来则是"阻碍了文化的进程""纯属文化的大厄运"。③ 这是因为，宗教改革重建的教会阻挡、毁灭了文艺复兴的反基督教的古典复兴浪潮，而莱布尼茨、康德、黑格尔所代表的德国哲学进一步鼓吹这种新教论调，这与反对拿破仑的德意志"解放战争"和德意志帝国的建立一道阻遏了一种敌基督的、充满异教的活力的强健欧洲文明。④

---

① 参见 KSA 13，11 [252]，S. 97；中译采《尼采著作全集·第十三卷·1887—1889 年遗稿》，页 115。这段文字据考为尼采摘自 *Ma religion*, *par le comte Léon Tolstoi* 一书（巴黎，1885 年）页 49。

② Ibid.，15 [68]，S. 451；中译引书同前，页 529。

③ Ibid.，22 [9]，S. 587；中译引书同前，页 704。

④ 亦可参见《敌》，61 节。

贵族激进主义的文化政治
——尼采政治哲学研究

在尼采看来,民族主义导致的欧洲各国之间的"武装和平""军备竞赛"不仅消耗了大量钱财,而且还年复一年使"不计其数最能干、最强壮、最勤劳的男子去当兵,放弃了他们本来的工作和行当"。大批杰出人才不断被送上"祖国的祭坛","或者让其成为民族荣誉的牺牲品——这些人如今被政治吞噬了,而在以前,他们有其他可以大有作为的领域"。

在这些"百牲大祭"的民族主义政治中,"在一个渴望获得政治桂冠的民族里,每个能干、勤劳、聪明、努力的人都由这种渴望支配着,不再像以前那样全身心地从事自己本身的事业;每天都在产生的关于公众利益的新问题和新忧虑在消耗每个公民的精神资本和感情资本;个人的精力和劳动遭受种种牺牲和损失,其总额如此巨大,以至于一个民族在政治上的兴旺几乎必然会导致精神上的匮乏和疲软,导致在要求高度集中、高度片面的工作方面效率降低"。也就是说,各民族中原本可从事各种"更高贵、更娇嫩、更具精神气质"工作的人不得不为"民族之花"的盛开、"民族商业和交通方面的利益特权"的获得而成为牺牲品,尼采认为这是完全不值得的事情。①

特别是在现代民族国家的全民常备军中,恰恰"在大多数情况下总是最有教养者成为牺牲品",因为"这些人是指挥员,在战斗中身先士卒,因为他们特别雄心勃勃,所以其处境特别危险"。因此尼采认为:当前,从事文化和文明建设是"更高于"祖国、荣誉的任务,那种"罗马人粗犷的爱国主义要么成了一种不诚实的东西,要么成了一种滞后性的标志"。②

在尼采看来,民族主义者是些懒惰地"想要尽可能少地从事脑力劳动"③的人。他们无视"商贸和工业,图书流通和书信往来,一切高等文化的共性,地点和景色的飞速变换,所有无土地者现在的游荡生活,——这些状况必定使各民族、至少是欧洲各民族变弱并最终灭亡,以至于由于持续杂交,所有这些民族必定会成为一个混合种族,即欧洲人的混合种族"。尽管"这一目标有意无意地基于**民族**仇视的民族隔离的抵制,但混合进程还是在缓步向前,尽管有些短暂的逆流"。而那种"人为的民族主义……就其本质而言,它是一种暴力的危急状态和戒严状态,

---

① 以上引文均出自《人性》上卷,第八章481节。KSA 2, Ss. 314–316;中译采《人性的,太人性的——一本献给自由精神的书》(上卷),页332–333。
② 以上引文同前,第八章442节。Ibid, S. 442;中译引书同前,页304。
③ 引书同前,第八章480节。Ibid, S. 314;中译引书同前,页332。

是少数人强加于多数人的，要依靠诡计、谎言和暴力来维护自己的威望。这种民族主义的驱动力，并非像人们可能宣称的那样是多数人（各民族）的利益，而首先是某些王朝的利益，然后是某些商贸阶层和社会阶层的利益"①。

尼采对民族主义的卑劣实质洞若观火，不过他也清醒地意识到，"欧洲主义"的理想未必能马上实现。在《超善恶》一书第七章214节中，他自称"后天的欧洲人"，自称自己是属于"二十世纪"的。这也许是因为，以怎样的力量构成欧洲的"一个新的统治阶级"，在尼采看来似乎并不明朗。旧的贵族、君主，新兴的资产阶级和"无知""狂热"的民众似乎都不大可靠，于是尼采将目光转向了欧洲社会中的无国界者——犹太人。

（二）批判反犹主义

根据戴威勒的研究和转述，尼采早年对犹太人采取的是他周遭人物如瓦格纳一样的反犹主义（anti-Semitism）态度。但伴随着尼采与瓦格纳的决裂，他很早就很明确地否定了反犹主义。② 我们在1878年出版的《人性的，太人性的》上卷中，就看到了尼采对犹太人比较公允的评论。他在该书第八章475节处指出，"犹太人的全部问题仅仅存在于民族国家的范围内"。欧洲的民族国家"越是表现出重振民族主义的姿态"，就越是把犹太人当作其自身固有的公开和内在弊端的替罪羊"送上屠场"。尽管犹太人和其他民族一样，都有些令人讨厌的特点——比如"交易所里的犹太青年"——但在"算总账"时应该原谅这些瑕疵，因为犹太民族"在历史上遭受了远非其他民族可比的苦难"，而且他们以"充沛的精力和过人的智慧"一代又一代地在"苦难这所学校里积累了精神资本和意志资本"。犹太民族中诞生了"最高尚的人（基督）、最纯粹的智者（斯宾诺莎）、最具影响的书、最有效的道德法则"。而"在中世纪最黑暗的年代，在亚洲的乌云笼罩欧洲大地的时候，是那些犹太民族的自由思想家、学者和医生在个人承受极大压力的情况下，高举启蒙思想和独立精神的大旗与亚洲抗衡。……幸亏他们的努力，一种更自然、更合乎理性、反正不再神秘的对世界的解释才得以重奏凯歌，如今以古希腊、古罗马

---

① 引书同前，第八章475节。Ibid，S. 309；中译引书同前，页326—327。引文中的强调字体系原文。

② 参见《尼采与贵族激进主义政治》第四章 p. 88，第五章 p. 110；页120—121，152。

贵族激进主义的文化政治
——尼采政治哲学研究

的启蒙精神将我们联合在一起的文化圈才免于分崩离析"。因此,"一旦不再事关民族的保存,而是事关一种尽可能强有力的混合种族的催生,犹太人便是和任何其他民族一样有用、一样受欢迎的组成部分"①。

在 1881 年出版的《朝霞》一书中,尼采花了第三卷 205 节长达数页的显眼篇幅专门论述"以色列人"问题。在此节开篇,尼采深刻地指出,欧洲犹太人的最终命运如何,将是"下一个世纪"即二十世纪的一个悬念。犹太人是"成为欧洲的主人",还是"像许多世纪以前"那样"丢掉埃及一样丢掉欧洲",令人拭目以待。

通观该节全文,我们不难发现尼采其实对犹太民族成为"欧洲民族的创造者和路标"充满热情洋溢的期待。他指出,经过十八世纪的"严峻考验",犹太民族的个人在心理上和精神上都被磨炼成了巨人一般:"每一个犹太人都能在他的父亲和祖父的历史中找到一大堆在可怕困境中做最冷静思考和坚韧的例子,还有巧妙利用和控制灾难与不幸的例子,从中吸取力量;他们隐藏在可怜的投降外表下的勇敢、他们的 *spernere se sperni*〔藐视藐视者〕的英雄主义,使所有圣徒的美德相形见绌。"在漫长的两千年里,欧洲其他民族充满鄙视地对待犹太人,"堵住他们通向任何高贵和尊严的道路,迫使他们从事越来越肮脏的工作"。犹太人在这种歧视和不公对待下虽然"确实没有变得更干净,但是他们没有觉得自己低人一头。"相反,他们从被遗弃给他们的贱业——高利贷中体会到对鄙视他们的人的"有效折磨",从而长时间地顽强保持着自己的自尊。

而且,犹太人对压迫者的复仇没有过度,并且出于生活环境和"压迫者的频繁变化,他们具有自由的思想和开阔的心胸;他们对人类社会的经验是无以复加的",他们对自己精神上的灵巧和精明也有着充分的自信。尼采认为,虽然犹太人目前的灵魂"根本不知道什么高贵的骑士感情……取而代之的是一种不无欢乐但又几乎总是令人感到痛苦的柔弱的坚定",这使他们看上去还没有准备好做欧洲的主人。但是,"由于他们一年比一年越来越多地和不可避免地与欧洲最高贵的贵族血统联姻,因此,用不了多久,他们就会获得一种可贵的遗传,使他们在精神上和身体上都改观……在一个世纪以后,他们看上去将足够高贵,使那些听命他们的人不再以把它们作为自己的主子为羞。"

如果说犹太人虽然已在经济等领域征服了欧洲诸民族,但由于其精

---

① 以上引文见 KSA 2,Ss. 309—310;中译采《人性的,太人性的——一本献给自由精神的书》(上卷),页 327。

神和行事方式尚不像贵族主子的样子，而使最终解决他们的问题"尚嫌过早"。不过尼采认为，犹太人心里完全清楚，不需任何征服的暴力行动，"欧洲早晚有一天会像成熟的果子一样落下，那时只要他们轻轻伸手接住即可"。为了这一天早日到来，尼采主张必须让犹太人"在欧洲所有重大事务上发挥更重大作用，站在前列，直到他们自己能够决定什么是真正的重大为止"①。

在尼采看来，犹太人虽然也有一些缺点和局限，但这大多是其多年的屈辱被压迫地位所致。而且，这种不幸的经历反而使他们变得异常坚韧顽强、聪敏机灵，保持着令人尊敬的良好习俗，不为狭隘的民族主义、国家主义所迷惑，并具有强大的经济实力。这在尼采看来完全是潜在的统一欧洲的力量。为了提升他们，尼采不惜赤裸裸地借用生理学、遗传学的杂交理论鼓吹一种新的"欧洲主人种族"的培育计划。

即使在尼采晚期的《超善恶》中，他还提到，相对于种族"极端混杂"的一般德国人，"毫无疑问，犹太人现在是欧洲最强、最坚韧和最纯的种族"。在他看来，典型的德国人是反犹者（他说："我还没碰上过一个德国人对犹太人是友好的。"）。因为德国人直觉地知道，他的民族是"软弱而不确定的，以至于它很容易会被一个更强大的种族抹掉或消灭"。相比犹太人，欧洲当时所谓的"民族"（Nation）是"人为的东西"（res facta）、"虚构而雕琢的东西"（res ficta et picta），而不是"天生的东西"（res nata）；而且归根结底，这些所谓的民族只是某种生成中的、年轻的、易被取代的东西，甚至还算不上一个民族，更不用说像犹太人那样作为"一个比青铜更持久耐用的种族了"。尼采相信犹太人的力量是这样的：如果他们愿意的话，他们甚至"在字面上说可以统治欧洲"。但是因为他们很显然"并没有为这个目的而工作和进行策划"，并且因为他们是宝贵的种族混合的资产，所以尼采主张同化。

为了这个目的，他说德国"把排犹叫嚷者驱逐出境，也许是有利而正当的"。尼采随后还强烈暗示，应该让犹太人同化在受选的族群中，"新日耳曼的较强大而有力的种族"——"从普鲁士边界过来的贵族军官"可以"毫不犹豫地与犹太人交往"。好能够有一天能为"欧洲培养一

---

① 以上引文见 KSA 3, Ss. 180—183；中译采《朝霞》，页 251—254。引文中的强调字体系原文。

贵族激进主义的文化政治
——尼采政治哲学研究

个新的统治阶级"。① 而如前所述,这个新的"主人族类",是要从"国际种族联盟"培养出来,而不是只从德国人之间的联盟培养出来。

在著述时代的最后几个月,即1888年12月至1889年1月的一则遗稿中,尼采再次提到了军官与犹太人的联合:"人们有理由到处建立协会,以便及时把几百万追随者交给我。我所重视的首先是军官们和犹太银行家们对我的支持:——两者一起代表着**权力意志**。"如果说军官身上的"军事本能"使他们不可能成为基督徒的话,犹太银行家的跨国逐利的本能也同样是一种强有力的"国际势力"。当"在一种基于各民族的自私自利和自高自大的可恶的利益政治完成了义务之后,他们能把各民族重新**结合**起来"②。

除了计划在政治上与犹太人联合外,尼采还曾盛赞犹太人为欧洲的文化增色不少。在《超善恶》第八章250节中,尼采提到"道德的伟大风格,无限的要求和无限的意义的可怕和庄严,整个浪漫派和道德可疑性的崇高"等等"色彩变幻和诱向生活的最吸引人的、最棘手和最精选的元素",它们的余光使欧洲文化的夜空"晚霞满天"。"因此,观众和哲学家中的我们——艺术家感谢犹太人"。③

因此,尽管在《论道德的谱系》中,尼采对犹太教—基督教的教士道德多有批判,但这种批判是服务于他的柏拉图主义—基督教奴隶道德批判这一大背景的。如果从尼采的"欧洲问题""欧洲一统的强盛文明愿景"的角度来看具体的犹太人问题,成熟阶段的尼采则是一位坚决的"反—反犹主义"者。

在著述时代晚期的手稿中,尼采一再贬斥反犹主义者,认为没有比他们"更无羞耻和更为愚笨的团伙了",④ 他们是些"投机者"。⑤ 反犹主义者不仅厚颜无耻地无视一个历史事实——即"种族混杂之处,乃伟大文化的源泉",⑥ 而且他们的实际目的非常龌龊:"那就是犹太人的**钱**"。⑦

---

① 以上引文参见《善恶》,第八章251节。KSA 5, Ss. 192-195;中译采《论道德的谱系·善恶之彼岸》,页267-269。
② 以上引文参见 KSA 13, 25 [11], S. 642;中译采《尼采著作全集·第十三卷·1887—1889年遗稿》,页66。
③ KSA 5, S. 192;中译采《论道德的谱系·善恶之彼岸》,页267。
④ 参见 KSA 12, 7 [67], S. 321;中译采《尼采著作全集·第十二卷·1885—1887年遗稿》,页366。
⑤ Ibid., 10 [54], S. 484;中译引书同前,页552。
⑥ Ibid., 1 [153], S. 45;中译引书同前,页47。
⑦ 参见 KSA 13, 21 [7], S. 581;中译采《尼采著作全集·第十三卷·1887—1889年遗稿》,页695,引文中的强调字体系原文。

尼采为当时欧洲许多出身高贵的青年男子投身于反犹主义这一"肮脏不堪的运动"[①] 而痛心疾首。在尼采看来，这些青年之所以投身反犹主义运动，是因为他们"长期不懂得为自己的生命赋予任何意义"，而反犹主义派别似乎为他们提供了某种"意义"，因此他们义无反顾地陷了进去。此外，反犹主义在尼采看来不仅是上述找不到意义的虚无主义的集中体现，而且具有一种内在的自相矛盾性。因为反犹主义者的"嫉妒、怨恨、昏聩无能的狂怒"，以及"'被选中者'的要求；完满的、道德主义的自我欺骗——……总是把德性和所有大话挂在嘴上"这些特征实际上和尼采笔下虚伪怨毒的犹太教士典型如出一辙。因此尼采说，反犹主义者其实也"是一个妒忌的、也即最愚笨的犹太人"。[②]

我们之所以用大量的篇幅来梳理尼采关于犹太人的言论，就是为了澄清关于尼采的纳粹主义和反犹主义的问题。来自犹太哲学家施特劳斯的证词应该是有效的，他特别称颂尼采那些对犹太人的经典论述，认为在当时普遍的反犹主义的氛围中，尼采无疑是一个清醒的例外。因此，如果说尼采的言论后来曾被纳粹用来为其种族主义、反犹主义的意识形态作脚注，这种篡用必然是一种断章取义的把戏。

尼采希望以欧洲的统一和超越民族界限的高贵文化的复兴来克服、消解民族主义、反犹主义，并且他意识到"欧洲犹太人问题"是个有待"下一个世纪"解决的大问题。经历了二十世纪上半叶的血雨腥风，欧洲似乎终于朝统一的方向前进了更多几步。但是犹太人问题似乎是以外迁新建民族国家的方式，在旧的逻辑下处理的，并且这还引发了无穷无尽的新的争端，而欧洲的松散联盟仍然无法消除常常以民族主义面目出现的现代国家之间的利益政治纠葛。尼采"欧洲一统的强盛文明愿景"看来仍是一个未竟的事业。

三、批判自由主义与保守主义

（一）批判自由主义

尽管尼采对现代国家主义和民族主义多有批判，尽管他倡导个体的自由和"孤独"的德性，但他并没有因此而倒向自由主义一边。那些试图通过尼采的个人英雄主义或美学主义来证明尼采是一个自由主义者的

---

① Ibid.，22 [11]，S. 588；中译引书同前，页 705。
② Ibid.，21 [7]，S. 581；中译引书同前，页 696。

贵族激进主义的文化政治
——尼采政治哲学研究

美国学者肯定是没有全面理解尼采的思想。在前面我们讨论尼采的贵族激进主义的"战士精神"时曾经看到尼采对自由主义的现代自由观做出了严厉批评。在尼采看来,自由主义本身是戕害自由的,因为它使人耽于享乐、渺小、怯懦,使人畜群动物化。真正的自由只有从斗争中而来,它是一种积极的权力意志。尼采的自由观念与自由主义的意识形态其实是格格不入的。

在尼采看来,"自由""平等""宽容"等自由主义政治理念和"民族""国家"等一样,是"虚假"的"现代理念"。[①] 自由主义者憧憬的人身、财产安全获得保障,免于受到他人和国家侵扰的悠然自得的理想生活图景在尼采看来是一种"畜群动物"的生活模式:"没有比自由主义体制更严重、更彻底的伤害自由的了……它们使人渺小、怯懦、并且耽于享乐——每一次在其中得到优势的都是'畜群动物'(herd animal)。自由主义:换言之是群体的动物化。"对尼采而言,这种自由主义的民主运动"不只是政治组织衰败的一种型式,而且就是衰败的一种型式,也就是人的渺小化,使他庸凡并降低他的价值"[②]。

在尼采眼中的自由主义者那里,国家的存在是为了作为自私自利个人的保护机构,是为了保护这些唯利是图的"私人"之利益免受内外战争的侵害。他们鼓吹"最小化的政府"。尼采不接受这种去神圣化的、市侩主义的国家观。在早年《希腊城邦》一文中,尼采就认为国家应该建立在"对祖国与王侯的敬爱之中,从自身中产生出指向一个崇高得多的使命的伦理推动,"而不为了什么外在的利益目的。而为了便现代那些本质上"无国界"的"金钱贵族"意识到国家的必要性,尼采认为有必要与自由主义反其道而行之——鼓吹战争对于国家必不可少,通过战争的方式迫使自私的国民成为国家机器的组成部分,为天才般的军事—艺术领袖的出现服务。[③]

在《人性的,太人性的》上卷中,尼采引用马基雅维利的话指出:"治国艺术的大目标应该是**持久性**,它比自由宝贵得多,因而能抵消其他的一切。"[④] 这表明尼采并不是一个在政治上浅薄无知的人。在尼采看

[①] 参见 Ibid., 16 [82], S. 514;中译引书同前,页 608—609。
[②] 以上两段引文转引自《尼采与贵族激进主义政治》第四章, p. 91,页 123—124。笔者据英文原文调整了个别译文。
[③] 参见 KSA 1, S. 774;中译采《复旦哲学评论》第一辑,页 255。
[④] 参见《人性》上卷,第五章 224 节。KSA 2, S. 189;中译采《人性的,太人性的——一本献给自由精神的书》(上卷),页 195。

来，自由主义意识形态下"人们为当下而活，人们活得非常敏捷，人们也活得非常不负责任：人们恰恰称此为'自由'"。而"对于传统、权威、超越千年的责任心、前后无限（in infinitum）之世代相连的**团结**的意志"则被遗弃了。像罗马帝国、俄罗斯帝国这样的"机构""受到鄙视，憎恨，拒绝：只要有人大声说出'权威'这个词，大家就相信面临一种新的奴隶制的危险"。① 这种自由民主的政治导致的是组织力的衰退、强大文明机构的倾颓瓦解或无法建立。

除了批判伦理生活方式的自由主义，尼采还批判自由主义的一种"**经济学**乐观主义"，这种观念认为"仿佛随着**所有人**不断增长的开支，所有人的利益也必然会增长"。尼采认为，这种"即将来临的全球经济总体管理"虽然使大量的人成为巨大机构的越来越细小精微的齿轮组，但这种"专门化"的过程如果不能产生一种"生产**综合性的**、**累积性的**、**辩护性的人**"的"相反的运动"，不能保证"超人"这样的"**更强大的种类**""更高存在形式"作为前述经济系统的"**意义**"，不能保证一种"更高形式的**贵族制度**"，则这种经济发展也只能意味着"对人这个**类型**的总体缩减，**价值缩减**，——这是一种最大的**衰退现象**"②。

尼采还指出，如果顺从自由主义的"群盲理想"即赋予"群体"以最高地位、放弃"**贵族主义**"的价值，则"我越是放弃权利，越是力求平等，我就越是沦于最平庸者的统治之下，最终沦于最大多数人的统治之下"。尼采进而指出："一个贵族社会为了在其成员之间保持高度的自由，本身是要有前提的，这个前提就是极端的张力，而这种张力起源于所有成员的**对立**欲望的现成状态：力求统治的意志的现成状态……"③

这也就是说，社会成员并不会伴随着社会经济的总体进步而自然而然地得到"自由""平等""幸福"。相反，真正的自由是在人与人之间的"对立欲望""力求统治的意志"即贵族式的权力意志得以实现时，才能真正达到。经济再发展，如果没有贵族、"超人"决定社会的最高价值方向，社会也只能是由一群平庸者组成的价值衰退缩减、人从"类型"上日益矮化的"畜群"。

---

① 以上引文参见《偶像》，"一个不合时宜者的漫游"，第 39 节。KSA 6，S. 141；中译采《偶像的黄昏》，页 162。

② 以上引文参见 KSA 12，10 [17]，Ss. 462-463；中译采《尼采著作全集·第十二卷·1885—1887 年遗稿》，页 525-527。

③ 以上引文参见 KSA 13，11 [140]，S. 65；中译采《尼采著作全集·第十三卷·1887—1889 年遗稿》，页 72。

贵族激进主义的文化政治
——尼采政治哲学研究

自由主义者最令尼采不能接受的，还在于其如下的纲领："个人具有能够加以确认的、且大致上分差论等排序好的需求、欲望、力量、与才能，它们或者渴望求得满足或者希望加以实现。一般认为，只要有了内在的冲突，藉著求诸于理性的权衡自我利益，就能加以解决。因此，对具有理性的个人，自由是好的，因为它能使他在没有不必要的阻碍下，追求自己的最佳利益。"① 尼采否认这种简单乐观的理性主义假设，他不承认存在一个天赋的统合的自我可以"理性地"轻易发现自我利益。尼采认识到人"在根本上是一团混沌，他的每一个冲动都想要当主宰，还想把自己的角度当模式，来强加诸于所有其他冲动上"。②

尼采在《偶像的黄昏》书中"一个不合时宜者的漫游"章 41 节里提到，自由主义者的现代"自由"理论却主张"独立"、"自由发展"、"放任"（laisser aller），③ 而且不仅在经济领域如此，"在政治事务和艺术领域中也同样"。④ 这必然导致人的欲望在经济、政治乃至文化领域肆无忌惮地相互冲撞、彼此瓦解，人的主体性无从建构，人涣散在种种杂乱的"冲动—满足—耗散"的欲望响应模式中。在早年的《荷马的竞赛》一文中，尼采就已明确地指出过这一点："古代的个人更自由，因为他们的目标更近且更易于达到。……现代人到处被无限性所反对，就像艾利亚的芝诺的寓言里的快脚阿基里斯：无限性阻止了他，他甚至不能赶上乌龟。"⑤

尽管现代自由主义所自觉或不自觉地促进的人内在的冲突与对立为人的自我克服、自我掌控带来了一种契机，但能做到这一点的只能是少数人。对于一般人，尼采并不同意放任他们去就其本能的"自由"，这只能是相对主义和虚无主义的灾难。在前面提到过的那节《偶像的黄昏》的文字开篇，尼采就痛斥："'自由，我指的**不**是它……'在今天这样的时代，放任自己的本能，更是一种灾难。"⑥ 当然，这不是像"陈腐的反自由主义所以为的"⑦ 欲望必定是堕落的，而是因为"本能彼此冲突，

---

① 参见《尼采与贵族激进主义政治》第四章，p. 92，页 125。
② 引书同前。尼采在《超善恶》第一章第 6 节中提到："人的一些根本欲望……它们中的任何个别者恰恰太喜欢充当生存的最终目标，充当一切其余的欲望的有资格的**主宰**。因为任何欲望都是有统治野心的……"（KSA 5, S. 20；中译采《论道德的谱系·善恶之彼岸》，页 125。）
③ 这句名言是十九世纪自由主义经济政策的著名口号。
④ KSA 6, S. 143；中译采《偶像的黄昏》，页 166。
⑤ "Homer on Competition", p. 192.
⑥ KSA 6, S. 143；中译采《偶像的黄昏》，页 166。
⑦ 参见《尼采与贵族激进主义政治》第四章，p. 93，页 126。

互相干扰和毁灭"。面对上述放任本能、欲望的困境,尼采认为应通过教育的"一种铁的压力"至少让本能系统中的一个"**瘫痪**","以便允许另一个获得力量,变得强大,取得支配地位"。尼采甚至还认为:"今天也许人们必须首先对个人进行**裁剪**(beschneidet),才能让个人成为可能:可能意味着**完整**……"①

当然,使得人之"完整"成为可能的不仅是教育上的"铁的压力"和"裁剪",尼采在其他地方所描绘的古代战士贵族式的社会和政治制度也为人克服欲望的杂乱冲突、实现真正的自由提供了最好的条件。《偶像的黄昏》中那段著名的说法是"战争教育自由""自由人是战士"。尼采认为真正的自由包括对自己的目标有明确认识和强烈信念,可以负责任行动的"积极自由"——那是一种积极的权力意志,凭借在"钢铁般沉重压力"情况下的搏斗,凭借临渊履薄般活着,凭借各种各样的战争,来加以塑造和巩固。因此,衡量真自由的,不论在个人或是在民族,都不是像自由主义者说的,是靠束缚的不存在。而恰恰相反,是要"根据那必须克服的阻力,根据保持**在上**之地位要付出的辛劳"。②

《偶像的黄昏》的这一节格言里,尼采还明确地指出:"自由人的最高级类型必须到那里寻找,在那必须克服最强大阻力的地方:离暴政咫尺之遥,紧靠被奴役之危险的门槛。"他还说:"曾经有些价值和成为有价值的民族,从来不是在自由主义机构下成就自己的:**巨大的危险**从这些民族中造就出某些值得敬畏的东西,是危险教导我们认识我们的救助手段,我们的德行,我们的武器装备,我们的精神,——**迫使我们坚强**……**第一**准则:一个人得有必要坚强;否则永远不会坚强。"

在《论道德的谱系》第二章第二节中,尼采指出,为了使人成为一个"**独立自主的个体**",成为一个具有独立的、长期意志的人,"可以许诺的人","风俗的德性"付出了无比艰巨的劳动,人类耗费了漫长的历史。经过无比艰辛的历练,人才学会了去统治环境、统治自然、克服各种不测,甚至可以"抵抗命运"——总之他学会了信守诺言、承担责任,因此才真正"自由"。③

由此我们看到,"主体性、自我、与做一个在世间的有效行为者的能

---

① KSA 6, S. 143;中译采《偶像的黄昏》,页 166。本段引文中的个别译文据德文原文略作调整。

② 参见《偶像》,"一个不合时宜者的漫游",第 38 节。Ibid., Ss. 139—140;中译引书同前,页 159—161。

③ KSA 5, Ss. 293—294;中译见《论道德的谱系·善恶之彼岸》,页 36—37。

力，并不是与生俱来的"，① 这种积极自由的能力需要一个习得的过程，在尼采那里，还尤其需要在无比艰险的环境中磨炼一种对欲望和权力意志的组织能力和贯彻能力。自我、主体性的构建问题是跟积极自由的概念联系在一起的，越是通过严峻挑战和残酷压制，个人的欲望在屈服中才愈加能从杂多里统合出强劲的权力意志自我，成为一个刚毅坚卓的积极自由个体。相比之下，基于功利主义"免于痛苦"的幸福观而将自由定义为"免于"所有束缚，却不是"自由去"追求一己目标的自由主义真的只是"摧毁权力意志"，并且"使人变得渺小、怯懦、耽于逸乐"。

在《扎拉图斯特拉如是说》第一卷"论创造者之路"章中，尼采进一步区分了"积极的自由"和"消极的自由"，当然这不是伯林意义上的区分。扎拉图斯特拉说道："你把自己称为自由的吗？我意愿听到你支配性的思想，而不是要听到你摆脱了枷锁。"在尼采眼中，有些人一旦"摆脱了枷锁"、获得了消极自由，同时也失去了自己"最后的价值"——即作为奴隶而劳作、尽义务的价值。真正的自由是"支配性的"，是"能够把你的恶和你的善赋予自己，把你的意志高悬于自身之上，犹如一种律法"。② 这也才符合尼采在《瞧，这个人》中对"自由精神"即"一个重新掌握自己命运的人"之界定。③ 总之，"**谁要做自由人，必先完全成为他自己**"。④

尼采心目中的自由的典范是莎士比亚悲剧《尤里乌斯·凯撒》中的主人公布鲁图斯（Marcus Junius Brutus）。他"热爱自由，并把它视为伟大心灵之必须，一旦它受到挚友的威胁，那么，他就不得不牺牲挚友，哪怕挚友是完人、无与伦比的奇才、光耀世界者"⑤。在尼采看来，独裁者凯撒的崇高地位反而更映衬出他的刺杀者布鲁图斯的崇高荣誉感，布鲁图斯为了政治自由而不计后果地做出行动，践履了他令人称赞的美德、实现了心灵的真正自主。这种积极自由的悲剧英雄在一般的自由主义者看来恐怕是不可思议吧。

尼采眼中的自由人还有另一个名称，叫"自由精神"。⑥ 这种人以真

---

① 参见《尼采与贵族激进主义政治》第四章，pp. 95—96，页 129。
② 以上参见 KSA 4, S. 81；中译采孙周兴译本，页 94。
③ 参见《瞧》，"《人性的，太人性的》及其两个续篇"，一。KSA 6, S. 322；中译采《看哪这人：尼采自述》，页 107。
④ 参见《快乐》，第二卷 99 节。KSA 3, S. 457；中译采《快乐的科学》，页 180。
⑤ 引书同前，第二卷 98 节。Ibid., S. 452；中译引书同前，页 172。
⑥ 参见《人性》上卷，第五章 225 节。KSA 2, S. 189；中译采《人性的，太人性的——一本献给自由精神的书》（上卷），页 195。

理为最高目的，而不顾传统、习俗的善恶羁绊。这些人的用武之地主要在精神和文化领域，但与一般的学者相比，他们这些"自由思想家的使命是完全不同的，更为高级的：以偏僻角落为出发点指挥科学家和学者的大军，给他们指出文化的道路和目标"①。

"自由精神"是卓尔不群、高瞻远瞩的，而且他们往往为俗见所嫉恨、非议。在尼采眼中，自由主义的议会政治就是这样的俗人扼杀个性的场域。在《快乐的科学》第三卷174节中，尼采对议会民主制进行了严厉的批判，他说："议会制度意味着，允许公众在五种主要政见中选择，讨好那些喜欢独立、保持个性、为自己的政见而斗争的人士。"乍一看，这种制度似乎是鼓励独立观点和个性表露的，但实质上"不管是强令众人接受一种政见也罢，允许五种政见也罢，都无足轻重。……谁要是偏离这五种政见，势必招致物议"②。也就是说，自由主义政治观表面主张多元、放任，但其背后的价值虚无主义、价值无政府主义却是不可动摇的前提。如果有人站在"自由精神"这样的精神"立法者"的高度主张一种绝对的价值或强烈的信念，则自由主义的庸众必然加以反对，并让前述主张消解在"什么都行"的虚空之中。

议会民主制不会产生自由人，"自由精神"的诞生的条件是个体成为自我的意志："谁不把一天的三分之二留给自己，谁就是奴隶，无论他想成为怎样的人，成为政治家、商人也好，成为官员、学者也罢，只要这样就都是奴隶。"③也就是说，只有真正的闲暇，把大部分的时间从为他人操劳中抽调出来留给自己，一个人才能免于实际上的奴役，成为一个自由的人。当然，把时间留给自己是为了从事精神上的活动，而不是为了纵欲享乐："在创造一种更高级文化的方面，幸福是如何分配的这一视角并不重要；但无论如何，闲适者阶层更有忍受力，忍受更多，人生的惬意更少，肩负的任务更重。"④这种对闲暇的推崇和对劳作的鄙视在自由主义对劳动、"天职"推崇备至的理论看来，真是反动至极。但这其实也并不新奇，亚里士多德在《形而上学》《尼各马可伦理学》中就表达过类似的观点。尼采在此只不过接过古代精神贵族的论调，为"只缘身在此山中"的现代自由主义者消消毒罢了。

---

① 引书同前，第五章282节。Ibid., S. 231；中译引书同前，页240。
② 以上参见KSA 3，Ss. 500—501；中译采《快乐的科学》，页235。
③ 《人性》上卷，第五章283节。KSA 2，Ss. 231-232；中译采《人性的，太人性的——本献给自由精神的书》（上卷），页241。
④ 引书同前，第八章439节。Ibid., S. 287；中译引书同前，页302—303。

不过，尽管尼采从"精神贵族""超人""自由思想家"等自我超越、积极自由的角度批判了自由主义的消极幸福论、国家观和本体论，但他并未因此走向保守主义，回归于传统。在他看来，保守主义或回归传统是不可行的，因为求真意志使我们看到：那曾经提供了生命意义的传统已然死去，不再可能起死回生。

(二) 批判保守主义

从在本书前面引述的《扎拉图斯特拉如是说》卷四"与国王们的谈话"章中"右边国王"的一段发言可以看到，尼采对欧洲当时保守主义的虚假性和没落性有清楚的认识——那些鼓吹"传统"的旧贵族睡在先辈的荣光之上，操劳于现实中"货币经济"法则统治下的权钱交易，是一群腐朽不堪的保守势力。[①]

当然，尼采不是不承认传统的价值，相反，他认为对传统的崇拜、尊敬长者等是一些高贵的特点。但尼采终归不是一个保守主义者。在尼采看来，要单纯地回归一个较早、较健康的时代，是不可能的。其根本的原因就在于，任何想以传统之名而放弃科学的企图，都会带来问题。这一点正是尼采比施特劳斯及其学派更为清醒的地方。尼采说："对欧洲来说，最被普遍加以神圣化了的传统，其发展的顶点就是科学精神。……他相信科学良心，只是从基督教良心萃取的精华，是'两千年之求真理训练'的最近结果。"[②] 试图通过回归传统以求得理性所不能提供的界域，并不是一个可行的选择。

在《偶像的黄昏》中"一个不合时宜者的漫游"章题为"说给保守党人听"的43节里，尼采指出："任何意义及任何程度上的**退化**和倒退，都绝对不可能。……即使今天也还有些政党，它们把一切事物的**蟹行**（Krebsgan）梦想为目标。但是没人有当螃蟹的自由。人们必须前进，也就是说在**颓废中一步接着一步地继续向前**（——这就是我对现代'进步'的定义……）。人们可以**阻碍**这个发展，通过阻碍，拦住并且积聚蜕化自身，使它来得更猛烈，**更突然**：更多的事人们做不到。"[③]

通过模仿并不真正属于我们自己的所谓"传统"里的习俗与道德来试图改变自己、拯救自己的保守主义，在尼采看来是不可能的。那些

---

① KSA 4, S. 305。
② 参见《尼采与贵族激进主义政治》第四章, p. 86, 页118。
③ KSA 6, S. 144; 中译采《偶像的黄昏》, 页167—168。

"需要历史学作为化妆服的贮藏室"的人，马上就会发现"没有一套化妆服正合他的体型"。① 能像衣服一样穿上与脱下的传统、价值和信条，欠缺作为遗产或作为坚定不移的宗教、礼法那样的强制性、绝对性特质，因此从来不能长久得到我们的服从。这种"保守主义"的伪装，不能够填补"上帝之死"留下的空虚。"自由人"的自由"与其说在于他具备正确的观点，毋宁说在于他摆脱传统的羁绊，无论成败"。② 这样的大无畏者敢于不断前进，哪怕现代历史的宿命是"在颓废中一步接着一步地继续向前"。

尽管相对于左派的革命意识形态，尼采看起来像是一个保守主义者，但是我们也已经展示了尼采本人对于保守主义的态度。舍弃"保守主义"，尼采倡导的还是追求"有理有据"的真理而非依靠信仰的"自由精神"。当然，"自由精神"却无法产生于自由民主政制之中，这是他对自由民主的态度。因此，我们最好不要用法国大革命以来的左右二分的意识形态来肢解尼采的"文化政治批判"。尼采的"文化政治批判"明显超出了十九世纪各种政治意识形态的视野。

第二节　对启蒙的批判性反思

尼采对十九世纪各种政治意识，如自由主义、保守主义、国家主义和民族主义的批判，既有其深刻的政治立场，也有其文化政治批判的政治哲学的基础。这就要将它们追溯到十八世纪的启蒙学说之中，尤其是与基督教道德存在潜在联系的英国道德情感主义的同情道德以及卢梭的民主革命的平等主义诉求。在尼采看来，道德情感主义的同情学说导致庸人的道德，而卢梭在性善论基础上的反文化的道德—政治学说导致的是"怨恨"的道德以及再一次的"道德上的奴隶起义"。

在此基础上，尼采还批判了从同情道德发展出来的功利主义的道德黄金律及其幸福论，以及受卢梭的人民主权学说启发的社会主义思潮。此外，尼采对支撑现代国家主义、民族主义政治意识形态，在启蒙运动

---

① 参见《善恶》，第七章 223 节。KSA 5, S. 157；中译采《论道德的谱系·善恶之彼岸》，页 240。

② 参见《人性》上卷，第五章 225 节。KSA 2, S. 190；中译采《人性的，太人性的——一本献给自由精神的书》(上卷)，页 196。

贵族激进主义的文化政治
——尼采政治哲学研究

中达到高峰的理性乐观主义的进步论和历史主义思潮也有深刻的批评。从这些现代道德—政治的谱系学分析中，我们能看到尼采一贯的文化政治批判的思考。这些思考对于全面深刻地理解他的哲学学说是至关重要的。

一、批判英国道德情感主义及功利主义

（一）批判英国道德情感主义的同情道德

以莎夫茨伯利勋爵（Lord Shaftesbury）、哈奇森（Francis Hutcheson）、休谟和斯密（Adam Smith）为代表的英国道德情感主义学说中，有一个重要概念"同情"。在道德情感主义者特别是斯密那里，同情一方面作为人们做出道德判断的心理动力，类似于我们说的"不忍人之心"；另一方面，同情作为一种人人皆有的普遍心理机能，使得普遍有效的道德规范成为可能。在斯密那里，甚至可以说，同情（或称"同情感"）是市民社会建立公序良俗的心理基石。[1]

但在尼采看来，同情也是一种虚假的现代理念。[2] 尼采注意到，对同情道德的强调最早可追述到基督教"爱人如己""爱邻如己"的教诲。[3] 尼采认为这种"同情一切人"的"邻人之爱"却是对人的"严厉和专制"，[4] 是人所可能面临的"最大危险"。[5] 这是因为，按照尼采眼中的生命最高原则，按照扎拉图斯特拉式的高贵的"爱人"原则，软弱者和失败者应当毁灭，他们不值得顾怜；[6] 价值的目标应该是为了"具有更高价值、更有生命尊严的"类型，在权力意志的价值重估中，"所有能提高人类身上的权力感、权力意志、权力本身的东西"才是好的，而"所有来自虚弱的东西"都是坏的。基督教主张的同情道德公然袒护虚

---

[1] 有关斯密《道德情感论》中同情概念的研究，笔者主要参考的是罗卫东《情感 秩序 美德——亚当·斯密的伦理学世界》一书（北京：中国人民大学出版社，2006年版）第二章中的研究成果。

[2] 参见 KSA 13, 16 [82], S. 514;《尼采著作全集·第十三卷·1887—1889年遗稿》，页 608—609。

[3] 分别参看《旧约·利未记》19：18,《新约·路加福音》10：27。

[4] 参见《善恶》，第四章 82节。KSA 5, S. 88; 中译采《论道德的谱系·善恶之彼岸》，页 179。

[5] 参见《快乐》，第三卷 271节。KSA 3, S. 519; 中译采《快乐的科学》，页 260。

[6] 参见 KSA 13, 11 [414], 15 [120], S. 192, Ss. 480—481（中译见《尼采著作全集·第十三卷·1887—1889年遗稿》，页 233—234、566）；以及《敌》1、2节，KSA 6, Ss. 169—170（中译见《〈敌基督者〉讲稿》，页 123—125）。

弱、失败者,这完全与尼采心目中的"更高价值的类型"截然相反,是一种虚无主义的表现。[1]

在《敌基督者》中(如第 7 节),尼采再次对基督教的同情道德传染"受苦"、抗拒"优胜劣汰"(Selektion)的生命提升、进化的法则展开批判。尼采提到:"基督教被称为**同情**(Mitleid)的宗教。——同情是提升生命感觉之能量的强有力倾向的对立面:同情产生抑郁的效果。倘若人们同情,那么他就丧失了力量。同情加剧并且成倍地加剧了对生命的损害,而这损害本身就已经使生命受苦。受苦本身通过同情而传染;在某些情况下,同情还有可能导致生命和生命能量的全盘损害,这种损害同作为原因的受苦之量之间存在着一种荒谬的关系(——拿撒勒人之死的例子)。这是第一个视角;但还有一个更重要的视角。……同情在整体上抗拒作为**优胜劣汰**(*Selektion*)法则的进化法则。同情保存的是那些烂熟至衰亡的东西;同情的是对生命的剥夺和谴责;同情**确保**形形色色的失败者苟延残喘,由此给生命本身带来一种阴郁和可疑的面相。"

尼采认为,"在任何一种**高贵**(vornehm)的道德之中,同情都是懦弱",但在基督教的影响下,人们竟把同情称为德性,甚至"把同情变成**唯一**的德性,变成一切德性的基础和起源",这完全是一种否定生命的虚无主义哲学的结果。应该看到,同情道德"这种抑郁和传染的本能抗拒那种力求保存生命并且提高生命价值的本能","同情作为苦难的**放大剂**……是一种加剧**颓废**的主要工具——同情劝说人们走向**虚无**!"[2]

然而尼采也无可奈何地看到,同情的道德没有随基督教信仰的衰落而衰落。相反,在叔本华的哲学、托尔斯泰的文学和瓦格纳的歌剧中,这种基督教的颓废道德得到了变相的宣扬。而同情道德最世俗化、理性化的表述,首推英国道德情感主义尤其是斯密的同情理论。

在《道德情感论》的有关论述中,斯密认为同情(sympathy)是人类的一种基本情感,它乃是"在其最固有的和最原始的意义上,对他人的苦难所表现出来的同胞感情"。[3] 斯密的这一同情概念,意味着我们借助自己的想象力,设身处地地站在想象中的当事人的立场,考察当事人

---

[1] 以上引文参见 KSA 13, 11 [414], S. 192;《尼采著作全集·第十三卷·1887—1889年遗稿》,页 233—234。

[2] 以上两段引文见 KSA 6, Ss. 172-173;中译采《〈敌基督者〉讲稿》,页 131-132。

[3] 参见 Adam Smith, *The Theory of Moral Sentiments*, D. D. Raphael and A. L. Macfie ed., Oxford, Oxford University Press, 1976. I. iii. 1. 1. p. 43. 译文引自罗卫东前揭书,页 43。

置身之事时自然而然产生的一种情绪。人们之间相互同情,还具有增加快乐、缓解痛苦的功效。

尼采则在《朝霞》一书中(卷二 142 节)用同感(Mitempfindung)来分析同情的心理机制。尼采指出:"所谓理解别人,就是**在我们心中模仿别人的感情**。……通过在动作与感觉之间建立起来的一种古老的双向联系,在我们心中重新产生出别人的情感。"① 也就是说,我们通过关注他人的眼神、声音、步态、举止(或者只是它们在文字、图画和音乐中的写照),便能迅速地在自己的身上对导致这些身体活动的情感加以理解和模仿。然而尼采指出:"迅速理解的能力就是**迅速伪装**的能力,对于这种能力,骄傲自负的人和民族不甚擅长,因为他们不那么恐惧;相反,在怯懦的民族中间,每一种理解和自我伪装都如鱼得水,找到了它自己的故乡;这里也是模仿艺术和高级才智的温床。"② 也就是说,同情所赖以发生的对他人、外界情状的理解力是与模仿相关联的,而模仿又是与弱者的伪装、欺骗行为相关联的。因而同情、同感的能力越强,表明作伪欺诈的能力越强,而这是骄傲自负的强健者或民族所不屑的。

在尼采看来,目睹苦难者受苦,不仅不会得到同情的快乐,相反还因受苦者的屈辱之故而感到耻辱。当人们援手帮助他人时,完全有可能强暴了对方的高傲。尼采甚至还借扎拉图斯特拉戏仿魔鬼的话说:"上帝死了,上帝死于他对人类的同情。"③ 扎拉图斯特拉对人的大爱高蹈于同情之上,他不是为了怜恤所爱者,而是为了把所爱者"创造出来"。与同情相反,尼采提倡的是一种创造者对所爱者"严厉无情"的大爱。

类似的观点在尼采更早一些的著作中也有体现。在《朝霞》中(卷二 135 节),尼采指出,被同情"剥夺了一个人的全部美德","对谁表示同情就是对谁表示轻蔑"。尼采举了个敌我斗争中的例子来说明自己的观点:如果我们遇到卑贱地摇尾乞怜的对手,我们感受不到任何乐趣,如果敌人寻求被同情,他将被人鄙视——虽然或许被允许像狗一样活下去;相反,若看到敌人宁死不屈,我们却能产生"一种最高境界的快乐",而且使人的灵魂"**肃然起敬**"。④ 也就是说,与斯密那里相互同情能带来快乐的理论截然相反,尼采认为同情令同情者得到的是失望、无聊,而给

---

① KSA 3,S. 133;中译采《朝霞》,页 188。
② Ibid.,S. 135;中译引书同前,页 190。
③ 参见《扎》,第二卷"论同情者"章。KSA 4,S. 115;中译参孙周兴译本,页 139。
④ 以上引文参见 KSA 3,Ss. 128-129;中译采《朝霞》,页 184。

予被同情者的则是轻蔑。在该书另一处（卷二134节），尼采还提到，人们之所以要提防同情，还因为若一个人"每天到处寻找同情的机会，他的心灵不断看到周围所有的不幸，这人最后肯定就会变成病态和忧郁的人"①。

而到了《快乐的科学》时期，尼采进一步指出，同情不仅不利于受苦者在苦难中磨炼，而且也不利于施舍同情的施惠者坚定从事自己本应投身的事业，不问世事。同情的伦理没有看到"幸与不幸是一对孪生兄弟，它们共同成长"，②能勇敢忍受、克服不幸的人才有可能享受真正的幸福。而"只有那些自尊心委靡、也不可能征服别人的人才觉得同情是最愉快的情感，轻易得来的战利品是大喜过望的东西，每个受苦者莫不如此。有人称赞同情，说它是妓女的美德"③。

尼采还将对颓废者、失败者的同情视为有悖生命的本性，视为一种"道德的反自然性"。他在1888年10月的一则笔记中提到："对颓废者的**同情**，甚至给失败者的**平等权利**——这或许就是最深刻的非道德性，这或许就是作为道德的**反自然性**（Widernatur）本身！"④ 在尼采眼中，社会主义者也是这类要求废除受苦的"同情之宗教"的倡导者，他们将同情的道德视为自在的道德，作为一种文明达到的新高度——"人的**所达到的**高度，未来的惟一的希望，当代人的安慰剂，对从前的一切过错的重大的摆脱"，⑤但在尼采看来，这其实是一种颓废的"欧洲佛教"。

现代的道德观认为，只有在同情、热心肠中才能发现道德的人格，但尼采却指出"自信、自傲，彻底仇恨并冷嘲热讽地对待'大公无私'……就像冷酷无情地藐视和警惕同情和'热心肠'一样是上等人的道德"。而邻人之爱、同情、助人为乐这些品德不过是些实用的奴隶道德。⑥ 这其实和尼采更早时的观点并无二致，在中期著作《人性的，太人性的》中（上卷第二章45节），尼采就也提到："乐于助人、富于同情"是"受压迫者和无力量者"的道德，是"诡计多端和可怕结局的前

---

① Ibid., S. 128；中译引书同前，页183。
② 参见《快乐》，第四卷338节。Ibid., S. 567；中译采《快乐的科学》，页313。
③ 引书同前，第一卷13节。Ibid., S. 386；中译引书同前，页89。
④ 参见KSA 13, 23 [1], S. 600；《尼采著作全集·第十三卷·1887—1889年遗稿》，页718。
⑤ 参见《善恶》，第五章202节。KSA 5, Ss. 125-126；中译采《论道德的谱系·善恶之彼岸》，页217。
⑥ 引书同前，第九章260节。Ibid., S. 210；中译引书同前，页281。

奏"，是"一种精致的邪恶"。① 到了晚年，尼采还不忘在一则笔记中高呼：同情造就群盲，而我们现时代的基本错误是"把目标投向群盲**而不是投向个体！**"更有甚者的是，如今"人们试图**把群盲当作个体**来理解，而且赋予他们一种比个人更高的地位"，这在尼采看来完全是颓废至极。②

综上所述我们不难发现，尼采对发源于基督教，理性化、世俗化于英国道德情感主义的同情道德的批判是从一种反对颓废、提振生命本能的角度展开的。他反对同情并非就意味着他鼓吹人们在庸俗的意义上自私自利、为所欲为，相反，他也指出："上等人同样帮助不幸的人，但不是，或几乎不是出于怜悯，而是由于极其充沛的精力所产生的一种冲动。"③ 尼采反对同情之爱是为了人们能从渺小、平庸的布尔乔亚道德中挣脱出来，做一个扎拉图斯特拉式的有"大爱"的爱人者。

（二）批判功利主义道德

在西方伦理思想史上，紧随苏格兰启蒙运动中道德情感主义而产生、对十九世纪欧洲影响更巨大的是以边沁、约翰·斯图亚特·密尔为代表的功利主义伦理思想。按照密尔在《功利主义》一书中的表述，功利主义主张"把'功利'或'最大幸福原理'当作道德基础的信条主张，行为的对错，与它们增进幸福或造成不幸的倾向成正比。所谓幸福，是指快乐和免除痛苦；所谓不幸，是指痛苦和丧失快乐。……唯有快乐和免除痛苦是值得欲求的目的，所有值得欲求的东西（它们在功利主义理论中与在其他任何理论中一样为数众多）之所以值得欲求，或者是因为内在于它们之中的快乐，或者是因为它们是增进快乐避免痛苦的手段"④。

但恰恰是在幸福观这个问题上，尼采对功利主义非常不满。尼采认为功利主义者太轻易地以为他们知道所有人想要的是什么，而实际上，并不是所有人都想要一样的东西。尼采尤其反对功利主义者的这个观念：人类最终的目的是幸福（happiness），它的定义是最大的快乐与最少的痛苦。在晚年著作《偶像的黄昏》中（"格言与箭"章12节），尼采讽刺

---

① KSA 2, S. 68；中译采《人性的，太人性的——一本献给自由精神的书》（上卷），页66。

② 参见 KSA 12, 5 [108], S. 228；中译采《尼采著作全集·第十二卷·1885—1887年遗稿》，页266。

③ 参见《善恶》，第九章260节。KSA 5, Ss. 209-210；中译采《论道德的谱系·善恶之彼岸》，页280。

④ 参见密尔《功利主义》，第二章"功利主义的含义"，引自约翰·穆勒：《功利主义》，徐大建译，上海：上海人民出版社，2008年版，页7。

道："**人并不**追求幸福；只有英国人这么做。"① 这是因为，在尼采眼中功利主义的苦乐哲学和同情弱者的道德一样，其核心是要求"废除受苦"，然而尼采所颂扬的精神贵族却"宁可比曾经有过的受苦还更厉害、更糟糕地去受苦！"② 针对功利主义的幸福观，尼采嘲笑道："健康舒适，就像你们对之所理解的——这肯定不是目的，这在我们看来是一个终结！一种情况，它使人立刻变成了可笑的和可鄙的，它使人的衰亡成为指日可待的！"而功利主义所拒斥的痛苦在尼采眼中却具有磨炼、提升人灵魂品质的重要作用："培育受苦，培育伟大的受难——你们是否知道，迄今为止，只有这种培育才创造出人的全面提高？那种在不幸中的紧张——这种紧张为灵魂培育出坚强——灵魂在可怕的毁灭景象中的战栗，灵魂在对不幸的忍受、坚持、解释和利用时的发明才能和勇敢，以及那种只由深度、秘密、假面具、精神、诡计、伟大给予灵魂的东西——这并不是在受难中，在伟大的受难的培育中给予灵魂的？"③ 因此，尼采主张直面痛苦的高贵的同情反对低贱的同情，因为最高形式的快乐，必然涉及奋斗与冒险；最大的创造之狂喜，也必然摆脱不了最大的痛苦。"存在着比一切苦、乐和同情的问题更高的问题"；而功利主义这样的哲学如果只以苦、乐和同情问题为宗旨，"那么，它只是一种天真幼稚（的哲学）。"④

此外，痛苦的全面降低，可能对物种带来有害的影响。如前所述，尼采认为在不幸之中的紧张"为灵魂培养出坚强"。而在《快乐的科学》中一节题为"痛苦中的智慧"的格言里（第四卷 318 节），尼采写道："痛苦是保持和促进人之本性的头等力量，纵然他们是通过抑制安乐舒适，毫不隐讳地厌恶欢乐才具备这力量的。"⑤ 而功利主义要求免除痛苦，其推动的是一种在心理与生理上都令尼采视为使人衰弱的目标。

当然，尼采也并不是完全否定"幸福"概念，但他的幸福是在重估一切价值后得出的悲剧英雄式的道德概念："什么是幸福？——权力**增长**的感觉——克服阻力的感觉。"⑥ "什么是幸福？——就是感到权力又增

---

① KSA 6，Ss. 60—61；中译采《偶像的黄昏》，页 30。
② 参见《善恶》，第七章 225 节。KSA 5，S. 161；中译采《论道德的谱系·善恶之彼岸》，页 243。
③ 以上引文引书同前。Ibid..
④ 以上引文引书同前。Ibid..
⑤ KSA 3，S. 550；中译采《快乐的科学》，页 296。
⑥ 参见《敌》，2 节。KSA 6，S. 170；中译采《〈敌基督者〉讲稿》，页 125。

贵族激进主义的文化政治
——尼采政治哲学研究

加了，——又有一种阻力被克服了。"① 尼采不止一次地强调幸福在于对困苦、阻力的克服，在于权力意志的增加，其针对的恰恰是功利主义幸福观违反所有激情、渴望的最高贵、最创造性与最英雄的样态。在尼采眼中功利主义取而代之的，是上文所说过的、无创造力的"末人"的那狭隘、卑琐的自我主义。末人自诩于"发明了幸福"，并且从来不放松地以谨小慎微之心来逃避所有努力、所有困难。"'什么是爱？什么是创造？什么是渴望？……'"他问道，并且"眨巴着眼"②。

从尼采主奴道德二分的视角来看，正是奴隶的处境，说明了功利主义的起源。和所有战士贵族的伦理相反，功利主义哲学家一贯主张的，是以一种精于算计的理性名义，来压抑激情。在这种理性的眼中，或是只有求存保命，或是一种把存在的最高目标定义为免于痛苦的可耻的幸福。因此，尼采认为功利主义并不像英国人所以为的，能代表所有人的价值，它所能代表的是奴隶的价值、以及那些带有奴隶本能的人的价值。

这样一种奴性的人被生活弄得筋疲力尽，唯一想到的是休息、放松、平和、安详。而这些苦于生命，并且永无终止地因这种痛苦而颓废虚弱的人，他们会滋长出一种压倒一切的欲望，要来降低生命感，要对其加以钝化、逃避和否定。这就说明了功利主义把免于痛苦当作幸福的定义之心理学上的来源，而且更解释了把生命的终极目的，当作不过是舒舒服服的自我保全的这种"发明了幸福"的末人看法。此外，在尼采眼中，这种要把生命摆脱掉的欲望，归根究底是一种渴望超越、渴望涅槃、渴望许诺人能从此世痛苦解脱的另一个世界。应该说，尼采敏锐地注意到功利主义的幸福论在一个"上帝死了"的世俗化时代，却共享着基督教彼岸世界信仰的虚无主义立场。只不过，功利主义相信"最大多数人的最大幸福"，这就意味着他们相信原居彼岸的完美世界似乎能在此世实现。

当然，如果仔细考察密尔在《功利主义》等著作中对其学说的辩白，我们会发现尼采似乎有意忽视了密尔幸福论的复杂考量。密尔在书中指出，功利主义所谓的"幸福"或"快乐"不是指动物的幸福或快乐，而是指人的幸福或快乐，对于人来说，"理智的快乐、感情和想象的快乐以及道德情感的快乐所具有的价值要远高于单纯感官的快乐。……承认某

---

① 参见 KSA 13, 15 [120], S. 481；中译采《尼采著作全集·第十三卷·1887—1889年遗稿》，页566。
② 参见《扎》，第一卷"扎拉图斯特拉前言"章5节。KSA 4, S. 19。

些种类的快乐比其他种类的快乐更值得欲求更有价值，这与功利原则是完全相容的。"① 也就是说，密尔也承认，在人的幸福中，是存在层次的差别的。就此而言，密尔还有一句名言："做一个不满足的人胜于一只满足的猪；做不满足的苏格拉底胜于做一个满足的傻瓜。"② 可见，密尔的幸福论中是倾向于将高层次的、心灵的快乐置于肉体、感官的快乐之上的，虽然这"主要是因为心灵的快乐更加持久、更加有保障、成本更小等等——也就是说，是因为它们所具有的外在优点而不是因为它们所具有的内在本性"③。

密尔固然也看到快乐的不同层次，并更倾向于高层次的快乐、幸福，但限于其学说对痛苦的排斥，他对自我牺牲等英雄行为非常谨慎，他认为："一种牺牲如果没有增进或不会增进幸福的总量，那么就是浪费。它④唯一赞成的自我牺牲，是为了他人的幸福或有利于他人幸福的某些手段而做出的牺牲。"⑤ 这就将人对困难的克服、人的自我牺牲的价值与利他行为联系在一起。而尼采从高贵的个人主义的角度出发，一方面单纯赞赏生命意志对苦难的克服和超越，而不在乎其是否具有利他的道德色彩；另一方面，即使要"爱人"、要"利他"，也是要像扎拉图斯特拉那样颂扬一种高贵者之间才配享有的友爱，或丰盈者满溢而出的、对常人居高临下的爱，而非老好人或平庸政治家那样为大众卑微琐屑的利益终日操劳、"自我牺牲"，最终偏离了自己在精神、文化等更高领域上不断修为、提升的道路。

而对于密尔在《功利主义》书中借耶稣"己所欲，施于人"，⑥ "爱邻如己"的为人准则表述的"功利主义伦理学的全部精神""功利主义道德的完美理想"，⑦ 尼采也非常不满。在晚年的一些笔记中，尼采将功利主义"己所欲，施于人"的准则引申为"己所不欲，勿施于人"，并大加批判。

在1887年秋的一则手稿中，尼采提到，密尔这个"**典型的庸人、英国佬**"只会从人的"作用"的角度衡量人，而对于如拿破仑这样特立独

---

① 参见《功利主义》，第二章，页8—9。
② 引书同前，页10。
③ 引书同前，页8。
④ 指功利主义的道德。——笔者注
⑤ 参见《功利主义》，第二章，页17。
⑥ 参见《新约·马太福音》7：12："你们愿意人怎样待你们，你们也要怎样待人。"
⑦ 参见《功利主义》，第二章，页17。

贵族激进主义的文化政治
——尼采政治哲学研究

行、卓尔不群的孤独者,这些可能对社会没有什么"效用"的人,尼采认为密尔就无法领会这类人的价值,对这种价值存在"典型迟钝"。① 也就是说,从功利主义道德的重效用、结果的角度出发,密尔这样的功利主义者只能理解有用者的价值,但有用者在尼采眼中往往都是平庸之辈,而那些超凡脱俗者的价值则超越了功利主义者庸常价值的观察视角。

对于功利主义道德从效用出发将人拉平在同一个层次的倾向,尼采在另一则晚年手稿中继续加以批判:"反对约翰·斯图亚特·密尔:我坚决拒斥他的卑劣行径,竟然说'要一视同仁;己所不欲,勿施于人';他想把整个人类的交往都建立在**功效的互惠性**基础上,以至于任何一种行动都表现为一种对我们所受之物的偿还。"在尼采看来,密尔提出的互惠性道德准则的前提是"极其**卑鄙的**",因为这种互惠性预设了人与人行动具有"**价值等值性**"。在这种前提中,"某个行动的**最个人化的**价值被简单地宣布为无效"——而这种最个人化的价值是"不可能通过什么东西来补偿和偿还"的。尼采还认为,除非是在高贵者的同类之中,其行为或许可能具有一种补偿性、或许可以存在某种对等的互惠性,但在贵族与大众之间,绝不存在什么平等互惠的可能:"在一种更深层意义上,人们决不能交还什么,因为人们**是**某种**唯一的东西**,也只**做唯一的事**——恰恰这个基本信念包含着要**把贵族与大众隔离开来**的原因"。而"大众相信'平等',**因而**也相信可补偿性和'互惠性'。"②

在更晚的一则遗稿中,尼采进一步分析了他引申的密尔的道德"黄金律"即"己所不欲,勿施于人。"尼采认为,"不要做你不愿别人对你自己做的事",其实隐含了"一种行动总是会得到**报应**的"想法,而"这种计算会禁止行动,怕行动造成有害的后果"。但是,对于真正把道德原则捏在手中的强人来说,他完全可以在其认为必须时采取一种先发制人的手段,"使他人无法抢在我们之先——以便我们使他人无法危害**我们**"。这种非对等的强者逻辑就可驳斥所谓的道德"黄金律"。而即使有些行为的结果确实是我们不愿遭受的,但这同样不能禁止我们从事这样的行为。尼采举了一个假想中的科西嘉复仇者的例子:"让我们想一想一个科西嘉

---

① 参见 KSA 12, 9 [55], S. 362;《尼采著作全集·第十二卷·1885—1887 年遗稿》,页 411。

② 本段内引文参见 KSA 13, 11 [127], Ss. 60-61;《尼采著作全集·第十三卷·1887—1889 年遗稿》,页 66-67。引文中的强调字体系原文,原文中特别加粗的字体本书用黑体字表示,其他强调文字仍统一用楷体加粗字体表示,下同不赘,笔者调整了个别译名。

90

人，他的荣誉感要求他进行族间仇杀。① 连他也不愿挨枪弹：但对这样一种挨枪弹的可能性的展望**并不**妨碍他去满足自己的荣誉。"也就是说，如果我们承认这位科西嘉人的复仇是正派的，那就要承认这种复仇行动和其他一切正派行动一样，恰恰蓄意漠视了行为对行为者的后果。而如果要"避免一种或许对我们有害的行动——这或许是对一般正派行动的一道**禁令**"。

因此，在尼采眼中，"己所不欲，勿施于人"的意义仅仅在于"**群盲本能**借此黄金律来表述自己——人人平等，人要平等相待：我怎样待你，你也要怎样待我。——在这里，人们确实相信有一种**行动等价性**，而后者在现实关系中是根本不会发生的"。群盲所相信的"行动等价性"之所以在现实中不会发生，是因为"并非每一种行动都**能够**得到报应：在现实'个体'之间，**根本就没有一种相同的行动**，因此也就没有什么'报应'可言了"。尼采还认为，当一个人做某事时，这完全是他个人的独特行为，这是他自己的事体，他完全不会想到别的人也可能干同样的事或给他什么报偿，他可期待的或许还不如说是别人总会以"**另一种**"行动跟他对着干。②

从上面尼采的这些言论中，我们不难发现他眼中的人际关系是桀骜不驯者之间的颉颃相对，而非庸人之间的"你好我好大家好"。功利主义道德"黄金律"因此被尼采视为一种导致卑贱平庸之普遍化的畜群道德，它完全忽视了"对一个人是正当的东西，对另一个人就不可能完全是正当的，为一切人所要求的一种道德，恰恰损害了更高等的人"③。尼采坚持："在人与人之间存在着一个**等级秩序**，因此，在道德和道德之间也存在着一个**等级秩序**。"那些"有节制的和根本上平庸的"英国功利主义者，"就他们是厌倦的而言，人们不能过高地考虑他们的实利"。尼采甚至还作了以下这首短诗来嘲讽功利主义者：

> 治愈你们，老实的手推车奸商，
> 总是"越长久越可爱"，
> 头和膝盖总是更僵硬，

---

① 族间仇杀（vendetta）：法国科西嘉岛的古风俗。——译注
② 以上两段内引文参见 KSA 13, 22 [1], Ss. 583-584；《尼采著作全集·第十三卷·1887—1889 年遗稿》，页 698-699。
③ 参见《善恶》，第七章 228 节。KSA 5, S. 165；中译采《论道德的谱系·善恶之彼岸》，页 246。

贵族激进主义的文化政治
——尼采政治哲学研究

> 不兴奋，不俏皮，
> 永远平平庸庸，
> 没有天才，也没有头脑！①

综上所述我们了解到，无论是对功利主义幸福论的冷嘲热讽还是对密尔道德"黄金律"的引申和攻击，尼采关注的核心都是功利主义道德对人之高度的拉平。在尼采看来，以追求快乐、免除痛苦为核心的功利主义幸福观和基督教的彼岸渴望一样，是一种彻头彻尾的虚无主义；而道德"黄金律"从同情出发自以为是地推己及人则忽视了：最值得人钦佩的行动，是自发性地从无意识的规范本能产生出来的，而不是从狭隘的自利基础上的精心算计中产生出来的。

因此，无论是道德情感主义源自基督教的同情道德，还是功利主义貌似理性实则疑点重重的幸福论和道德劝诫，在尼采眼中都是上帝之死后现代庸人重新祭出的畜群道德法宝。这种低贱的道德和"消极自由"一类的政治自由主义论调一样无法领会悲剧英雄般直面艰难、阻遏、困苦并在其中不断自我提升的"命运之爱"，实为不折不扣的"消极虚无主义"之现代表现形式。

二、批判卢梭的平等主义以及批判社会主义

如果说尼采对英国道德情感主义和功利主义的批判是批判了启蒙的自由主义道德的右翼，那么对于以卢梭和社会主义为代表的启蒙自由主义的激进左翼，尼采更是深恶痛绝，统统将其视为基督教怨恨的奴隶道德起义的现代流毒。

（一）批判卢梭的平等主义

在《论人与人之间不平等的起因和基础》② 以及《爱弥儿》等著作中，卢梭表露出一种浪漫主义的对人淳朴善良的自然状态和诗情画意的"大自然"的向往。而与这种美好的自然相反对的，是在《论科学与艺术的复兴是否有助于使风俗日趋纯朴》、③《论不平等》、《忏悔录》等著作中就已提出的科学与艺术、人与人之间的不平等和社会生活中的败德风

---

① 以上引书同前。Ibid.．
② 以下简称《论不平等》。
③ 以下简称《论科学与艺术》。

俗。卢梭给现代性危机开出的诊断，是科学、艺术和私有制下的贫富对立等文化、文明成果导致了纯朴自然人的堕落。由此他激烈批判文化和社会生活的伤风败俗，主张通过爱弥儿式的"自然的教育"为社会培养新的公民。

而尼采认为，卢梭的这种充满浪漫色彩的自然观是"**基督教道德理想的狂热崇拜的更隐蔽形式**"，是"自然幻想家"提出的"阴性的和怯懦的'自然'概念"，是一种努力从自然中读出道德基督教的"人道"（Menschlichkeit）的尝试。尼采认为，在卢梭的自然和自然人的概念那里，"仿佛'自然'就是自由、善良无辜、公道、公正、**田园生活**……"① 然而这种甜腻腻的自然观忽视了自然界也有崇山峻岭的严酷，忽略了人的自然本性中凶猛、狂暴的一面。尼采认为，卢梭笔下善良无辜的自然人是不真实的，他骨子里的形象还是基督教道德理想中的"善人"。这完全是摆脱了基督教的世界里的基督教残留物。相反，十九世纪的歌德、拿破仑这样的人是对卢梭式的十八世纪自然人的克服。歌德所崇敬的自然是崇山峻岭，他笔下的浮士德是具有奋发有为的异教德性之人；拿破仑则表明了更高者是和更令人恐惧者合为一身的，在他那里，"最强大的本能，生命的本能，即统治欲，得到了肯定"，"'男人'得到了恢复"。②

在尼采眼中，卢梭的自然人假设和路德的逻辑类似，都是要为"**道德—宗教义务**的贪得无厌的复仇需求"寻找一个借口，是要把"无辜"的贱民对统治阶级的仇恨自我"**神圣化**"。③ 尼采还将卢梭与苏格拉底、耶稣和路德一道，称为"四位伟大的民主主义者"，④ 当然，这里的"伟大"应该是一种嘲讽的说法。卢梭从平民的角度激烈批判富人、统治阶级的"不公"与"残暴"，他的这种道德狂热主义被尼采在《朝霞》等书中称为"道德毒蜘蛛"，尼采认为这种狂热主义还感染了康德，而罗伯斯庇尔则是该观念的执行者和卢梭的"另一个学生"。罗伯斯庇尔声言要"在地上建起智慧、正义和道德的王国"⑤。这完全是基督教虚无主义的现世翻版。

────────

① 以上引文，参见 KSA 12, 10 [170], S. 558；《尼采著作全集·第十二卷·1885—1887 年遗稿》，页 639。笔者据原文调整了个别译名，引文中的强调字体系原文。
② 以上见 Ibid., 10 [5], Ss. 456—457；中译引书同前，页 518—519。
③ Ibid., 9 [124], S. 408；中译引书同前，页 465。
④ Ibid., 9 [25], S. 348；中译引书同前，页 394。
⑤ 参见《朝霞》，前言第 3 节。KSA 3, S. 14；中译采《朝霞》，页 34。

贵族激进主义的文化政治
——尼采政治哲学研究

而对于卢梭以人性善为基础的政治批判学说，尼采甚至在中期的《人性的，太人性的》这部著作中（上卷第八章 463 节）就有非议。在这则题为"颠覆学说中的妄想"的格言里，尼采指出："卢梭相信人性中有一种奇迹般的、原始的、却仿佛**被掩盖**的善，认为它被掩盖应该完全归咎于社会、国家、教育领域的文化机构。"卢梭的这种信念成为"政治幻想家和社会幻想家"激情似火、口若悬河地要求颠覆一切秩序的理由。他们"坚信如此一来，最宏伟的美好人性的圣殿就会自然而然地矗立起来"。然而，尼采认为"遗憾的是，我们从历史经验中得知，每次这样的颠覆都导致早被埋葬的、远古时代的恐怖和无度这些最疯狂的能量重新复活，即是说，颠覆或许是变得衰落的人类的一种力量源泉，然而永远不会是一位维持秩序者、建筑师、艺术家，不会是一位使人性臻于完美者"。也就是说，革命幻想者和鼓吹者本以为推翻了掩盖善良人性的社会、国家和文化机构，我们就能迎来一个"美丽新世界"，然而每一次这样的革命都极大地激发人类本能中的破坏欲和其他丑恶的力量——法国大革命及其后的"恐怖统治"是最好的佐证。面对卢梭这种"狂热的愚蠢和真伪参半的言论"唤醒的"革命的乐观精神"，尼采甚至要大声疾呼："消灭无耻者！"因为"这种精神吓退了**启蒙和进步的精神**，使之久久不归。"而尼采渴望的是在革命思潮风起云涌的十九世纪重新召回以伏尔泰为代表的这种启蒙和进步精神。①

而到了晚年，尼采甚至也不再介意法国大革命的"血腥闹剧"和"非道德性"，而是加倍痛恨"卢梭式的**道德性**"即"群盲道德性"。尼采指出，卢梭作为"第一位现代人，是集理想主义者和流氓无赖（canaille）于一身的一个人"。他需要"退回自然"的"道德尊严"来满足他"无节制的虚荣心"以及由于卑微出身而导致的"无节制的自卑感"。法国大革命尊奉的卢梭的"真理"即平等学说"**看上去**宣扬公正自身，其实是公正的**终结**"。因为真正的公正是"以平等对平等，以不平等对不平等……决不让不平等变得平等"，而大革命的平等逻辑则是绝对化地要求以平民的标准拉平一切人，这对于才智、德性上的高贵者来说是不公正的。② 这也呼应了尼采早先在《扎拉图斯特拉如是说》中（第二

---

① 以上引文见 KSA 2, S. 299；中译采《人性的，太人性的——一本献给自由精神的书》（上卷），页 316—317。

② 以上参见《偶像》，"一个不合时宜者的漫游"章 48 节（KSA 6, S. 150；中译采《偶像的黄昏》，页 176），以及 KSA 12, 9 [116], Ss. 402—403（中译见《尼采著作全集·第十二卷·1885—1887 年遗稿》，页 458—459）。

卷"论毒蜘蛛"章）对鼓吹"平等"，对高贵者满腔复仇之恨却自诩为"善人"的"毒蜘蛛"的批判。

对于卢梭从道德主义立场对科学、文化进行的批判，尼采认为这完全是基于卢梭的"个人经验"。卢梭在这种抱怨中"首先卸下了自己作为个人的重负，"他打算通过批判、颠覆社会，"寻找一种直接对社会有利、但通过社会也间接对自己有利的良药"。① 按卢梭的说法，仿佛我们的文明是一种可鄙的文明，而"这种可鄙的文明应该对我们的**恶劣**道德观念（schlechten Moralität）负责"。然而尼采却反称，是"我们的**高尚**道德观念（gute Moralität）应该对我们文明的这种可鄙性负责。"也就是说，人们道德化的、"非男人化的和群居性的观念，以及这种观念对肉体和灵魂的巨大影响，最终使所有身体和灵魂都变得虚弱了，并且使那些自立、独立和自然的人夭折，而这些人却正是一个**强壮**文明的柱石"——尽管这种强壮者的道德被卢梭式的人蔑称为"恶劣道德观念"。②

在1887年秋的一则笔记中，尼采也表达了类似的观点。他写道："卢梭最强烈地反对的领域，恰恰包含着**相对来讲**还强大的和有良好教养的一类人（——这类人还没有削弱伟大的情绪，即权力意志、享受意志、发号施令的意志和能力）。"尼采认为，像卢梭这样的十八世纪的"道德人"与"文艺复兴时期的人（也包括十七世纪的法国人）"相比较，"才能体会到关键之所在：卢梭乃是自我蔑视和狂热虚荣的一个征兆——这是两个标志，表明他缺乏主导性意志：他进行道德说教，并且作为怨恨者在**统治**阶层中寻找自己的可怜处境的**原因**"③。也就是说，和卢梭所反对的富有权力意志的、非道德的"自在之人"相比，卢梭的道德说教表明他想将自己可怜可鄙的处境归因于统治阶层的不义，这是一种典型的怨恨思维和奴隶道德。

然而在尼采看来，伏尔泰给出了一种与卢梭迥然不同的自然观和文明观："自然状态是可怕的，人是猛兽，我们的文明是一次空前的战胜这种猛兽本性的**胜利**。"伏尔泰的这种文明观看到了文明状态的"精美、精

---

① 参见《人性》上卷，第九章"独处的人"617节。KSA 2，S. 349；中译采《人性的，太人性的——一本献给自由精神的书》（上卷），页373。

② 以上参见《朝霞》，卷三163节"反对卢梭"。KSA 3，S. 146；中译采《朝霞》，页204。

③ 以上参见 KSA 12，9［146］，S. 421；中译采《尼采著作全集·第十二卷·1885—1887年遗稿》，页479-480。

神快乐",拒斥卢梭这类人"**在道德上的无耻**"。① 而在另一则将卢梭与伏尔泰进行比较的晚年笔记中,② 尼采认为卢梭将"规则建基于情感",将"自然作为公正之源泉",把"**人对自然的接近**"作为"人完善自身的尺度"。而在伏尔泰看来,人完善自身的尺度却是"**人对自然的疏远**"。因而,对于现代社会文明的理解,伏尔泰认为是"进步、**人道**的时代",而卢梭则认为是"不公和不平等的恶化时代"。按尼采的观点,"**社会的虚构**,在伏尔泰看来最美好的虚构,除了维持和完善它,没有更高的目标了"。尼采认为这恰恰这体现了伏尔泰"是尊重社会风俗的正派人(honnêteté)",因为"德性是一种服从,一种为了维护'社会'而对某些必要的'偏见'的服从"。而卢梭则敌视社会、批判文明和风俗。

尼采还指出:伏尔泰"是在文艺复兴意义上理解**人性**(humanità)的,他对于德性(virtù)(作为'高等文化')的理解亦然。他为诚实的人(honnêtes gens)和有教养的人(de la bonne compagnie)的事业而战斗,为趣味、科学、艺术事业而战斗,为进步本身和文明事业而战斗"。因此,伏尔泰无愧为"**文化传教士**、贵族、常胜的统治阶层及其估价的代表。"而对于庸众,则他是一个"赏罚分明的上帝"。相比之下,卢梭"始终是**粗俗之人**,即便身为文人",他对他自身之外的一切事物"无耻蔑视"。卢梭来自平民阶层,按当时贵族社会的标准看来,可谓"出身不好"。而卢梭一方面为自己的"日内瓦公民"的身份感到骄傲,另一方面,又病态地在意别人指出他低微的出身。在尼采看来,与"异乎寻常地健康而轻松"的伏尔泰相比,"卢梭无疑患了**精神病**,而且怀着"**病人的怨恨**";他精神错乱的时期也就是他蔑视人类的时期,以及他怀疑的时期。"在尼采看来,卢梭这种诉诸"自然性"和"自然情感",将无知、愚蠢视为伟大的做法无疑是将"**庸众的怨恨作为法官**",是将"弱者荒唐的虚荣"疯狂地夸大。而且这种对社会和文明的诅咒使卢梭必然对天意(Providenz)加以辩护,因为"他需要上帝,……万物必定本身就是善的,因为是上帝创造了万物;**唯有人才使人堕落了**。作为自然人的'善人'是一种纯粹的幻想;然而,凭着关于上帝这个作者的教义,就是某种可能的和有根据的东西了"。

不过尼采有时又流露出某种乐观的倾向,他认为与卢梭所讲的"自然"概念相反,十九世纪人类的"自然化"走了一条非道德的、文明化

---

① 以上参见 Ibid., 9 [125], S. 409;中译引书同前,页466。
② 以下参见 Ibid., 9 [184], Ss. 447—449;中译引书同前,页508—511。

的路。在道德领域，不再有人谈论"义务"；在政治领域"我们看到权力问题，一定量的权力反对另一个一定量的权力的问题。我们不相信一种不以权力为基础的权利能够得到实现；我们认为所有的权利都是征服"。而人们也敢于重视伟大的人和事："我们把激情看作一种特权，凡没有包含大犯罪的地方，我们根本不会感到什么伟大；我们把一切伟大存在都设想为一种置身于道德关联之外的行为。"总而言之，十九世纪的欧洲人似乎已具有了如下的迹象："他们较少对自己的本能感到羞愧；……有望有朝一日承认自己无条件的自然性，即自己的非道德性，**毫无怨恨**"……这在卢梭看来一定是"**腐化**的推进"，但在尼采看来是人们自身得到了强化。① 如果说尼采的这种偶尔的乐观有什么依据，那就是前面提到过的，他在歌德和拿破仑身上看到的希望。

相比歌德、拿破仑落落大方、坚强、宽容而自由的形象，尼采眼中的卢梭是一个孤独而自以为是的恶人，他离群索居，并认为这是由于社会生活和社交生活败坏德性，但尼采认为他的遁世恰恰是在逃避上述社会生活对人之邪恶本能的严厉束缚。按尼采的说法，"在孤独中，所有这一切②都不复存在。邪恶者在孤独中最邪恶"。③ 而正是这个孤独的恶人，在尼采那里被视为十九世纪轰轰烈烈的社会主义运动的间接精神导师。

(二) 批判社会主义

尽管现代意义的社会主义思潮兴起于十九世纪上半叶，但在尼采看来，社会主义本质上和卢梭的平等学说一样，是基督教道德的俗世版本。在晚年的一些遗稿中，尼采指出："基督教的价值判断往往残留于社会主义……中"；④ 社会主义理想是"摆脱了基督教的世界里基督教和卢梭的**残留物**"，⑤ "是一种对基督教道德理想的愚蠢误解"。⑥ 社会主义的平等概念源自基督教"**上帝面前灵魂平等**"的概念，在这个基督教的概念里，"已然蕴含了有关**平等权**的所有理论的原型"，即人们"首先以宗教的方式结结巴巴地说出平等定律，后来人们就从中为人类弄出一种道德

---

① 本段引文见 Ibid., 10 [53], S. 482—484；中译引书同前，页 550—552。
② 指社会对个人邪恶本能的限制。——笔者按
③ 以上参见《朝霞》，卷五 499 节，KSA 3, S. 293；中译采《朝霞》，页 388。
④ 参见 KSA 12, 2 [127], S. 126；中译采《尼采著作全集·第十二卷·1885—1887年遗稿》，页 148。
⑤ Ibid., 10 [5], S. 456；中译引书同前，页 519。
⑥ Ibid., 10 [170], S. 558；中译引书同前，页 639。

贵族激进主义的文化政治
——尼采政治哲学研究

来……人类最后就要严肃对待平等定律,把它付诸**实践**"。①

应该说,尼采将社会主义这一现代政治思潮的起源追溯到基督教那里,是非常独特的一种"道德心理学"考察,而非一种逻辑的或实证的研究。而他关于社会主义起源的其他一些评论,也体现出这种"心理学"考察有趣而不乏洞见之处。在《人性的,太人性的》下卷中("杂乱无章的观点和箴言"篇 304 节),他提到是富人骄奢淫逸、纸醉金迷的"形同作秀"之生活乐趣引起了"与这种乐趣无缘的"贫民的嫉妒。以"自由主义者"自居的资产阶级富人们的这种糜烂空虚的生活方式不但没有赢得下层群众的丝毫敬意,反而因其导致的炫目强烈的反差而遭人嫉恨,引得"社会主义在人们心上抓痒一样,在大众中越来越快地传播"。②

而在后期著作《快乐的科学》中(第一卷 40 节),尼采再次表达了类似观点,如果当代社会的工厂主、资本家们能表现得像军事统帅、世袭贵族那样具有高贵的风度,则"也许就不存在社会主义群众运动了"。这是因为,"群众从根本上说是甘受奴役的,但先决条件是凌驾于头顶的上等人要证明自己是高尚的,天生就是发号施令的",而且尤其"要用高贵的风度来证明!"毕竟人们都知道,"高尚不是随机装得出来的,所以他们十分敬重那些经年累月从高尚中孕育出来的果实"。但是脑满肠肥的资本家缺乏尼采所说的这种高贵风度,他们靠投机倒把、乘人之危起家,因而"臭名远播"。这遂使普通人认为一个人凌驾他人之上原来全凭偶幸和运气,"那好吧,我们普通人也来试试自己的偶幸和运气吧!让我们也来掷骰子吧!如此这般,社会主义运动就开始了"③。

尼采对社会主义起源所做的上述漫画式的描述似乎过于反动而简略,但这无疑再次表现了尼采的贵族主义倾向,反映了他对人性片面但不失深邃的洞察。

类似的深刻性还体现在尼采对社会主义与专制国家、恐怖统治之关系的预言上。在中期著作《人性的,太人性的》上卷中(第八章 473 节),尼采从强调桀骜不驯的个体高贵性的角度出发,抨击"社会主义是行将就木的专制主义了不起的小兄弟"。在尼采眼中,社会主义"想要继承专制主义的衣钵","追求大把的国家权力,如同专制主义曾经拥有的

---

① 参见 KSA 13, 15 [30], S. 424;中译采《尼采著作全集·第十三卷·1887—1889 年遗稿》,页 501。

② 以上参见 KSA 2, S. 503;中译采尼采:《人性的,太人性的——一本献给自由精神的书》(下卷),李晶浩、高天忻译,上海:华东师范大学出版社,2008 年版,页 555—556。

③ 以上参见 KSA 3, Ss. 407—408;中译采《快乐的科学》,页 114—115。

那样";它甚至"力图真正地消灭个人,觉得个人就像是自然中无理的奢侈,应该被它改善为一种合乎目的的**团体机构**"。因而这种恐怖的尝试"按最深刻的理解上是反动的"。尼采还举了"老社会主义者柏拉图"出入西西里僭主宫廷的例子来说明,社会主义热衷于权力的过度扩张。在尼采的眼中,社会主义不仅向往、促进十九世纪的"凯撒式暴力国家",而且"它想成为这种国家的继承人"。甚至这还不能使社会主义满足,因为它要求"全体民众都以无以复加的谦卑态度在必须无条件服从的专制国家面前顶礼膜拜"。同时,由于社会主义在消灭现存国家的同时也在摧毁"对国家的那种古老的宗教虔诚",它不得不依赖"极端恐怖主义"而获得自己得以存在的希望;"它悄悄地为恐怖统治做准备,把'公正'一词像钉子一样钉入一知半解的大众的脑子里,以使大众彻底丧失理智",从而对自身在以"公正"为旗号之血腥邪恶的政治斗争中的暴行"问心无愧"。①

而在后期的《朝霞》中(卷三 184 节),尼采预言,若有一天社会主义者可以自己制定法律,"他们肯定会把铁链套在他们自己身上和实行可怕的纪律"。同时,"由于知道这些法律是他们自己强加给自己的,所以他们将忍受法律",并"因此得到一种权力感",而且他们愿意为这种权力感"忍受任何痛苦"。②

尼采还对社会主义深入人心的财产观、公正观做出了耐人寻味的批评。他提到,社会主义者认为"当前人类的财产分配是无数不公和暴行的结果",但这"仅仅看到了个别现象"。在尼采看来,社会主义者应注意到,整个"古老文化的过去完全建立在暴力、奴役、欺诈、谬误的基础之上,我们作为所有这些状况的继承人,作为这全部过去的会合点,无法宣布脱离自身,无法从中抽出个别部分"。并且,"家徒四壁者的心灵中同样也有不公正的观念,无产者并不比有产者善良,并没有道德上的特权,因为其先辈也一度曾是有产者"。因此,尼采曾对社会主义运动的暴力倾向提出过比较温和的批评:"我们需要的不是以暴力重新分配财产,而是逐渐地改变观念。在所有人身上,公正必须增加,暴力本能必须减弱。"③

除了厌恶社会主义运动中的暴力因素和专制可能,质疑社会主义思

---

① 以上参见 KSA 2, Ss. 307—308;中译采《人性的,太人性的——一本献给自由精神的书》(上卷),页 324—325。

② 以上参见 KSA 3, Ss. 159—160;中译采《朝霞》,页 224。

③ 以上参见《人性》上卷,第八章 452 节。KSA 2, Ss. 293—294;中译采《人性的,太人性的——一本献给自由精神的书》(上卷),页 309—310。

99

贵族激进主义的文化政治
——尼采政治哲学研究

想的财产观和公正观外,尼采还否定社会主义者"劳动的尊严"一类的口号。早在年轻时的习作《希腊城邦》中,尼采一上来就讽刺这种说法。在他看来,共产主义者和社会主义者不愿承认一条"刺耳的真理",即"奴隶制属于一种文化的本质"。如前所述,尼采认为政治的意义不在于使民众吃饱喝足、无忧无虑,而在于能促成少数文化天才的诞生。站在劳苦大众立场上的社会主义者当然不会接受这种贵族主义的激进看法,但尼采坚持强调如下一个历史事实:在以往的漫长时间里,"劳动在人们的意识中总是不光彩"。按尼采的说法,"名门望族的后裔要是不得已去干活,就会向人隐瞒自己的工作。奴隶干活也有思想负担哩,认为是在做被人瞧不起的事"。尽管尼采也注意到随着资产阶级的兴起,勤勉劳碌的"工作伦理"已愈发使人耻于闲暇,但他仍坚持一种古典贵族主义的劳动观,认为"'干活'本身就是卑贱,'只有在 otum[①] 和 bellum[②] 才有高贵和荣誉可言'"。[③]

同样是从贵族主义的视角出发,尼采除了鄙视劳动之外,还对社会主义的平等学说嗤之以鼻,认为它企图抹平人与人之间良莠不齐的差别,是一种导致衰颓的学说。前面我们已提到,尼采否定对颓废者的同情,反对给失败者平等权利。而社会主义者主张人与人之间的"兄弟情谊",向往"自由的社会",敌视区别于个人自主之社会形式的主—奴两分的统治性社会结构。也就是说,社会主义敌视强者的特权,信奉一种怜悯生活中受苦受难者的宗教,要求去除一切受苦,并将团体、群体视为救主加以信仰。

在尼采看来,社会主义者这种"为尽可能多的人谋求一种幸福生活"的渴望,其终极目标是建立一个"完美的国家",然而这样的理想国家若成为现实,则人类就会在幸福的生活中衰弱,"再也无力造就天才"。这是因为,"完美国家"会消灭生活的"暴力特征",以及生命之中的"野性之力""野性之能",从而导致强大的个体人、伟大的才智天才因缺乏"火热的激情"而消亡。[④] 总之,这些想要"尽可能少地从事体力劳动"的"懒惰"的社会主义者们"仇视和嫉妒那些自我发展的、不愿为了达

[①] 安闲。
[②] 战争。
[③] 以上引文参见《快乐》,第四卷 329 节。KSA 3, S. 557;中译采《快乐的科学》,页 303—304。
[④] 以上参见《人性》上卷,第五章 235 节。KSA 2, Ss. 196—197;中译见《人性的,太人性的——一本献给自由精神的书》(上卷),页 202—203。

到大众效果而置身于芸芸众生中的杰出个人"。① 他们的平等观、幸福观一旦实现,将导致一个极端平庸渺小的世界。

除了对社会主义批判有加,尼采还构想了若干反对社会主义的方法。比如在《人性的,太人性的》下卷中,尼采就主张资产者、富人应"自己节制而知足地生活,尽力阻止各种铺张浪费,支持国家对所有多余的和近乎奢华的东西都狠狠地征税",以此避免刺激贫民大众的社会主义激愤。② 同时,尼采还主张利用民主议会制和累进税阻挡社会主义。他提到:"一旦人民通过在其议会中的绝对多数掌握了税收大权,就会用累进税对付资本家、商人和股票巨头,并实际上慢慢地建立起一个中产阶层,这个阶层可以**忘掉**社会主义,就像忘掉一场已痊愈的病那样。"③ 此外,这时的尼采对过度剥削劳动者持保留态度,他觉得应"考虑所有状态的持久性,所以也顾及劳动者的福利,顾及他身心的满足,——**以便**他和他的后代也能好好地为我们的后代工作,在更长的、超越一个人寿命的时间范围都是可以信赖的。"因此,为了能世世代代享用主仆关系的便利,尼采认为过度剥削劳动者"是一种愚蠢,是一种以牺牲未来为代价的掠夺,是一种对社会的危害"④。

在后期较早的著作《朝霞》中(卷三 206 节),尼采对工人沦为"工厂奴隶""机器上的螺丝钉"的可悲处境也有认识,但他认为解决的出路不在于社会主义者向工人许诺一个革命和"暴民的胜利"的愿景,而在于通过一次大规模"漂洋过海"的殖民开拓运动使工人在未开发的野蛮地区"成为**主人**,首先是成为自己的主人"。⑤ 尼采认为,"只要有任何奴役的威胁,就不停地从一个地区换到另一个地区;既不躲避危险也不躲避战争,在最坏的情况下,甚至甘愿死亡,而不是在继续忍受这种可耻的奴役,而不是继续变得更为怨恨、刻毒和热衷于阴谋诡计"。也就是说,工人阶级的解放确实在于其成为主人,并具有主人的刚健有为的品格。但这种主人地位的获得不是通过充满怨恨的革命,而是通过一种开拓、征服新世界的冒险和奋进,这才是"心灵的正确的态度"。

---

① 引书同前,第八章 480 节。Ibid.,S. 314;中译引书同前,页 332。
② 参见《人性》下卷,第一篇"杂乱无章的观点和箴言"304 节。KSA 2,S. 503;中译见《人性的,太人性的——一本献给自由精神的书》(下卷),页 555。
③ 引书同前,第二篇"漫游者和他的影子"292 节。Ibid.,S. 684;中译引书同前,页 755。引文中的强调字体系原文,下同不赘。
④ 引书同前,286 节。Ibid.,S. 682;中译引书同前,页 753。
⑤ 此处及本段以下引文参 KSA 3,Ss. 184—185;中译见《朝霞》,页 255。

贵族激进主义的文化政治
——尼采政治哲学研究

尼采希望欧洲工人"**作为阶级**",应通过前述开拓达到一种常人难以企及的人之高度,而不再甘于被人们视为"一种有欠公允的不适当的社会安排"的产物。尼采希望欧洲工人"应该在欧洲的蜂巢中开始一个前所未有的蜂拥而去的时代,通过大规模的自由迁徙行动反对机器,反对资本,反对他们现在面临的**不得不**在成为欧洲国家的奴隶还是成为某个革命党的奴隶之间做出选择的威胁"。总之,"让欧洲四分之一的居民从欧洲迁出!欧洲和这些居民都会有一种解放的感觉!"

应该说,尼采开出的上述药方并非都是不切实际的。当时和后来的资产阶级国家不同程度地都采纳了类似的奢侈税、累进税、殖民地开拓等方式缓解国内的阶级矛盾。这部分证明了尼采主张的有效性。但尼采的出发点当然不是为资本主义国家的防控维稳充当出谋划策的狗头军师,他对工人阶级的看法是矛盾的:一方面认为其被统治、被剥削的地位无法改变,也不应改变,只是程度上应该和缓些、可持续些;另一方面,他又希望工人阶级能抗拒社会主义者暴民革命的危险诱惑,避免成为革命党的奴隶,而要真正成为自己的主人,成为"人的一种不可能性"。[①]

而到了理智阶段的晚期,尼采对社会主义的态度更为复杂。一方面,他仍然轻视社会主义,并且认为社会主义威胁到未来社会的稳定。在1885年的一则笔记中,他提到:"在下个世纪的胃里面,会有更严重的'咕噜作怪声音',而若是跟就要到来的事情比起来,在德国也有其辩护者与支持者的巴黎公社(Paris commune),则只不过是一个小小的消化不良而已。"[②] 而另一方面,他却也展望到,社会主义与反社会主义之间的斗争和动荡能使欧洲人保持机警的精神和尚武的美德:"'社会主义'耽搁了'世界和平'、延缓了对民主的畜群动物全面的安抚;它强迫欧洲人保持精神,也就是保持奸诈、并且留心不要一骨脑把男子气与好战的美德给全丢了。"[③] 由此可见,尼采所憧憬的"新的贵族"也许要诞生于未来的社会主义革命与反革命的浪潮中,这一史无前例的斗争将有可能使机智尚武、冷静精明的英雄豪杰不断涌现。

应该说,尼采对社会主义的上述分析、批判远非一种条分缕析的系统研究,但在其中,却不乏富有预见性或片面的深刻性之锐利见解。当

---

① 参见《朝霞》,卷三 206 节。Ibid., S. 184;中译见《朝霞》,页 255。

② 参见 Nietzsche. *The Will to Power*, Tr. by Kaufmann and Hollingdale. New York: Random House, 1967, sec. 125, p. 77;中译采《尼采与贵族激进主义政治》第八章,页 251,笔者据英译文调整了个别译名。

③ Ibid.;中译引书同前,笔者据英译文调整了个别译名。

然，社会主义者恐怕无法接受尼采的"贵族激进主义"的反革命立场，卢卡奇在《理性的毁灭》中称尼采是"帝国主义时期的反动思想家"就是一个典型。[①] 尼采对社会主义、无政府主义和共产主义思潮的分析并不是对它们有针对性的系统批判，而是从属于他的整个"贵族激进主义"的"文化政治批判"规划的。

三、批判理性主义和历史主义

尼采对启蒙主义最深刻的批判是对启蒙运动对理性的信仰的致命性批判。尼采是第一个指出启蒙运动对理性、知识和真理的追求乃是一种"权力意志"，一种"追求真理的权力意志"的人。这种追求真理的权力意志一方面是生命的意志的一种形态，另一方面在绝大多数情况下，它是与生命的意志相冲突的。理性主义的求真意志往往摧毁了生命本能，被知识所虚无化。真正的生命本能更多地体现在追求谬误或假象的权力意志之中，这就是在艺术中所体现出来的生命的权力意志。这并不是以艺术对抗科学，而是以生命本能去与反生命本能的力量相抗争。

在尼采看来，启蒙运动极度褒扬的哲学家与科学家对知识和真理的热爱本质上乃是"求真意志"，在最根本的层次上，它是权力意志的一种形式。实际上，当科学以"理智的诚实"摧毁了上帝信仰之后，整个西方的本体论神学的形而上学宇宙观或世界观便崩溃了，剩下的世界是一个"没有真理，没有事物的绝对性质，没有'自在之物'"的世界。[②] 在这个世界中存在的就是权力意志。即使在人追求真理与科学的活动中，具决定性的仍然是意志和欲求。

尼采认为，科学和知识都不是客观的认识。认识的活动并不是一个完全客观的、理性化的过程，而是无可避免的涉及利益、欲求和价值判断的对世界的建构与形塑。正如康德所说，知性为自然或世界立法。在知识和真理的探究背后都有一种价值评价和视角，这些价值评价和视角恰恰是为了生命的自我保存。因此，所谓的真理其实就是那种没了它生命就不能生存的"谬误"。我们的"求知意志"是立基于一个更为有力的追求无知或谬误的意志之上的，它使我们存在于一个简化了的被适当建

---

① 参见卢卡奇：《理性的毁灭》，王玖兴、程志明、谢地坤等译，南京：江苏教育出版社，2005年版，尤其是该书第三章"尼采——帝国主义时期的非理性主义的创始人"。

② 参见 KSA 12, 9 [35], S. 351；中译采《尼采著作全集·第十二卷·1885—1887年遗稿》，页399。

贵族激进主义的文化政治
——尼采政治哲学研究

构出来并加以扭曲篡改的世界之中。①

如果所有的认识都是一种价值评价和对世界的建构的话，那么艺术家就胜于科学家，因为艺术家是基于明确的自我意识为世界立法的，他并不以真理或知识为目的，而是以生命的意志之表现为目的。真正的哲学家必须同时也是一个艺术家，因为他对事物的发现，也是对事实的创造；对事物的认识，也是对事物的审美。尼采不仅将自己称为"艺术—哲学家"，而且他理想中的"超人"的标准也是"艺术—哲学家"。

尼采不仅探讨了启蒙主义对理性、知识和真理的信仰之于生命本能的价值，而且还探讨了启蒙主义的进步论的历史主义信念之于生命本能的价值。在早年的《历史学对于生活的利与弊》中，尼采分析了"纪念碑的历史学"、"好古的历史学"和"批判的历史学"这三种历史观念对于生命本能的利弊，他尤其指出那种客观主义的历史主义对于生命本能的虚无化作用。看起来客观史学的研究乃是启蒙运动的理性主义在历史学中的体现，它挖掘人类各种生活形态，将人类文化变成一块块化石，这就在根本上摧毁了生命本能赖以生存和生活的视角，切断了生命本能的创造性活动。

按尼采的观点，真正造就历史的伟人是在历史中行动的人，是执着地信奉自身事业，并且非历史地相信自己企图的绝对正当性的人。他断不会接受自己的行为只是某种历史条件或局限的结果这类"客观"的历史学判定。一旦人们接受历史主义的启蒙，意识到自己曾经绝对地看待世界的眼界仅仅是"一种"眼界，则这种曾经自我完备的眼界，这种曾被误以为是真理的客观历史的"神话"就被超越了。但是，人由此却被暴露在无家可归的无根状态中，生命本能反而受到了历史相对主义的虚无主义的威胁。对生命或生活有利的历史学，必然不是一种"求真意志"主宰下追求真理的客观史学或科学史观。真正的历史必须是服务于生命本能的历史，这可能是一种"非历史"或"超历史"的东西，比如艺术或宗教。

启蒙运动的历史主义信念建立在对知识、真理和理性的信仰之上，它们相信历史无论在知识上还是在道德上都是进步的。这种理性主义的乐观主义进步论，在尼采看来是十分可笑的，因为"进步"是一种非常

---

① 参见《善恶》，第二章 24 节。KSA 5, Ss. 41—42；中译见《论道德的谱系·善恶之彼岸》，页 141。

虚假的现代理念。① 比如，从文化的视角来看，古希腊罗马时代就比基督教时代健康强盛，在这个层面上，历史就谈不到进步的问题。再比如从道德的视角来看，现代人的大众民主不过是基于平等主义的道德诉求，而平等主义在道德价值上却是"末人"的价值，在这个层面上也谈不到进步。② 以"民主化"程度来衡量"进步"与否的现代观念是根本站不住脚的。尼采指出："人类并没有呈现出一种向着更善、或者更强壮、或者更高的方向的发展；……十九世纪的欧洲人在价值方面要远远低于文艺复兴时期的欧洲人"。③

与"现代观念"几乎本能地相信"进步"和"未来"形成鲜明对比的是，古代的贵族们却极为尊重老人和传统。尼采对这种典型的贵族德性赞赏有加，并将理性主义的乐观主义进步论的起源判定为一种颠覆强者的价值的奴隶道德起义。④ 这体现了尼采的现代性批判的一贯的思路。

尼采在启蒙运动的理性主义达到高潮的十九世纪，向理性主义和历史进步论发出了猛烈的批判，开启了二十世纪海德格尔和霍克海默等人从不同方向上进行的"启蒙理性批判"。尼采对理性主义的乐观主义和历史进步论的批判，并不意味着他是一个悲观主义者和反动主义者。尼采哲学的视野远远超出于这种简单可笑的二元论模式之上，正如自由主义与保守主义或古典主义与后现代主义均不足以用来界定尼采的哲学一样。

第三节 尼采的"大政治"概念

通过本章的上述研究，我们描述和分析了尼采对现代政治各种意识形态的批判态度以及他对启蒙运动以来的现代政治理念本身的批判，由此我们必将会追问，尼采本人是不是一个"非政治"的人呢？尼采本人是否存在一种正面的、比较肯定性的"政治的概念"呢？本节将结合尼采所谓的"大政治"（die große Politik）概念来处理这个问题。

---

① 参见 KSA 13, 16 [82], S. 514；中译见《尼采著作全集·第十三卷·1887—1889 年遗稿》，页 608—609。
② 参见 KSA 12, 2 [13], Ss. 72—74；中译见《尼采著作全集·第十二卷·1885—1887 年遗稿》，页 81—83。
③ 参见 KSA 13, 11 [413], S. 191；中译采《尼采著作全集·第十三卷·1887—1889 年遗稿》，页 232。
④ 参见《善恶》，第九章 260 节。KSA 5, S. 208—212；中译见《论道德的谱系·善恶之彼岸》，页 279—282。

贵族激进主义的文化政治
——尼采政治哲学研究

一、欧洲的"小政治"与"大政治"

在尼采晚年著作中,他使用了一个与"小政治"相对的"大政治"概念。① 尼采对这个概念没有做过系统而明确的界定,但综观他对这一概念之使用,会发现尼采使用这一概念主要是针对十九世纪欧洲国际上激烈的现实政治斗争与民族主义意识形态,以及国内政治中的民主化与社会主义运动。"大政治"作为尼采后期提出的一个含混的政治愿景,其大致诉求的是为了整个欧洲文明的未来与提升,为了弃绝基督教道德及其现代民主主义变体的、富有饱满生命力的新人类的出现,而与一切虚伪、卑琐、衰颓的势力殊死斗争。

尼采的大政治首先高度关联于一种"欧洲统一"的政治主张,同时为了实现这一主张,尼采还期盼培养出一个主人种族或阶级集团。也就是说,尼采的欧洲大政治的概念是与他的培育欧洲一代贵族激进主义的新人的取向相呼应的。欧洲的"大政治"并不是简单的欧洲政治联盟,而首先是欧洲一代新人的联合。

在《超善恶》中(第六章 208 节),尼采提到,欧洲必须"得到一个**意志**,借助于一个新的统治欧洲的阶级集团,借助于一个长久的可怕的自己的意志,这意志越过几千年能为自己确立目标——使得其小邦气的长期拖延的喜剧和它的王朝的及民主的多意志的东西达到终结"。当这个新的统治集团终结了民族主义与民主主义的现实政治后,"'小政治'的时代结束了。下一个世纪要把争夺地球统治的斗争,把**强制**带到'大政治'"。②

同时针对民主和平等的诉求,尼采一概将之视为基督教上帝面前所有灵魂一概平等的世俗化的版本,他的"大政治"希望通过上帝之死所带来的虚无主义真相激发一种富于创造力的主人类型,或谓之"超人",他们能重估一切价值并创造新的价值,建立一种前所未有的贵族式社会与政治制度。

---

① 据笔者目前掌握的资料看,"大政治"一词在尼采著作中最早见于《朝霞》卷三 189 节的标题。在以"大政治"为题的这一节中,尼采指出:对权力感的需要是个人或民族投身大政治的最有力动机。同时,他也提到权力的施予者和承受者对权力的不同道德评价:"当人体验到权力感时,他觉得并称自己为**善的**;然而同时,那些不得不**忍受**他的权力的人却觉得并称他为**恶的**!"(KSA 3, S. 162;中译采《朝霞》,页 227。)

② KSA 5, S. 140;中译采《论道德的谱系·善恶之彼岸》,页 227。笔者据德文原文调整了个别译名。

其实，尼采的"大政治"的设想早在他早期著作《悲剧的诞生》中就有朦胧的表达。① 尼采在该书中提到，酒神狄奥尼索斯代表生命中变幻无常的混沌力量，他削弱人的政治本能，甚至使人漠视乃至敌视政治；而阿波罗则是赋予生命以形式、秩序，在现实中安邦立国之神，并且与爱国意识和政治冲动有紧密关联。② 因此，在尼采那里，"人类生命的最高征象，不是以无造型的生命、也不是以无生命的造型来表现的，而是代之以利用阿波罗的手段，来表现戴奥尼索斯式内涵的丰富，希腊悲剧就是这样子，而毫无疑问，未来的大政治也必定是这个样子"③。

不像怯懦之辈无力面对虚无主义，只能继续求助于基督教的奴隶道德；以"超人"为形象的未来欧洲的主人种族结合了狄奥尼索斯的内涵与阿波罗的手段，注定要给欧洲带来创造性和富于生机的崭新文化和政治样态。

在保持理智的最后几个月的一则以"大政治"为题的遗稿中，尼采写到，他要发动一场战争，是在"上升与没落之间，在求生命的意志与对生命的**复仇欲**之间，在正派与奸诈的欺骗之间的战争"。

紧接着，尼采给出了大政治的几条"定律"。第一条定律是："大政治想把生理学变成所有其他问题的主宰；它想创造一种权力，强大得足以把人类**培育**为整体和更高级者，以毫不留情的冷酷面对生命的蜕化者和寄生虫。"而在另一条定律中尼采指出，大政治是"对恶习的殊死战争；任何一种反自然性都是堕落的恶习。基督教教士乃是最有恶习的堕落种类：因为他**传授**反自然性的学说"。④

同样是在晚期的著作《瞧，这个人》中（"为什么我是命运"章第一节），尼采指出：一场精神之战将摧毁建立在基督教千百年谎言基础上的旧社会的权力产物；一定会有一场地球上从未有过的真理与谎言之战，世界将会出现大政治——从他开始。⑤

也就是说，尼采的"大政治"除了直接针对并反对欧洲民族国家间的利益政治以及国家内的民主政治，其更深的一层含义是一种积极、上

---

① 参见《尼采与贵族激进主义政治》第三章，pp. 65–66，页 88–89。
② 参见《悲剧》，二十一。KSA 1, Ss. 132–133；中译见尼采：《悲剧的诞生》，杨恒达译，南京：译林出版社，2009 年版，页 124。
③ 参见《尼采与贵族激进主义政治》第三章，p. 66，页 89。
④ 参见 KSA 13, 25 [1], Ss. 637–638；中译采《尼采著作全集·第十三卷·1887—1889 年遗稿》，页 759–760。
⑤ KSA 6, S. 366；中译见《看哪这人：尼采自述》，页 186。

升的生命意志反对基督教道德对生命充满复仇欲的谎言之间的精神之战。笔者也就是在这个意义上认为,尼采"大政治"这个政治概念同样具有一种精神和文化意涵。

二、大众民主时代的贵族激进主义

在初步澄清了尼采的"大政治"概念后,我们再来着重考察一下大众民主政治这一现代政治的最大的历史语境与尼采"大政治"概念的贵族激进主义之间的张力。

欧洲近代以来伴随着中央集权的统一君主国家的建立,民族主义思潮开始形成,到了法国大革命及之后席卷全欧洲的拿破仑战争期间,参战各国的民族主义观念受到更大的激发。这股强劲的民族主义风潮与十九世纪欧洲资本主义发展所促进的各大国的统一、独立、争霸战争合流,导致国际政治关系波诡云谲、错综复杂。而几乎与民族主义同时兴起且影响更为显著持久的是民主化的趋势。尤其是到了十八世纪末以来,通过美国独立建国运动和法国大革命的示范效应,这一浪潮将民主、自由、平等的观念从启蒙思想家的书本中带到现实世界里,并散播到整个西方世界。

托克维尔敏锐地捕捉住了这一时代趋势。他对此在《民主在美国》一书中写道:"支配美国社会的民主,好像在欧洲也正在迅速得势。……一场伟大的民主革命正在我们中间进行。谁都看到了它,但看法却不相同。一些人认为,它是一种新现象,出于偶然,尚有望遏止;而一些人断定,这是一场不可抗拒的革命,因为他们觉得这是历史上已知的最经常的、最古老的和最持久的现象。"[①]

按托克维尔的说法,在他以前七百年的历史里,"没有一件大事不曾推动平等"[②]。而"身分平等的逐渐发展,是事所必至,天意使然"[③]。托克维尔认为,在他的时代,民主已经成长得非常强大,而其敌对者则已经极为软弱,在这种情况下,民主大势的发展断不可能"止步不前"。因此,在托克维尔看来,"平等的逐渐向前发展既是人类历史的过去又是人类历史的未来",而"这一发现本身就会赋予这一发展以至高无上的上帝

[①] 参见托克维尔:《论美国的民主》(上卷),董果良译,北京:商务印书馆,1988年版,"绪论",页4。
[②] 引书同前,页6。
[③] 引书同前,页7。

的神启性质"。于是乎，托克维尔甚至将民主上升到近乎神秘的神意的高度说："企图阻止民主就是抗拒上帝的意志，各个民族只有顺应上苍给他们安排的社会情况。"①

然而在尼采看来，无论是民族主义意识形态下欧洲的国际政治现实斗争，还是风起云涌的民主化乃至更激进的社会主义浪潮，都是鸡毛蒜皮的"小政治"（die kleine Politik），因为这些政治要么是为了争夺赤裸裸的经济、交通等现实利益，要么导致人品质上的低矮与均等化，完全没有一种古罗马政治的恢宏大度或古希腊、文艺复兴政治文化的典雅璀璨。

托克维尔指出了大众民主时代的到来及其不可逆转的趋势，尼采承认大众民主时代已成为历史事实，但他一直试图以其贵族激进主义的"大政治"突破民主政制及其所带来的平庸衰朽的文化意识形态氛围。尼采认为，西方民主化的浪潮会塑造更大量的意志软弱、带有奴性的人，并且这一切将为凯撒般的暴君的到来做准备。这一论断也许建立在他对罗马共和末期的凯撒时代以及法国大革命中的拿破仑时代的观察思考的基础上，也许还建立在他对柏拉图等古典政治哲人所言之极端民主制将导致僭政的认同上，应该说具有相当深刻的政治洞察力。甚至可以说，尼采曾经预见到纳粹在魏玛共和国得以兴起的根本原因。在尼采那里，民主运动的真正价值，极可能是在于一种提升生命的反民主斗争的出现，并且这种反民主斗争将会在整个欧洲取得胜利。

尼采将民主视为"虚假的现代理念"，②并认为以民主化作为衡量"进步"的"指数"是成问题的。③在晚年的一则笔记中，尼采专门摘录了法国诗人波德莱尔（Charles Baudelaire）的一段遗稿，表明他对民主的蔑视和对贵族制的肯定："唯有贵族政体才是明智而可靠的。以民主制为基础的君主制或共和制同样都是荒诞而虚弱的。"④在尼采的眼中，当代民主制度及其对平等的强调，在所有重要事情的层面上都是彻底的虚无主义。它们"全都出自于一个怀疑论的与相对主义的时代，这个时代

---

① 引书同前，页8。
② 参见 KSA 13, 16 [82], S. 514；中译采《尼采著作全集·第十三卷·1887—1889年遗稿》，页608—609。
③ Ibid., 11 [413], S. 191；中译引书同前，页232—233。
④ Ibid., 11 [169], S. 77；中译引书同前，页87。原载于夏尔·波德莱尔：《遗稿及未刊书信集，另附克雷佩（Crepet）所著研究评传》，巴黎，1887年（下简写为：波德莱尔），页99。

贵族激进主义的文化政治
——尼采政治哲学研究

由于对一切都欠缺强烈信念，所以一视同仁地接受所有人与所有事"①。

在尼采看来，现代民主背后的推动力其实仍是基督教及其教会，②他甚至认为基督、路德可以与苏格拉底、卢梭并称为"四位伟大的民主主义者"——当然，这里的"伟大"是一种讽刺的说法。③ 尼采的这一判断，依据的是基督教"上帝面前灵魂平等"的概念。尼采对此说道："在此概念中，已然蕴含了有关**平等权**的所有理论的原型：人们已经教导人类首先以宗教的方式结结巴巴地说出平等定律，后来人们就从中为人类弄出一种道德来；而且并不奇怪，人类最后就要严肃对待平等定律，把它付诸**实践**了！可以说是用政治的、民主的、社会主义的、愤懑的悲观主义的方式……"④

无独有偶的是，托克维尔对基督教与民主关系的看法和尼采极为类似，托克维尔在《民主在美国》上卷的绪论中就提到："宣称人人在上帝面前一律平等的基督教，不会反对全体公民在法律面前一律平等。"⑤ 只不过，托克维尔没有将民主平等观念的源头仅仅归诸基督教教义。

尼采还指出，在近现代科学兴起以后，科学与民主是紧密联系在一起的，这就如同艺术与"好的社会"是联系在一起的那样。⑥ 在《超善恶》中（第一章22节），尼采提到，物理学家强调的"自然的规律性"实为"充分地向现代心灵的民主的本能让步！"这种观念认为："在规律面前到处平等——在这方面，自然并非不同于和并非更优于我们。""世界有一个'必然的'和'可预测的'过程。"但这是可以被另一种权力意志的混沌无序而酷烈无情的自然观所反驳的，这只是"一种"解释。⑦

所有这些现代民主平等观的基督教和自然科学渊源，在尼采看来，是一种典型的虚无主义，而它们所支撑的政治民主运动则是政治机构和人的衰败，即人被贬低的形式，是人的平庸化和价值的贬低。⑧ 早在中期著作《人性的，太人性的》中（上卷第八章472节），尼采就指出：

---

① 参见《尼采与贵族激进主义政治》第四章，p. 71，页100—101。
② 参见 KSA 12, 1 [179], S. 50；中译见《尼采著作全集·第十二卷·1885—1887年遗稿》，页54。
③ Ibid., 9 [25], S. 348；中译引书同前，页394。
④ 参见 KSA 13, 15 [30], S. 424；中译采《尼采著作全集·第十三卷·1887—1889年遗稿》，页501，。
⑤ 参见《论美国的民主》（上卷），"绪论"，页13。
⑥ 参见 KSA 12, 9 [20], S. 347；中译见《尼采著作全集·第十二卷·1885—1887年遗稿》，页393。
⑦ 参见 KSA 5, S. 37；中译采《论道德的谱系·善恶之彼岸》，页138—139。
⑧ 参见《善恶》，第五章203节。Ibid., Ss. 216—218；中译引书同前，页217—218。

"现代的民主是**国家衰亡**的历史形式。"① 卢梭的人民主权理论瓦解了"以监护为己任的政府"的形象,瓦解了宗教维护国家之令人敬畏的神秘性的作用,私人团体不断取代国家政权的功能,"私人"获得了解放。②

在晚年著作《偶像的黄昏》中("一个不合时宜者的漫游"章 39 节),尼采再次提到:"民主主义在任何时代都是组织力衰退的形式"。为了克服这种在欧洲各国像病毒般不断蔓延的衰退,为了抗拒沉醉于当下、敏捷而不负责任的所谓"自由"、所谓"现代精神",需要一种强有力的、反自由主义的"**团结的意志**",③ 建立起某种类似罗马帝国或俄罗斯帝国那样的强大"机构"。

按尼采的观点,如果不对以民主倾向为特点的现代世界来一个根本的甚至是暴力的颠覆,以利用贵族制社会与政治的安排,则人的提升的目标就不可能达到。然而,仅从民主政治制度转为贵族制,并不能终止现代世界的衰败。关键是要破除柏拉图主义—基督教道德的"千年谎言",创造出新的真理,必要的话还要像扎拉图斯特拉那样广为传播永恒轮回和超人的学说。

这种生意盎然的贵族道德与贵族的正义概念是一种赤裸裸的自我主义的结果,然而这种自我主义与民主现代性之下呆钝的中产阶级特有的"狭隘与卑琐的自我主义"没有任何共通之处,它产生的并不是末人的自满,而是自我超越,是自我完美化的创造性意志。

通过以上对尼采民主观的再次梳理,我们看到尼采总体上对现代民主政治持批判态度。但必须指出的是,在尼采的中期著作中(《人性的,太人性的》下卷),他似乎不大热心地肯定过民主制的作用。④ 在这些地方,尼采明确地写到"欧洲的民主化不可阻挡",但他将民主视为"文化的果园"的"石堤"和"防护墙",用以阻挡"野蛮人"、"瘟疫"和"**肉体和精神上的奴役**"⑤——这大概指的是无政府主义者和社会主义者的革命运动。

尼采还提到,民主机构是对付专制权力欲"这一古老瘟疫"的有用

---

① KSA 2, S. 304;中译采《人性的,太人性的——一本献给自由精神的书》(上卷),页 323。
② Ibid.;中译引书同前。
③ 以上参见 KSA 6, S. 141;中译采《偶像的黄昏》,页 161。引文中的强调字体系原文。
④ 参见《人性的,太人性的》下卷,第二篇"漫游者和他的影子"275、289 和 292 节。
⑤ 引书同前,275 节。KSA 2, S. 672;中译采《人性的,太人性的——一本献给自由精神的书》(下卷),页 243。

贵族激进主义的文化政治
——尼采政治哲学研究

而无聊的隔离检疫站;[①] 可以依靠议会民主制及其累进税制度建立一个中产阶级的社会,从而阻挡社会主义。[②] 同时尼采还指出,"这种四处蔓延的民主化运动将首先导致一个欧洲民族联盟的形成,在这个联盟中,每个民族都获得合理的疆界,拥有相当于一个州的地位和特权"。同时,在这个民主化的过程中,人们将不再留念各个民族的历史回忆,"因为在民主原则的爱改革、爱创新的统治下,对这些记忆的忠诚意识会被逐渐地根除"。

此外,未来的外交家将从这个欧洲民族联盟的整体利益和其下各大州的利益的角度,调整各民族的边界,这种调整将不再"以军队为靠山,而是依据充足的理由和利益"。[③] 这一时期,尼采似乎无可奈何地肯定了民主制对于和缓激进革命运动和军国主义下国际利益纷争的作用。然而,这就是他眼中的民主政治的全部意义所在吗?

结合尼采晚年著述中关于"大政治"的片段论述,我们将发现,他眼中民主运动的真正价值极可能在于能引起一种提升生命的反民主斗争的出现。在晚年的一则笔记中,[④] 尼采再次指出,欧洲民主"声势浩大""不断前进""不可抑制",而其本质是对凯撒似的主人概念、主人道德的奴隶起义。然而,主人之种类需要奴隶制"作为自己的基础和条件",因此,当"畜群动物"类型现在在欧洲越来越发达的时候,一个更高级的凯撒式的统治人物的种类有可能出现或被培育出来,他"**利用了**民主运动","最终会加入到民主运动对奴隶制的全新和高雅的扩展过程中(欧洲民主的完成终将成为这样一种奴隶制),而这个更高级的种类现在也**必需**这种新的奴隶制"。也就是说,民主运动的蔓延使得一切迄今有效的价值俱已分崩离析,由于遍布社会的末人们生活得麻木不仁,由于他们已成为"一团散沙",最终,一种强烈的不安全感和无力感会使他们顺从任何对其发号施令的僭主。由此民主制培育出了终结其自身的暴君,民主制也因此在尼采眼中迂回地获得了自身的"目标"、"使命"和"辩护"。

应该说,早在柏拉图的《理想国》中(第八卷),就对极端民主制会导致僭主以民众庇护者的姿态崛起做过生动的论述。只不过,柏拉图笔下的苏格拉底对这种僭主式人物持批判的态度——因为僭主大多是唯利

[①] 引书同前,289 节。Ibid., S. 683;中译引书同前,页 754。
[②] 引书同前,292 节。Ibid., Ss. 683–684;中译引书同前,页 755–756。
[③] Ibid.;中译引书同前。
[④] 参见 KSA 12, 2 [13], Ss. 72–74;中译采《尼采著作全集·第十二卷·1885—1887 年遗稿》,页 81–83。

是图、阴险狡诈的恶棍和阴谋家。但尼采眼中的僭主虽然也是民主制的结果，但其典型形象却是凯撒这样的枭雄豪杰，换言之，是古典政治哲学看来真正具有贵族德性之人。因此，尼采虽然与柏拉图等古典政治哲人分享了民主制导致僭政的判断，但却对其结果做出了截然不同的评价。

在《超善恶》中（第八章242节），尼采也表达过类似的看法。他在这里的说法是："当欧洲的民主化在最确切的意义准备生产一种适合奴隶制的类型的人时，那么，强大的人在个别的和例外的情况下将变得比其本人更强大、更富有——由于他的教育毫无偏见，由于丰富多彩的实践、艺术和欺诈"。总之，欧洲的民主化是养育"理想专制君主"的"非自愿措施"。①

而在晚年的另一则遗稿中，② 尼采接过《人性的，太人性的》下卷中欧洲的民主化导致国际民族联合体出现的话头指出："国际种族联合体"的形成已有可能，它们的任务是培育出作为未来的地球主人的一个主人种族——那是"一个全新的、巨大的、在最严厉的自我立法基础上建造起来的贵族政体"，在这种政体中，"哲学暴徒和艺术家暴君的意志将获得超过几百年的延续"；"那是人的一个更高种类，它们由于自己的意志、知识、财富和影响方面的优势，把民主欧洲当作他们最顺从和最灵活的工具来加以利用，目的是为了掌握地球的命运，是为了能像艺术家一样，在'人'的身上做工塑造。"总之，"人们要重新学习政治的时代到来了"。这也就是说，以往那些民主、平等的激进主义或民族主义的"小政治"应该就此终结，人们应该在"哲学暴徒和艺术家暴君"统治下的贵族政体里学习一种全新的政治概念——亦即贵族激进主义的"大政治"。

至此我们不难发现，在尼采那里，大众民主与凯撒式的贵族主人种族的"大政治"间存在巨大的张力。这股张力也构成了尼采的政治概念中最幽暗和不祥的一个维度，令后人深思不已。

小　结

有别于现代政治哲学比如霍布斯、洛克、卢梭、黑格尔等人的理性

---

① KSA 5, S. 183；中译采《论道德的谱系·善恶之彼岸》，页260。

② 参见 KSA 12, 2 [57], Ss. 87–88；中译采《尼采著作全集·第十二卷·1885—1887年遗稿》，页101。笔者据德文原文调整了部分翻译。

贵族激进主义的文化政治
——尼采政治哲学研究

主义体系,尼采的政治哲学更多地表现为一种激烈的现代政治批判。然而值得注意的是,尼采总是将对现代流行的政治意识形态及其实践的批判追溯到其启蒙乃至基督教的道德文化的根源上,而非就事论事地宣泄一种愤世嫉俗的情绪。

尼采的理想政治图景或说尼采那里"政治的概念"虽可用"大政治"一词简单地加以概括,但这个概念远不如古今那些典型政治哲人的学说那样清晰,因为尼采的政治哲学首先并不在于最佳政制的问题,也不在于契约、宪政、人权等等问题。由于其"贵族激进主义"的"大政治"既缺乏现实政治的对应物,又在政治上充满混乱,因此它只能是一种文化政治批判,而不能视为现实政治问题的解决方案。

我们从"大政治"对统一的欧洲文明的强烈诉求及其与民主等"小政治"间的张力可以看到,尼采的政治愿景里具有一种浓烈的"艺术—哲学家"的文化政治取向。从文化来判断政治的利弊的标准在于文化或人的提升。如此看来,政治对于文化的健全或人的提升的利弊,政治对于文明兴衰的利弊就是所谓的文化政治、精神斗争或"大政治"的问题,而那些现实政治在尼采看来显然是"小政治"的问题。"大政治"的问题会有巨大的危险,但是没有危险并且"发明了幸福"的"小政治"却是使文化和人衰颓虚无的政治。

第三章 尼采的"政治的概念"：
文化的抑或政治的？

通过以上章节的讨论，我们已经全面解析了尼采的"贵族激进主义"的"大政治"的"政治的概念"。这一"政治的概念"具有鲜明而激进的"文化政治批判"意味。那么，现在就必须澄清何谓"文化政治"？"文化优先于政治"的理据到底是什么？文化政治批判到底是全然"反政治"的，还是也有它所诉诸的现实政治的形态？尼采的政治哲学的落脚点究竟是现实政治还是一种文化批判呢？本章以下的论述将紧紧围绕这些问题展开。

第一节 尼采政治哲学中"文化政治"的含义

尼采的政治哲学可以理解为一种"贵族激进主义"的"文化政治批判"，这当然不是在当代学术场域中的"文化研究"及"大众文化批判"等意义上谈的"文化政治"，"文化政治"在尼采那里具有特殊的含义。

要界定尼采那里的"文化政治"的含义，我们首先要辨明在尼采那里，什么叫作文化？接着我们要问，尼采从文化的视角思考政治意味着什么？尼采总是从一种把文化的活力和衰颓的问题看作至关紧要的理论框架来评价政治的。他从来所肯定的政治都是那种密切关联于文化的活力和人的提升的。对尼采来说，西方现代性的危机就是欧洲现代文化的衰颓的问题，而这也必然反应在现代政治的虚无主义本质之中。为了克服文化的虚无主义状态，就必须呼唤出一种新的人类，一种有创造性的狄奥尼索斯精神的新价值创造者。只有这新一代的欧洲新人类，才能创造欧洲的"大政治"，克服现代政治意识形态的"小政治"所陷入的政治的无根状态和危机处境。当然，尼采也清楚地意识到，他的政治哲学思考就像是柏拉图的政治哲学思考一样，很难被那些现实政治家所聆听。

他只能将希望寄托在欧洲的新一代的人，或者更新的一代人。

一、尼采的文化概念

"文化"是在尼采早期著作中经常被使用的一个概念。尼采早期在《不合时宜的沉思》的《施特劳斯——表白者与作家》第一节中给出"文化"的定义是："文化首先是一个民族的所有生活表现中艺术风格的统一。"① 这种意义上的文化并不必然依赖缺乏统一性的众多知识、学识。尼采说："而众多知识和学识既不是文化的一个必要手段，也不是它的一个标志，必要时与文化的对立面，亦即野蛮，也就是说，与无风格或者一切风格的混乱杂拌相处得极为和睦。"②

在早年的一些未发表的习作中，尼采也提到了文化与艺术的紧密联系，以及文化对过度的求知欲的拒斥。如在《哲学家：艺术与知识之争思想录》里，尼采就提到："如果我们真想获得一种文化，前所未有的艺术力量就是必不可少的，以便打破无限制的知识冲动和再造整体。"③ 在该文的另一处地方，尼采还提到："每一个伟大的艺术世界都带来一种文化。"④ 而在《作为文化医生的哲学家》里（10 节），尼采则说："只有在一种艺术或艺术作品的集中意义中才能生发出文化。"⑤ 而在《艰难时代的哲学》中（15 节），尼采给出了关于文化的一个"重新定义"："许多本来不和谐的力量组成了统一的音阶和音调，现在奏出了悠扬的乐曲。"⑥ 尼采的这个比喻要结合他这一时期关于人类精神活动的总体看法才好理解。尼采当时认为，人的精神活动里有各种各样的力量，科学所体现的"无限制的求知冲动"就是这种杂乱无章的力量的典型体现。而要形成文化，就需要艺术（有时需要哲学的辅助）给这些杂乱的精神活动力量赋予一个和谐的秩序，一个整体性的方向。所以当尼采提到艺术的力量可以"打破无限制的知识冲动和再造整体"后，他马上会说："**哲学因为压制无限制的知识冲动和使它服从于整体而显示了它的最高价**

---

① KSA 1, S. 163；中译见《不合时宜的沉思》，页 36。
② Ibid.；中译引书同前。
③ 参见"哲学家：艺术与知识之争思想录"，15 节，载于尼采：《哲学与真理：尼采 1872—1876 年笔记选》，页 15。
④ 引书同前，18 节，页 16。
⑤ 引书同前，页 99。
⑥ 引书同前，页 136。

值。"① 而当他说文化生发于"艺术或艺术作品的集中意义中"后,他马上就说:"哲学将在不知不觉中为这样一种世界观铺平道路。"②

到了稍晚一些的《人性的,太人性的》中(上卷第五章 276 节),尼采进一步发展了上述观点。他提出:"人最杰出的文化发现是在自己身上获得的,他在那里发现了两股异质的力量。"③ 这两股力量就是文艺精神和科学精神。按尼采的说法,人们不可能以消灭一股、弘扬另一股力量的方式来解决两者间的矛盾,而需要把自身建设成一座"文化大厦","让两股力量都住在里边,……而一些和解的力量则居中"。④ 并且,"个人身上的这种文化大厦会与整个时代的文化建筑极为相似,……因为,凡在这文化大厦得以发扬光大的地方,它的任务就是,把其余矛盾较小的力量集中起来形成合力,迫使那两股针锋相对的力量达成一致,但又不对其进行压制和束缚"⑤。也就是说,文化要发扬光大,就需要一些"大力士"能在艺术精神与科学精神之间"劝架",并将两者引导塑造为一股合力。

然而,要由什么来充当这个在各种精神力量间"劝架"的"大力士",尼采的说法比较含混。首先,如前所述,他当然认为艺术是这样统合性的力量。其次,我们在前面也看到,他有时认为哲学可以协助艺术进行综合、协调。在《作为文化医生的哲学家》中,尼采对此有更明确的说法,如"哲学**不是为人民准备的**,因此它**不是文化的基础**,而只是文化的工具"⑥。又如:"哲学不能创造什么文化,但是可以为它开路;或保存它;或调解它。"⑦

然而在稍晚一些的习作《艰难时代的哲学》中,尼采却不再对哲学的文化功能抱有上述谨慎的乐观。他指出,哲学不能再像先前一样作为"文化的医生"而与"内聚力携手",把"所有片面力量统一起来"。⑧ 哲学家如今"已经成了**集体的害虫**。他消灭幸福、美德、文化和最后他自

---

① 参见"哲学家:艺术与知识之争思想录",15 节,引书同前,页 15。引文中的强调字体系原文,笔者统一用楷体加粗字体表示,下同不赘。
② 参见"作为文化医生的哲学家",10 节,引书同前,页 99。
③ KSA 2, S. 227;中译采《人性的,太人性的——一本献给自由精神的书》(上卷),页 236。
④ Ibid.;中译引书同前。
⑤ Ibid., S. 228;中译引书同前。
⑥ 9 节,《哲学与真理:尼采 1872—1876 年笔记选》,页 96。引文中的强调字体系原文。
⑦ 10 节,引书同前,页 98。
⑧ 46 节,引书同前,页 152—153。

贵族激进主义的文化政治
——尼采政治哲学研究

己"①。哲学的这种"堕落"是和近代科学兴起后带来的人类精神领域的分化和解体分不开关系的。按尼采的说法,这个时代中浮躁盲动、宗教消退、民族间冲突不断,科学带来了"分化和解体",充斥有学识阶级的是"可鄙的金钱快乐经济学",而"爱与崇高"却极度缺乏。② 哲学此时对此束手无策,它既不像在古希腊前苏格拉底时代时那样牢牢控制着科学的权力,也无法再获得中世纪时神学的那种统摄一切的权威。哲学、哲学家如今"不再为科学指路,因为他们本身也只不过是科学,渐渐变成了单调的职业边界巡视"。③ 尼采这里讽刺的是近代以康德为典型的"为知识划界"的形式主义的批判哲学观。尼采认为这样的哲学放弃了总体性的、实质性的理论抱负,而沦为科学的帮工,更别提"控制科学"及其不加节制的知识冲动,帮助形塑文化了。

到了晚年,尼采由于已形成了基于权力意志学说的视角主义哲学观,由此扭转了近代哲学在科学及其绝对主义和实证主义真理观面前的虚弱姿态,因而他重新肯定了"哲学"的意义。在《超善恶》中(第一章第9节)他提到:"哲学是这专制的欲望本身,最具精神的权力意志,'创造世界'的意志,第一原因(causa prima)的意志。"④ 尼采在此将哲学赋予了和艺术一样的创造性的形象,哲学和艺术从早年的分离走向融合,它们此时共同的目标是克服虚无主义的幽灵,创造一种提振生命的崭新文化。

在当代情境下,上帝之死所带来的终极意义之崩解,可能导致两个截然相反的回应。其一是绝望,最后走向叔本华之阴森恐怖的结论:在面对人生命之无意义的、无休止的痛苦之下,人生是不值得的。另外一个就是生命的肯定。在一个诸神已逝的世界,在一个唯心论与实证主义已被打垮的世界,艺术(就最广义而言)变成"对所有否定生命意志的唯一更高反抗力量"。⑤

在《偶像的黄昏》中评论"为艺术而艺术"这句口号的一节里("一个不合时宜者的漫游"章24节),尼采也指出,这个口号虽然将道德说教从艺术中排除出去,却也否定了艺术存在一个自身之外的目的。然而

---

① 引书同前,页153。引文中的强调字体系原文。
② 3节,引书同前,页126。
③ 26节,引书同前,页140。
④ KSA 5, S. 22;中译参《论道德的谱系・善恶之彼岸》,页127。
⑤ 参见 The Will to Power, sec. 853 (II), p. 452.

尼采坚持认为,"艺术是生命最伟大的兴奋剂",① 不能把它理解为无目的、无目标,为艺术而艺术。那些悲剧艺术家虽然也呈现"生命中许多丑陋、严酷、可疑的东西",但他们是为了表现"面对一个强大的敌人,面对一种巨大的灾难,面对一个引起恐惧的问题,感情的无畏和自由"。② 悲剧艺术颂扬的是这些迎难而上的英勇之人灵魂里的好战性和大无畏精神。

在晚年自传《瞧,这个人》中("悲剧的诞生"章,四),尼采展望未来,认为必将出现一个"崭新的生命之党"掌管训育人类的权力,"无情地消灭一切败类和寄生虫",并"有可能在地球上重建**生命的繁荣**"。③ 这样,酒神狄奥尼索斯现象将再度出现,"悲剧时代必将来临","肯定生命的最高艺术,即悲剧,必将再生"。④ 而这一酒神颂歌式的艺术家的形象,将是扎拉图斯特拉及其作者的形象,也就是艺术家—哲人合为一体的形象。

至此我们看到,尼采那里的文化概念含义颇为复杂。首先,它指涉文艺(包括文学、音乐、戏剧、绘画、雕塑、建筑等),科学,哲学,宗教等要求"高度集中、高度片面"钻研始能达到的精神活动领域,但有时特指艺术或艺术风格。同时,它也包括前述这些精神活动领域背后的道德、价值取向和心理活动机制。而需特别指出的是,尼采的上述"文化"概念尤其强调一种艺术与生命相关联的非道德性的审美、美学意义,即肯定生命、生成的无辜,敢于以权力意志克服虚无主义的悲剧英雄式的意义。

二、尼采的"文化政治"观念

尼采寄望于那最罕有、最丰盈的人们的天赋创造力和那最高水准的文化。尼采对真正文化的合法秩序是如何出自混乱,是什么构成其生命力以及是什么造成了其退化的推论,产生一种在许多方面都极为独特的政治问题意识。

尼采从来没有丧失掉对广义的艺术救赎力量的信心。尽管上帝已死、诸神隐退,但他继续去追求那高贵的、高尚的,来抗衡那有用的、或道

---

① KSA 6, S. 127;中译采《偶像的黄昏》,页 139—140。
② Ibid., Ss. 127—128;中译引书同前,页 140。
③ Ibid., S. 313;中译采《看哪这人:尼采自述》,页 90。引文中的强调字体系原文,笔者统一用楷体加粗字体表示,下同不赘。
④ Ibid.;中译引书同前。

贵族激进主义的文化政治
——尼采政治哲学研究

德的。在后期作品中，他依然坚持，"在最重要的事情上……始终是文化"。① 尽管面临虚无主义的深渊，但尼采仍然以一种美学上的精英主义对其加以反抗。他提到："艺术是生命最伟大的兴奋剂"，而这种艺术的典型即悲剧要培育的是"习惯于痛苦和寻求痛苦的**英勇**之人"。② 这便构成对虚无主义的一种反向运动，而这种最高艺术的催生，最高人类的造就是尼采对人类的目标，也是他理想中的政治的目标。

尼采从来所肯定的政治，是那种密切关联于文化的活泼与人之提升的政治。尼采支持哪一种政治（以及在一种有限意义上的"反政治"），完全是要看它是否有助益于、或能否表现出最高水准的文化成就。尼采的政治论述是和更大的社会与文化批判一并出现的，而这种批判又是从居于尼采哲学事业中心点的对人类境况的周密研探中产生出来的。尼采所肯定的人类的目标，以及此目标所产生的文化远景，都有政治上的意义。由此我们说，尼采的整个哲学，是有其政治目的。而尼采对基督教在文化意义上的深入研究，构成其政治观的立论基础之一。尼采对上帝之死的回应，是为人类提出一个能造就出较高之人、或超人类型的新目标。这种以一个较高类型来取代上帝的办法，根本上是意味着，以一个本质上属于美学的对事物之恰当秩序的看法，来替换基督教的道德。③

然而批评者可能会指出，尼采晚年在《偶像的黄昏》中（"德国人缺少了什么"章第 4 节）曾提到："文化的所有伟大时代是政治的没落时代：文化意义上的伟大是非政治的，甚至是反政治的。"④ 如果按这句话来看，文化和政治在尼采那里似乎成为一对矛盾，似乎不可能存在一种促进文化的政治形态。如果这样，尼采的"文化政治"一说也就不能成立了。但笔者认为，这种批评忽略了尼采从早年《希腊城邦》到晚年"重估一切价值"时期大量论及政治对于文化之利的文字。

我们看到尼采的"贵族激进主义"一方面以极强的政治批判性对近代各种意识形态进行了严厉批判，但另一方面，他也对一些现实中的特定政治形态或政治人物表示了热情的赞扬。诸如对古印度的种姓制度、

---

① 《偶像》，"德国人缺少了什么"章第 4 节。Ibid., S. 106；中译采《偶像的黄昏》，页 103。笔者根据德文原文调整了个别译名。
② 《偶像》，"一个不合时宜者的漫游"章第 24 节。Ibid., Ss. 127-128.；中译引书同前，页 139-140。
③ 以上分别参见《尼采与贵族激进主义政治》，p. 8、11、13、17、66、115；中译参页 9、12、14、25、89 和 163。
④ KSA 6, S. 106；中译采《偶像的黄昏》，页 102。

第三章　尼采的"政治的概念"：文化的抑或政治的？

古希腊城邦、古罗马帝国、拿破仑帝国、俄罗斯帝国，尼采都不乏称颂；而对阿尔西比亚德、修昔底德、亚历山大、喀提林、凯撒、博尔贾、马基雅维利、拿破仑这些非道德主义的代表，尼采更是不乏溢美之词。无论是批判也罢、赞美也罢，尼采所持的标准总的来说还是这些意识形态、政制或人物是否具有一种强健旺盛的生命意志或权力意志，是否能以上述这种权力意志肯定同一者的永恒轮回，达到一种狄奥尼索斯—扎拉图斯特拉式的艺术—哲学家之无惧虚无的精神高度。

同时，尼采正视一切高度发达的文化，一切古老文化的过去完全建立在暴力、奴役的政治统治基础之上。因此，其早年就赞赏古希腊城邦中的奴隶制，到了晚年，他甚至还构想过有似古印度《摩奴法典》和柏拉图《理想国》中的等级社会。他主张社会应划分为老师和牧师阶层、军队阶层、供养阶层、奴仆种族等四个自上而下的阶层。[①] 以上这些内容，都表明尼采的思想对政治是具有肯定的一面的，在很多情况下尼采反对的不是一切政治，而是卑琐平庸虚伪的"小政治"。尼采关心的不是现实中国家的崛起、宪政民主的实现或社会主义革命等具体政治问题，他念兹在兹的是关涉文化兴衰的"大政治"。那么，在尼采看来，文化何以优先于政治呢？

尼采"贵族激进主义"的政治思想之主旨与他整个哲学思想的终极旨趣都在于：如何在最高价值规范崩溃之后，重新估价一切传统价值的价值并创造新的价值。狄奥尼索斯式的艺术家本身就肯定了一种高级的价值，即创造本身，也就是生命本能充足并自立自信的体现。在文化的意义上，尼采的"贵族激进主义"指的是那种"狄奥尼索斯"式的艺术—哲学家的精神境界。从悲剧精神即酒神精神而来的音乐精神和权力意志，也是这种价值的体现。希腊罗马、马基雅维利、拿破仑、歌德等等也都是这种价值的体现。相比之下，传统的基督教的道德则是病态的、奴隶性的、颓废的、虚弱的、虚无主义的、骗人的、充满怨恨的低劣的价值，因此必须予以摧毁，欧洲文化才能健康地发展，欧洲的新人类的目标才能得到提升。尼采"贵族激进主义"的上述文化目标要求确保文化对政治的优先性，但另一方面，它也将其独特的"大政治"作为繁荣文化的土壤。

从早年到晚期，尼采的著作中的确不时会出现强调文化的繁荣与政

[①] 参见 KSA 13, 14 [221], Ss. 394—395；中译采《尼采著作全集·第十三卷·1887—1889 年遗稿》，页 467—468。

贵族激进主义的文化政治
——尼采政治哲学研究

治成就存在矛盾的文句。早在《不合时宜的沉思》中（"作为教育者的叔本华"篇，四）尼采就说过文化世界"独立于国家的繁荣"。① 在《人性的，太人性的》里（上卷第八章465节）尼采则说："在政治的病榻上一个民族通常会……重新找到自己在寻求和维护权力时逐渐丧失的精神。文化得以登上巅峰，应该归功于政治上衰弱的时代。"② 到了晚年的遗稿中，尼采还是说：国家只是一个"十分无关紧要的文化手段"，"所有伟大的文化时代都是政治上贫困的时代"。③ 而尼采关于这个问题最著名的一段话，恐怕要数《偶像的黄昏》中（"德国人缺少了什么"章第4节）的："文化的所有伟大时代是政治的没落时代：文化意义上的伟大是非政治的，甚至是反政治的。"④

尼采的这些话看似是一般地谈论文化与政治的关系，其实却不是无的放矢，而是针对1871年普法战争中获胜后德国文化的虚骄自大和对国家的盲目崇拜。尼采这些激烈的言辞要指出的是，德国在军事和政治上的胜利并不意味着他们具备了和法国相抗衡的高雅文化；同时，德国国内鼓吹"国家是人类最高目标，对于一个人来说，除了为国家效劳之外，没有任何更高的义务"的这类学说其实是一种"向愚蠢的倒退"。⑤

在《人性的，太人性的》中（上卷第八章481节），尼采就已说过："在一个渴望获得政治桂冠的民族里，……每天都在产生的关于公众利益的新问题和新忧虑在消耗每个公民的精神资本和感情资本：个人的精力和劳动遭受种种牺牲和损失，其总额如此巨大，以至于一个民族在政治上的兴旺几乎必然会导致精神上的匮乏和疲软，导致在要求高度集中、高度片面的工作方面效率降低。"⑥ 国家事务的操劳会使其"土地上千姿百态的更高贵、更娇嫩、更具精神气质的草木不得不成为这种粗俗、扎眼的民族之花的牺牲品"。⑦

面对现实"小政治"的种种琐屑和虚伪，尼采期待将以一场针对这

---

① KSA 1, S. 365；中译采《不合时宜的沉思》，页276。
② KSA 2, S. 300；中译采《人性的，太人性的——一本献给自由精神的书》（上卷），页317—318。
③ KSA 13, 19 [11], Ss. 546—547；中译采《尼采著作全集·第十三卷·1887—1889年遗稿》，页648。
④ 前揭。
⑤ 参见《沉思》，"叔本华"四。KSA 1, S. 365；中译采《不合时宜的沉思》，页276。
⑥ KSA 2, S. 315；中译采《人性的，太人性的——一本献给自由精神的书》（上卷），页333。
⑦ Ibid., Ss. 315—316；中译引书同前。

些谎言的"精神之战"将"一切旧社会的权力产物……炸得粉碎"。他希望，从他开始，会出现一种全新的政治概念，即"大政治"。① 在这种政治概念中，"国家的目的是一个更高贵的人类"；国家的使命是使人们按最高之人的榜样"幸福和美好地生活"，是"为**文化**提供基础"。② 总之，在"大政治"的构想下，国家的目的在自身之外，国家只是一个手段。

类似的观点其实也见于早年的《希腊城邦》一文。尼采在文中对国家、战争之于文化的促进作用做了深刻的探讨，而到了晚年，尼采更是设想通过"国际种族联合体"培养出作为"地球主人"的主人种族，构建一个"全新的、巨大的、在最严厉的自我立法基础上建造起来的贵族政体"，由此可以使"哲学暴徒和艺术家暴君的意志将获得超过几百年的延续"，使他们像艺术家一样来塑造人类。人们因此要"重新学习政治"。③

也就是说，尽管在现实中，文化与政治的矛盾常常不可调和，但尼采仍设想一种保证文化优先性的"大政治"。他的这种设想在他晚年引用的一段拿破仑的话中得到非常生动形象的表述："我爱权力；不过我爱的是**艺术家身上**的权力……我爱它，**犹如一个音乐家爱他的小提琴**；我爱它，为的是从中拉出声音、和弦、乐声。"④ 也就是说，像拿破仑这样的尼采心目中"大政治"的代表人物，他固然热爱政治权力，但他真正爱的其实还是政治权力的艺术般的效果，正如音乐家爱他的小提琴。

应该说，即使在早年时期，尼采也没有空洞地构想文化的促进与繁荣的问题。在《艰难时代的哲学》中（45节），他就提到："需要建立一个**文化国家**……并把它用作文化的一种避难所。"而在之后的一节里，我们前面也已提到过，尼采指出要由国家"**为文化提供基础**"。⑤ 此外，尼采还认为文化的繁荣存在以下准则："一个时代、一个民族、一个个人所允许的激情越是可怕、越是巨大……，**则它的文化的地位就越高级**。"⑥

在《希腊城邦》和《荷马的竞赛》中，尼采就提到了古希腊城邦的

---

① 参见《瞧》，"为什么我是命运"，一。KSA 6, S. 366；中译采《看哪这人：尼采自述》，页 186。
② 参见"艰难时代的哲学"，46 节。《哲学与真理：尼采 1872—1876 年笔记选》，页 152。
③ 参见 KSA 12, 2 [57], Ss. 87—88；中译采《尼采著作全集·第十二卷·1885—1887 年遗稿》，页 101。
④ Ibid., 5 [90], S. 223；中译引书同前，页 260。
⑤ 《哲学与真理：尼采 1872—1876 年笔记选》，页 151。以上引文中的强调字体系原文。
⑥ 参见 KSA 12, 9 [138], S. 413；中译采《尼采著作全集·第十二卷·1885—1887 年遗稿》，页 472。

贵族激进主义的文化政治
——尼采政治哲学研究

奴隶制、体育文艺竞赛、党争、战争极大地激发了人们的政治激情,从而促进了政治—文化天才的诞生。而在《人性的,太人性的》中(上卷第八章477节),尼采再次论及战争对文化的意义:"文化完全离不开激情和邪恶。——迈入帝国时代的罗马人开始对战争多少有点厌倦,他们试图通过捕猎野兽、组织格斗、迫害基督徒来汲取新的力量。如今的英国人在总体上似乎也放弃了战争,但却采取了另外一种手段,试图使那种渐渐消失的力量卷土重来,进行危险的考察、航海、登山活动,声称是为了科学,其实是为了在经历了形形色色的冒险和危局后能带着剩余的力量打道回府。"[1] 尼采进而指出,一个高度文明、从而必然衰落的人类,比如现在的欧洲人,"不但需要战争,而且需要最大、最可怕的战争——即暂时倒退回野蛮之中——,以免通过文化手段而丧失他们的文化和生存"。[2]

按该书中另一处的说法(上卷第八章444节),"对文化而言,战争是睡眠或者冬季,人们走出战争后会更有力地走向善或走向恶"[3]。如果人们的卓越品质因为战争而受到极大激发,人们由此走向善好,则文化必然会因此得到繁荣。而按晚年遗稿中的表述,未来要统治执政的主人种族就是具备有一种对于美、勇敢、文化、风度乃至于最精神性的东西而言的过剩之力,[4] 而战争、政治无疑将有力地促进上述精神力量的增长。

同时,尼采还将文化的促进与"培育未来之人"联系在一起。在晚年的手稿中,他提到:"种族混杂之处,乃伟大文化的源泉。"[5] 他还激烈地反对民族主义"蠢牛般"的狭隘立场,认为"今日文化的真正价值和意义就包含在一种相互的融合和促进中!"[6] 早在《不合时宜的沉思》中("施特劳斯——表白者与作家"篇,一),尼采就指出当时并不存在独立的德国文化:"我们在形式的一切事务上都一如既往地依赖于巴

---

[1] KSA 2, S. 312;中译采《人性的,太人性的——一本献给自由精神的书》(上卷),页 329—330。

[2] Ibid.;中译引书同前,页 330。

[3] Ibid., S. 289;中译引书同前,页 305。

[4] KSA 12, 9 [153], S. 426;中译见《尼采著作全集·第十二卷·1885—1887 年遗稿》,页 484—485。

[5] Ibid., 1 [153], S. 45;中译引书同前,页 47。

[6] 参见 KSA 13, 11 [235], Ss. 92—93;中译采《尼采著作全集·第十三卷·1887—1889 年遗稿》,页 109。

黎——而且必须依赖，因为迄今为止尚不存在任何德意志原创的文化。"[1] 本来，德意志诸邦接受法兰西文化的润泽也没什么大不了的，然而普鲁士带头发动的"自由战争"挫败了拿破仑帝国的政治军事扩张、阻遏了法兰西的文化输出，尼采由此认为德意志精神的没落"是与爱国精神和民族主义的兴起亦步亦趋的"。[2]

如果说，拿破仑曾在十九世纪设想了一种统一欧洲的政治蓝图，那么歌德则是在文化上"想象了一种欧洲文化"，并且"这种文化继承了已经**达到**的人性的丰富遗产"。[3] 然而在尼采看来，德国的文化并没有沿着歌德的方向走下去，在黑格尔那里集大成的"德国哲学"以及十九世纪后期德意志帝国的建立再度"阻碍了文化的进程"，这在尼采看来"纯属文化的大厄运啊！"[4] 如果说反对拿破仑的"自由战争"体现了民族主义反对文化的"非理性"，那么俾斯麦的军国主义政策则消灭了"一种更高贵和更精致的精神状态的所有前提"。[5]

在尼采那里，文化大树的枝繁叶茂除了需要种族混杂的土壤外，还需要一种严格的社会等级区分。如本书早先一再提到的，尼采认为希腊城邦中的奴隶制"属于一种文化的本质"，而这种奴役制度为真正的文化和最高等人的登场创造了适当的舞台。在《人性的，太人性的》中（上卷第八章 439 节），尼采更是明确地指出，高等文化只能在区分出劳动者和真正有闲者这两个阶层，或说被迫劳动和自由劳动两个阶层的社会里才会诞生。不过，有闲者阶级并不在世俗的意义上拥有更多"幸福"——"闲适者阶层更有忍受力，忍受更多，人生的惬意更少，肩负的任务更重"。[6] 而且尼采并不认为这样的两个阶层是一个静止凝固的区分，他主张两个阶层要进行交流，"即较高阶层中那些迟钝、无甚修养的家庭和个人跌落到较低阶层，而更为自由的人则从较低阶层上升到较高阶层"。[7]

---

[1] KSA 1, S. 164；中译采《不合时宜的沉思》，页 37。
[2] KSA 13, 11 [129], S. 61；中译采《尼采著作全集·第十三卷·1887—1889 年遗稿》，页 67。
[3] Ibid., 15 [68], S. 451；中译引书同前，页 529。
[4] Ibid., 22 [9], S. 587；中译引书同前，页 704。
[5] 分别参见《瞧》，"《瓦格纳事件》——一个音乐家的问题"，二（KSA 6, S. 360；中译采《看哪这人：尼采自述》，页 175），以及 KSA 13, 25 [14], S. 644（中译《尼采著作全集·第十三卷·1887—1889 年遗稿》，页 768）。
[6] KSA 2, S. 287；中译采《人性的，太人性的——一本献给自由精神的书》（上卷），页 302—303。
[7] Ibid.；中译引书同前，页 303。

贵族激进主义的文化政治
——尼采政治哲学研究

区分出社会中广大数量的平庸劳动阶级，是因为高级文化的金字塔需要奠基在这样一个"宽大的地基"上。在尼采看来，"手工业、贸易、农业、**科学**、绝大部分艺术，一言以蔽之，全部**职业**活动的总和，都仅仅是与平庸者的能力和追求相适应；这样的职业活动似乎不适合与众不同的人"。尼采面对这种看似严酷的社会分工，却不无深刻地指出："对于平庸者来说，平庸是一种幸福；掌握一门手艺、专业化是一种自然本能。一种更深刻的精神，完全不值得对平庸本身表示抗议。"这些从事基础职业活动的普通劳动者如果安于本分，尽职尽责，则他们很容易得到满足，基本不会遇到统治者、"劳心者"阶层"生年不满百，常怀千岁忧"这样的尴尬。因此尼采说："为了使与众不同者存在，**首先**需要平庸：平庸是高级文化的条件。"同时，与众不同者并不因自身的优越地位而傲慢无礼，相反，他"对待平庸者比对自己和同类更温和，这不仅仅是心灵的礼貌——这直接是他的**义务**"。①

然而，在尼采看来，基督教的道德传统强调的人与人之间的平等性瓦解了这种"一切文化之上升、成长的**前提**"，即"人与人之间的一切敬畏感和距离感"。基督教的平等学说"来自低劣本能的最阴暗角落"，"将大众的怨恨铸造成它的主要武器来反对我们，反对尘世间的一切高贵者、快乐者、心胸大度者，反对我们在尘世间的幸福"。在尼采看来，这完全是"对**高贵**人性的最大、最恶意的谋杀。"经历了基督教及其大众民主的世俗化，"今天，任何人都不再有勇气追求特权、追求统治权、追求一种对自己和同类的敬畏感——追求一种**距离的激情**"。这样的文化和政治被尼采视为"**患上**"一种"缺乏勇气的**疾病**"——"思想的贵族制已经被灵魂平等的谎言埋在地下最深处"。总而言之，"基督教是一场由所有地上爬行者对身处**高位**者发动的起义：'低贱者'的福音使一切**变得**更低贱"。②而要促成文化的繁荣，就必须重估基督教以来的奴隶道德价值，恢复健康的主人道德，恢复贵族社会中人与人之间"长长的等级序列"。

第二节 尼采的文化政治与现实政治

通过上面的研究我们了解到，尼采的政治概念是与他的文化关怀紧

---

① 本段引文参见《敌》，57 节。KSA 6，S. 244；中译采《〈敌基督者〉讲稿》，页 252。
② 参见《敌》，43 节。Ibid., S. 218；中译引书同前，页 210。

密相连的。尼采的"贵族激进主义"政治思想虽然涉及对现实政治的文化批判，但其着眼点仍是政治要为文化的健康与繁荣提供基础这样一种"文化优先于政治"的独特视角，即一种文化政治的视角。

而我们也看到，尼采那里的文化概念含义颇为复杂。首先，它指涉文艺、科学、哲学、宗教等精神活动领域——但有时特指艺术或艺术风格的统一化作用。同时，它也包括前述这些精神活动领域背后的道德、价值取向和心理活动机制。而需特别指出的是，尼采的上述"文化"概念尤其强调一种艺术与生命相关联的非道德性的审美、美学意义，即肯定生命、生成的无辜，敢于以权力意志克服虚无主义的悲剧英雄式的意义。此外，尼采始终坚持文化的高度繁荣必须以社会区分出被迫劳动者和自由劳动者，即劳苦大众与有闲阶级两个阶层为其本质条件，因而尼采的文化观具有鲜明的精神贵族主义色彩。

尽管通过前面的研究我们了解到，尼采的政治哲学的着眼点在于文化的繁荣而非现实的政治实践，但这并不能否认尼采的整个政治学说关涉甚至影响了现实政治。应该说，尼采整个贵族激进主义的文化政治针对的都是民主化这一最大的现代政治历史语境及其文化后果。尼采对民主问题的激进回应虽然略显杂乱和高蹈，但其深远的影响却与二十世纪的西方现实政治发生了极为不祥的联系。

在本书的较前章节里，我们已了解到，尼采其实意识到托克维尔所说的民主大势不可避免这一时代命运。然而尼采与托克维尔不同的地方在于，托克维尔认为自由民主是历史之大势所趋，因此，民主虽然有这样那样的不足，却也必须在自由民主政治内部去提升其品质。而尼采所有的政治批判的矛头都指向自由民主及其平等主义。他的文化政治的方案直接与资产阶级的末人世界针锋相对，主张以贵族激进主义解决大众民主所导致的人之矮化、文化衰颓的问题，其出路是扎拉图斯特拉—狄奥尼索斯式的哲人—艺术家。

应该说，尼采敏锐地意识到即使在民主化的时代，仍然存在（特别是在文化和精神领域存在）少数人与多数人的紧张关系。他站在高贵的个人主义立场坚决捍卫作为精英的少数，拒斥"大众的僭政"，令我们多少能有几分同情和理解。

然而尼采的上述政治学说之高蹈酷烈也是有目共睹的，这按我们中国人的说法，恐怕是"自强不息"的乾德有余，而"厚德载物"的坤德不足，过在阴阳失衡，终究不免"亢龙有悔"。他的学说在意识形态化的处境中，也的确会导致对民主政制的极端拒斥，并为各种反民主的极端力量所利用。

并且，作为哲学家的尼采基本上不去考虑他憧憬的那种贵族制在现代自由民主政体中是否具有可能性，以及其具体落实之可行性问题，因而他的那些凌乱含混而充满斗争性的贵族制的言论才会被纳粹所篡用。

尼采的"贵族激进主义"由于缺乏现实政治中的对应物，因此，一旦其进入意识形态领域，就会被各种政治力量所利用。一方面，这有助于尼采自己学说的传播，另一方面却会不可避免地产生曲解和挪用，比如其反民主话语、其反犹主义话语、其个人主义话语、其非道德主义话语、其反女性主义话语等等。

尼采诚然坚持他的"政治怀疑主义"的立场，批判民族主义、国家主义和反犹主义这些典型的现代政治之病，但另一方面他为了提升文化的健康和人的生命本能所描绘的贵族制的残酷斗争性，又特别容易在现实政治中被意识形态化。这固然有他妹妹及其他别有用心者添油加醋、断章取义的原因，但也和尼采本人偏激得以致惊世骇俗的修辞上的不审慎脱不清干系。

小　结

在这一章里，我们从尼采的文化概念出发，分析了在他那里的文化与艺术、文化与哲学、文化与政治之关系，并进而讨论了何谓尼采意义上的"文化政治"。

文化和政治在尼采那里有时看似是一对矛盾，在现实中，文化与政治的矛盾也常常不可调和。但尼采的思想对政治是具有肯定的一面的，在很多情况下尼采反对的不是一切政治，而是卑琐平庸虚伪的"小政治"。尼采关心的不是现实中国家的崛起、宪政民主的实现或社会主义革命等具体政治问题，他念兹在兹的是关涉文化兴衰的"大政治"。"大政治"的文化政治含义一言以蔽之，就是"文化优先于政治"。

尼采由此指出，要由国家"为文化提供基础"。此外，尼采还认为文化的繁荣存在以下准则，即一个民族一个国家在政治乃至战争活动中焕发的激情越高，则它的文化的地位就越高级。

在尼采那里，文化大树的枝繁叶茂除了需要种族混杂的土壤，还需要一种严格的社会等级区分。而要促成文化的繁荣，就必须重估基督教以来的平等主义的奴隶道德价值，恢复健康的主人道德，恢复贵族社会中人与人之间"长长的等级序列"。

应该说，尼采的整个文化政治抱负针对的都是大众民主政治导致的文化、价值的衰颓。他敏锐地意识到即使在民主化的时代，仍然存在（特别是在文化和精神领域存在）少数人与多数人的紧张关系。他站在高贵的个人主义立场坚决捍卫作为精英的少数，拒斥"大众的僭政"，具有一定的合理性。

然而尼采的上述政治学说之高蹈与严酷也是有目共睹的。尼采的"贵族激进主义"由于缺乏现实政治中的对应物，而其哲学修辞又缺乏审慎，因此，一旦其进入意识形态领域或现实政治之中，就会被各种政治力量所利用。

第四章　贵族激进主义的哲学基础

在本书的前面章节中，我们已经通过"贵族激进主义""文化政治"两个关键概念梳理了尼采政治哲学的基本脉络。我们看到，在尼采处，政治哲学的核心似是一种政治美学[①]，即对德性的品鉴与尊崇，和对德性的反面的敏感与厌弃。尼采对各种政治论说及其现实对应物的褒贬，主要判据也是其是否促进文化、生命的昂扬生发。

在接下来这章中，我们将进一步探究尼采激越的政治哲学是否具有思辨哲学的基础（以海德格尔的尼采研究为例，即所谓"存在论"的基础）。当然，我们试图为尼采政治哲学寻求"基础"的思路，也许仍处在传统哲学模式的窠臼中，从而低估了尼采哲学的革命性。这是后话。

第一节　尼采激进主义的哲学基础

在我们探寻尼采政治哲学的思辨哲学基础前，先让我们像本书第一章那样，将这一系列政治论说大致切分为激进主义、贵族主义两个方面。本节中，笔者将先从尼采对生成、流变问题的深刻洞察，尝试梳理出其在文化政治上反对欧洲新、旧宗教和世俗保守势力之激进主义的思辨哲学基础。

我们将看到，尼采以狄奥尼索斯式的无目的的生成世界，对柏拉图主义永恒的"理念世界"与生灭不已的"现象世界"的两重区分，及该区分的基督教庸俗版本（即永恒的彼岸与变动不居的此世）的批判；其对从无行动者的行动的洞见出发，对近代哲学"主体"——"行动"/"表象"二分的批判；及其由此出发，对肯定演化、富有创造力的"未来哲

[①] 《尼采与贵族激进主义政治》第五章，pp. 112–114，页 154–156，也提到"在尼采的艺术家梦想里，带有一种把政治美学化的意愿"。

学"的呼唤,都使尼采从思辨哲学的根本上难以苟同现实欧洲中旧贵族、基督教、民族主义等各种"怀乡病"式的,或"弥赛亚"式的陈腐政治意识形态及其哲学根基。

一、无目的的生成世界——反对柏拉图主义"两个世界"的区分

早在尼采前期写作《悲剧的诞生》时,他就倡导以一种酒神狄奥尼索斯的无目的的、混沌的生成世界,对峙日神阿波罗的形式化的、存在的世界。这种主张在哲学上,其实针对的是苏格拉底、柏拉图师徒那里永恒的"理念世界"、流变的"现象世界"的二重区分,即存在与流变的区分。

在尼采看来,不仅古希腊哲学因这两重区分而败坏,之后从基督教到启蒙运动、科学实证主义浪潮以来的欧洲观念史,都笼罩在这所谓"真实的世界"的"寓言"谬误中①。故而,尼采从这一思辨哲学洞见出发,根本否弃了现实中保守主义、民族主义等政治意识形态"乐园"——"失乐园"的二重对立观念摹本,具有尖锐不妥协的激进性。

在 1885 年秋至 1886 年秋的一则评论《悲剧的诞生》之笔记②中,尼采提到"'存在'(Das Sein)是忍受变化(Werden)之痛苦者的虚构"。尼采在分析该书的艺术形而上学中,提到"在一个虚构和幻想的世界面前,在美的表象作为摆脱**转变**(Werden)的世界面前,以'阿波罗的'这个名字来表示这个心醉神迷的坚持姿态"。这是在体会到存在、现象的永恒之外,要求和肯定流变(转变)的绝对性,并以之克服表象的暂时性、瞬间性:"以狄俄尼索斯的名字进行洗礼,其次是积极地理解转变(das Werden),主观上同情它,作为创造者极大的快乐,同时作为创造者也看到破坏者的愤怒。这两种经历以及基于这两种经历产生的**欲望**发生对抗:第一个欲望要使得现象**永恒**,人在现象面前冷静、心满意足、像大海一样平静、得到治愈、赞同自己和一切存在之物;第二个欲望要求转变(Werden),要求使之生成(Werden-machens)快乐,即创造一个又被毁灭的快乐。从内心来感受和解释这个生成,也许是对不满、丰溢、无限紧张和紧迫的事物不断进行创造,创造出一个上帝,而这个上

---

① 详见本书第一章第一节第二小节中,对尼采《偶像的黄昏》中《"真实的世界"如何最终成了寓言》一文的讨论。

② KSA 12, 2 [110], Ss. 115-116;中译采尼采:《权力意志与永恒轮回》,沃尔法特编,虞龙发译,上海:上海译文出版社,2016 年版。正文页 183-186。引文中的强调字体系原文,下同不赘。

贵族激进主义的文化政治
——尼采政治哲学研究

帝只有通过不断转变和交换去克服存在痛苦：——表象是它暂时的、任何瞬间已达到的解脱；世界是表象中神性幻想和解脱的接续。"

在这两种欲望中，前者是有似叔本华艺术观中的，从艺术的接受者出发的视角，其沉浸在存在、表象的情景中。这与阿波罗、柏拉图静观者的形而上学立场是近似的；后一种欲望则从狄奥尼索斯的角度出发，从艺术的创作者、创造者而非接受者的角度，肯定流变（转变）——即艺术创作的冲动、痛苦与新生，这些可视为是对阿波罗—柏拉图因素的对抗。

尽管尼采在这里谈论的是以一种积极的悲观主义、悲剧观取代叔本华意义上消极的悲观主义的悲剧观，但其中对变异、生成（转变）的肯定和对存在相对性的揭示，同样贯通在其极具文化视野的政治观中。

在同一段笔记中，尼采写道："强烈反抗基督教的意志：为什么呢？它败坏了德意志人的本质。

只有美学上的世界合理化。彻底怀疑道德（道德同属现象世界）。

只有**表象**幸福才使此在（Dasein）幸福成为可能。

只有**消灭**'此在'（Daseins）这个真实的东西，消除美的假象，使幻想悲观主义破灭，生成的幸福才有可能。

也只有在消除美的表象中，狄俄尼索斯的幸福可达到其顶峰。"也就是，基督教的那些道德意志，相信"彼岸世界"的意志等等，都是柏拉图主义所谓"真实世界"的通俗变形。而只有消灭这些"真实的东西"，以狄奥尼索斯肯定"生成的幸福"，才能从形而上学的角度根除消极悲观主义的虚无性，还德意志人昂扬向上的生命力本质。

在不遗余力抨击柏拉图主义"两个世界"论的道路上，尼采不惜以漫画夸张的手法对其加以讽刺、挖苦。在1887年秋的一则笔记①中，尼采提到："任何社会都会有这种倾向，把它的对手——起码在**观念上**——贬为漫画……在罗马贵族政体制度的价值观下，犹太人就贬为漫画。在艺术家中间，'庸人和市民'被贬为漫画；在虔诚的信徒中间，不信神的人成为漫画；贵族中间，平民成为漫画；在非道德论者中间，道德家成为漫画；譬如，柏拉图在我的心目中也成了漫画。"也就是说，柏拉图主义为道德家、有德者准备的"真实的世界"，在尼采这类"非道德主义者"笔下沦为了一种讽刺、夸张的漫画典型。其批判、挖苦虽或有失"哲学学术劳工"意义上客观、严谨、公正的"学术规范"，但却一针见

---

① Ibid., 10 [112] (229), S. 521; 中译引书同前，正文页 226。

血地抓住了"苏格拉底—柏拉图"、柏拉图主义这一西方哲学传统的正宗及其"命门"。

也诚如尼采在这段笔记中所言,对苏格拉底—柏拉图主义形而上学的批评,必须借助非道德主义的冷眼。在前文引用过的一则 1888 年 10 月至 11 月的笔记①中,我们就看到,尼采说:"我的修养、我的偏爱和根治柏拉图主义所采取的疗法,任何时候都是**修昔底德**。"这是因为"修昔底德……因为无条件的意志,不受任何制约,在现实中观察理性,而不是在'理性'中观察理性,更不是在'道德'中观察理性"。修昔底德以其冷峻的史家视角,而非苏格拉底、柏拉图师徒道德哲学家的热忱,洞悉、掌握着事态。

尼采对此肯定到:"受过古典教育的德国人在研究古代时,作为'严肃'的报酬,得到的是可怜的美化,而修昔底德比任何人更彻底地医疗这可怜的美化。人们应当逐字逐句地翻阅他的东西,就像听他在说话一样,清楚地看出字面上没有表露出来的东西,因为如此有**实质**的思想家不多。我想要说,在他身上集中了诡辩学者的文化(Sophisten-Cultur②)——**唯实在论者的文化**,在他身上得到了完美体现。出现这种不可估量的举动,正是苏格拉底学派全面发动道德和理想欺骗的时候。希腊哲学已经是希腊人本能的一种**颓废**,修昔底德是所有强大、严肃、强硬事实的集大成者,这个特点存在于更古老希腊人的本能之中。**勇敢**是区别柏拉图和修昔底德那样两种性格的关键:柏拉图是个胆小鬼,结果是他遁走理想世界;而修昔底德通过暴力而拥有**自己**,结果是他因有暴力掌握事态。"

修昔底德通过非道德主义的冷眼看到的,正是生灭世界的世态炎凉。柏拉图主义试图在道德美化的基础上提出"理念的""真实的世界",在尼采那修昔底德式的目光中只是遁世"胆小鬼"的镜花水月,不敢直面未经"美化"的实事,以及形而上学流变、变异主义一元论的真相。

在 1888 年春的一则笔记③中,尼采提出:"——让我们来废除真实的世界:而为了能够做到这一点,我们就必须废除迄今为止的最高价值,即道德……"可见,在尼采那里,他敏感地洞悉柏拉图主义的形而上学

---

① KSA 13,摘自:24 [1],Ss. 624-626;中译引书同前,正文页 304-306。
② 笔者按,即"智术师文化"。
③ KSA 13, 14 [134], S. 319;中译采《尼采著作全集·第十三卷·1887—1889 年遗稿》,页 381。

贵族激进主义的文化政治
——尼采政治哲学研究

架构并非纯思辨的，而是与价值观、道德观中的心理倾向密切相关的。因此，要废除"真实的世界"，其角度不是单纯谈论另一套形而上学推理，而必然是通过价值重估。

对此，尼采接着提出："我们只消证明连道德本身也是**非道德的**，正是在此意义上，非道德性直到现在一直是受到谴责。如果我们已经以此方式粉碎了以往价值的专制暴政，如果我们已经废除了'真实的世界'，那么，一种**新的价值秩序**必将会自动到来。"

在对柏拉图主义的价值重估和颠覆中，原来所谓的"虚假世界"才是需要承认和肯定的万物皆流的实际事态，而"真实世界"才是有待废除的捏造。尼采提到："请注意！请注意！虚假的世界与**捏造的**世界是对立面：后者一直都被叫做'真实的世界'、'真理'、'上帝'。我们要废除的正是**这个捏造的世界**。"

在尼采这里，与柏拉图主义贬低的"虚假世界"对应的，不仅是生灭不已，而且还是以狄奥尼索斯形象对之加以肯定的，极富生命力量的涌动的混沌，而非永恒、纯粹的精神。难怪尼采在《超善恶》一书的前言中就提到："迄今为止的一切错误中的最糟糕的、最长期的和最危险的错误就是独断者的错误，即柏拉图对纯粹的精神和自在的善的发明。"① 这也正如如柏拉图曾说过的，"这叫做把真理颠倒过来，并对**透视**的东西，对一切生活的根本条件，都加以否认"。②

在一则1887年秋的笔记③中，尼采依然从价值重估的角度，批评柏拉图主义形而上学的古希腊、罗马的道德谱系学基础。尼采提到："另一方面，为了给希腊人和罗马人提供一种**道德狂热**，并且予以美化，古希腊的道德哲学已经竭尽全力了……柏拉图，通向腐败的一大过渡，他首先误解了道德的本性，把道德视为意义、目的———他已然用自己关于**善**的概念废黜了希腊诸神，他已然有了**犹太式的虚伪**了（——在埃及？）"

而柏拉图主义形而上学前述唯道德主义的最终结果，在尼采那里就是《超善恶》前言中那句著名的论断"基督教是为'民众'的柏拉图主义"。而尼采所身处的十九世纪欧洲，各种打着基督教招牌的保守主义，是与尼采基于流变一元论的激进哲学之基础不相见容的。

---

① KSA 5，S. 12；中译采《论道德的谱系·善恶之彼岸》，页119。
② Ibid.；中译引书同前，页120。
③ KSA 12，10 [201]，S. 580；中译采《尼采著作全集·第十二卷·1885—1887年遗稿》，页664-665。

尼采激进主义的政治哲学，是以狄奥尼索斯式的无目的的生成、变异的世界为根本形而上学洞见的。在1876年底至1877年夏的一则笔记①中，尼采对艺术创作起源于动物般无目的地创造快乐，做了如下描述："关于**艺术起源**问题……人像动物一样追求快乐，并从中去创造的东西。……美和艺术源于人们直接制造尽可能多的和各种各样的**快乐**。人类已经越过动物发情期的界限，这说明人类已处在发现快乐的轨道上。人类从动物身上继承了许多感官享受的东西（如色彩刺激孔雀开屏、鸟爱鸣），发明了不费力气的劳作、**嬉戏**、没有理性目的的活动、纵情幻想、虚构不可能的荒唐的东西，这些都使人快乐，因为这些行为是无意义和无目的的。手舞足蹈乃是艺术创造欲的一种胚胎，舞蹈是无目的性的运动；逃避无聊是一切艺术之母。人人都喜欢一切**突如其来的东西**，只要**无害**……因为紧张的情绪松弛了，由此产生激情又不伤害到什么……凡是一切引起激动的东西都是令人愉快的。与无聊相反，这种非快乐也就给人一种快乐的感受。"

在类似的意义上，尼采的形而上学世界观中，世界并不具有什么道德的、彼岸的目的。相反，世界的本象就如同人们创造艺术时对快乐的单纯、无目的的追求。具有强健权力意志的个体像艺术家一样肯定无目的的生成世界，而这个涌动世界的变异不止，就如艺术作品般不断给强健者以快乐的感受。

对于习惯于西方传统哲学思维及其概念的人来说，很难想象没有"目的"的世界，或个体的思维状态。对此，尼采在不止一处笔记中加以解说。例如，"在意识中，先于有目的的行为的东西是很不确定的，例如咀嚼前不清楚咀嚼的形象。假如我从科学角度更仔细地考察一下，那么这种东西不会对行为本身构成影响。我们事先对其一无所知的无数单个运动还是发生了。再比如舌头的**聪明**远远高出我们**意识的聪明**"②。即是说，像"咀嚼前不清楚咀嚼的形象"这个生动的例子一般，人的许多行动、运动是在"事先对其一无所知"的情况下发生的。对此尼采尖刻地说，舌头对无目的（之行动）的适应性要比我们的意识还强。

在另一处1883年底的笔记中，尼采说："目的是除掉任何事物和行为神化的光环，因为假如事物和行为的内心和良知中没有神圣，那么神圣又是什么呢？

---

① KSA 8, 23 [81], Ss. 431-432, 中译采《权力意志与永恒轮回》, 正文页41。
② KSA 9, 11 [12], S. 445; 中译引书同前, 正文页77-78。

贵族激进主义的文化政治
——尼采政治哲学研究

我要你别拿'为了'和'因为'、'目的是'这些字眼去做事,而是为了事物本身和对它的爱做事。"[①] 可以说,一切目的是人们在"事物本身"和原发性的爱、冲动之外派生出来的。与"目的"相关的,是行动的图像论。尼采对此同样持批评态度:

"'我想要走';但是第一,**我必须**走,**想要**只是绝不引起行动的附带,是事先的某种图像;第二,这图像和所发生的事情比较是完全粗略和非确定的。它既抽象又完全一般。结果无数真实的东西掩藏于其中。因此图像不可能是行动的原因——应该**消除目的**。"在尼采看来,人们的行动并非因为目的,而是行动本身的迫切性,及其背后此起彼伏的不确定性。并不存在一幅"目的—主体—自由意志—行动"的图像和认识论结构。

众所周知,在亚里士多德那里,"目的因"是对事物因果关系的一重重要解释。但尼采认为,所谓"目的"不是原因。他在一则笔记[②]中提到:

"我们也是根据信号构成的行为起源来作结论的。这些起源就是我们的先于行为的情绪、榜样、目的等。

行为根据目的而产生。这是常事。但目的(der Zweck)不是原因,而是作用于同一过程的效用,这过程决定了原本的行为。"尼采之所以要在此看似深究目的相关的认识论、因果性问题,其旨趣却并不纯在认识论,甚至并不主要在认识论,这是因为他权力意志的形而上学世界观反对传统柏拉图主义的哲学—神学以"目的因"方式,悬设一个"真实世界""彼岸世界",并以此为崇高的颠倒做法。尼采权力意志的"价值重估"就是要将柏拉图主义的这一颠倒再颠倒回来。

在本书先前章节引用过的,尼采描述"权力意志的世界"的一则1885年6月至7月的笔记[③]中,他就提到:

"这就是我的永恒自我创造、永恒自我毁灭的**狄俄尼索斯**的世界,这个双料快乐的神秘世界。它就是我的善与恶的彼岸:没有目的,假如目的不存在于循环的幸福中的话;没有意志,假如不是一个循环对自身有着善良的意志的话——你们想给这个世界起个**名字**吗?你们想为它的所

---

① KSA 10,摘自:22 [1], S. 611(第 11—13、14—16 行);中译引书同前,正文页 115—116。
② KSA 11, 27 [34], S. 284;中译引书同前,正文页 133。
③ Ibid., 38 [12], Ss. 610—611;中译引书同前,正文页 159—160。

136

有谜团寻找**答案**吗？这不也是对你们这些最隐秘的人、最强壮的人、最无所畏惧的人，最子夜的人投射的一束**灵光**吗？——**这就是权力意志的世界——此外一切皆无！而你们自身也就是权力意志——此外一切皆无！**"的确，如果将权力意志视野下的世界等同于"万物皆流"的循环，则一切"目的""原因"都被取消了。需要的永远只是狄奥尼索斯式的自我创造、自我肯定，哪怕又自我毁灭的艺术—哲学家的悲剧英雄式的视野。否则，人将不堪此洞见的重负。

尼采在集中论述欧洲虚无主义的一则1887年6月10日的重要笔记①中，再次将否定目的、目标与正视虚无主义的极端形式联系在一起：

"5

有待证明的是，这样的'徒劳！'就是我们现时的虚无主义特征……带着'徒劳'这样的**持续**，没有目标，没有目的，是最使人麻痹的(lähmendste)思想，尤其当人们明白被欺骗而又没有权力不让人欺骗的时候。

6

让我们思考这种最可怕的思想形式吧：存在如其本身那样无意义、无目的，但却无可避免轮回着，没有终极目的，直至虚无：这就是'永恒轮回'。

这是最极端的虚无主义形式：虚无（'无意义'）永恒！

佛教的欧洲形式：知识和力的能量**强迫**人们有这样的信仰。这是一切可能假说中最**科学**的。我们否认终极目标：假如存在真有目标，那想必它已经达到。"

尼采并不否认自己是虚无主义者，但他之所以能正视虚无主义并前行，按他的说法，恰是依靠一种激进主义：

"我以前一直是个彻底的虚无主义者，此前不久我才承认这一点：我作为虚无主义者依靠激进主义的能量前行"。面对永恒轮回学说这一虚无主义的极端形式，相信一个认识论或道德上的"目的"是毫无意义的。只有一种激进主义及其形而上学，从存在论上无畏变异（流变、生成）的永恒起落，并从中感受到并意愿存在的欣快，才能不被这沉重的思想压倒，并前进。

在反对传统目的论哲学时，尼采常用的意象除了无目的，或以自身

---

① KSA 12, 5 [71]，Ss. 211–213；中译引书同前，正文页197–199。

贵族激进主义的文化政治
——尼采政治哲学研究

为目的的"游戏"[①]外,更常见的仍是艺术。在1887年秋的一则笔记[②]中,尼采提出:

"反对**艺术**中的'目的'的斗争,始终就是反对艺术中的**道德化**倾向、反对使艺术隶属于**道德**的做法的斗争。为艺术而艺术(l'art pour l'art)意味着:'让道德见鬼去吧!'——不过,即使这样一种敌视也表明了偏见的压倒优势;如果人们把**道德说教者**和'人类改善者'**的情绪**排除在艺术之外,那就再也不会从中得出结论:没有'情绪',没有'目的',没有一种审美之外的需要,艺术竟是可能的……"

尼采这里将"艺术的目的"与"艺术的道德化"划等号,这不免让人想到他对后期瓦格纳的批判。其实,尼采针对的并不仅是瓦格纳个人在艺术上的"堕落",而是苏格拉底—柏拉图师徒开创的哲学—美学上的道德主义传统。只有废除了各种形式的柏拉图主义"强加"给艺术的道德目的,艺术才能恢复其自身形而上学的无辜、无目的性。而这个"为艺术而艺术",为生成而生成的领域,就是早年尼采指出,并在写作晚期不断回顾的"狄奥尼索斯的世界",也即此起彼伏的权力意志在其中争相代表"此在的最终目标"[③]、争将自己的统治欲施加于各种冲动,并要做其主人的世界。

世界的"无目的性",其实并不算尼采的危言耸听。而是他身处的十九世纪欧洲知识氛围下必然会得出的结论。尼采只不过是不遗余力地将其挑明,揭下了欧洲虚无主义最后的"遮羞布"而已。尼采动摇的是当时一般欧洲人鸵鸟式自欺的理智安稳感。从这点上说,尼采无疑是有求真意志的理智真诚、诚实的。

在尼采那里,对无目的的生成的世界最典型、最极端的表述就是本书前文中已介绍过的"永恒轮回"说。在1884年春一则关于永恒轮回学说的笔记[④]中,尼采提到:"我教导你们一切事物永远回归,也包括你们在内——你们已存在过无数次了,一切事物跟你们一起存在过;我教导你们,有一个生成(Werdens)之大年悠长、非凡。这年就像沙漏一样,

---

[①] KSA 13,20 [40],S. 556;中译引书同前,正文页299:"你们这些僵化的智者,一切对我来说都是游戏。"

[②] KSA 12,9 [119],Ss. 404-405;中译采《尼采著作全集·第十二卷·1885—1887年遗稿》,页460-461。

[③] KSA 5,S. 20;《善恶》,第一章6节,中译采尼采:《尼采著作全集·第五卷·善恶的彼岸 论道德的谱系》,赵千帆译,孙周兴校,北京:商务印书馆,2015年版,页17。

[④] KSA 11,摘自25 [7],Ss. 10-11;中译采《权力意志与永恒轮回》,正文页116-117。

流完之后就倒转，结果这些年都相同，大小都一样。"在这个永恒回归的意向中，不仅事物、人的生活，以及承载这一切的时间都循环往复，别无二致。人们或谓不能永生，终会凋亡，但在永恒轮回这一"思想实验"中，尼采会提出："剩下自称的诸因之力是回归的，它将把你再创造出来：你本身是尘埃中的微粒，就属于决定万物回归诸因之一。有一天你再生，将不是回到一个新的或是更美好的或是与现在相似的人生，而是将永远回到与现在一样的同一个人生，就像你现在的存在，大小都一样。"也就是说，在某一时刻的凋亡者会在回归的诸因之力中获得再造，其本身也构成回归的诸因之一，推动着永恒的回环。

尼采提出的这一假说，针对的正是柏拉图主义哲学—神学的真理观，即"现象世界"—"真实世界"、"此岸世界"—"彼岸世界"的二元论。世界如果是不断生成的，各种假象在其中不断变化，这就将柏拉图主义贬抑的"现象世界""此岸世界"颠倒为需要肯定的。而对这一需要肯定的生成、假象的世界，在1885年秋至1886年秋的另一则笔记①中，有极好的表述：

"**世界的价值**就在于我们的解释……迄今为止的解释都是远景式的估计，借助于这种估计，我们保存自己的生命，也就是保存权力意志，保存权力的增大。**人每次向上**都会导致克服较为狭隘的解释，每次强度加大和权力的扩大都会打开新的远景，并称之为信仰新地平线的视野——这些观点都写在我的书里。与**我们相关联**的世界是不真实的，即非事实，而是建筑在少量观察之上的膨胀和收缩；世界是'流动的'、生成（Werdendes）的，作为假象不断重新变化，而这种假象从未接近真理：因为——没有什么真理。"

在这种权力意志的生成、流动的世界观中，没有真理，也废除了真理，只有不断变迁的观察视角和解释。这种认识论也有助于摆脱"真实世界"为标志的柏拉图主义目的论及其道德性，可谓具有尼采意义上的反虚无主义的大智大勇。

如果说"真实的世界"学说依赖的典型人类活动是"认识"，那么尼采揭示的生成与权力意志的世界之一体的角度，依赖的典型人类活动则是艺术。在1885年秋至1886年秋稍晚的一则从艺术形而上学总结《悲剧的诞生》写作之出发点的前引笔记②中，尼采提到：

---

① KSA 12, 2 [108], S. 114；中译引书同前，页183。
② Ibid., 2 [110], Ss. 115–116；中译引书同前，正文页183–186。

贵族激进主义的文化政治
——尼采政治哲学研究

"'存在'（Das Sein）是忍受变化（Werden①）之痛苦者的虚构。

这是一部纯粹的关于美学快乐和非快乐状况的书，背景是艺术家的形而上学……最痛苦者强烈渴望美——**他创造了美**。"

尼采在此开宗明义地说明，直面生灭不已的世界是一种痛苦，而相对稳定的"存在"则是承受前述痛苦者的虚构。这一痛苦者在强烈的渴望中创造了美。那么，其具体是如何做到这一点的呢？尼采接着点出：

"基本心理经验：在一个虚构和幻想的世界面前，在**美的表象**作为摆脱**转变**（Werden）的世界面前，以'阿波罗的'这个名字来表示这个心醉神迷的坚持姿态；以狄俄尼索斯的名字进行洗礼，其次是积极地理解转变（das Werden），主观上同情它，作为创造者极大的快乐，同时作为创造者也看到破坏者的愤怒。"

这就是尼采著名的结合阿波罗与狄奥尼索斯的悲剧艺术观。即将前者处的形式，赋予到后者所体验到的变异（转变、生成）、生命、欲望与愤怒之上。在这则笔记中，尼采还对两者的张力做了如下进一步的解说：

"这两种经历以及基于这两种经历产生的**欲望**发生对抗：第一个欲望要使得现象**永恒**，人在现象面前冷静、心满意足、像大海一样平静、得到治愈、赞同自己和一切存在之物；第二个欲望要求转变（Werden），要求使之生成（Werden-machens）快乐，即创造一个又被毁灭的快乐。从内心来感受和解释这个生成，也许是对不满、丰溢、无限紧张和紧迫的事物不断进行创造，创造出一个上帝，而这个上帝只有通过不断转变和交换去克服存在痛苦：——表象是它暂时的、任何瞬间已达到的解脱；世界是表象中神性幻想和解脱的接续……"

也就是说，在尼采所谓悲剧艺术的"神性幻想"中，无论是日神阿波罗象征的表象、存在与静观的永恒，还是酒神狄奥尼索斯象征的变异、生成、生命与欢快，都归属于一组对立的欲望（而非认识、理论）。这组对立中的不满、丰盈和痛苦的张力逼迫一种艺术的创造性，在其中苦于生成之丰盈者得到一种解脱，悲剧艺术"产品"从而"呱呱坠地"。

但是，尼采非常注意将自己面对生成、流变的悲剧英雄式的、积极虚无主义的艺术观与叔本华的消极悲观主义区别开来。尼采写道：

"悲剧艺术富有这两种经历，以阿波罗和狄俄尼索斯的妥协来表示：通过狄俄尼索斯赋予这种现象以最深刻的意义，但这个现象遭到了否定，且是用**快乐**来否定的。这同叔本华的**消极悲观**学说相反，叔本华是悲剧

---

① 笔者按，亦译"流变"。

的世界观。"在写作晚期的尼采看来,叔本华的这种消极悲观学说是怯懦之举。这种形而上学上的胆怯,与瓦格纳后来作品中的"道貌岸然"是异曲同工的。尼采在同一则笔记中提到:

"反对瓦格纳的理论,他把音乐看作手段、把戏剧看作目的。

追求悲剧神话(追求'宗教'而且是悲观主义的宗教)(作为最后的钟形花,生成的事物。其中正在增长的东西长势良好)。

不相信科学,尽管人们强烈地感受到了科学带来的瞬时和缓解的快乐,这乃是鼓吹理论者的乐趣。"

在此,尼采将瓦格纳评论为以戏剧为目的,追求一种在舞台悲剧中的悲观主义宗教的戏子。其肤浅性如同面对虚无主义,想从科学中寻求缓解、欢乐的理论鼓吹者。尼采认为,音乐不是手段。恰恰是在阿波罗与狄奥尼索斯矛盾张力中的音乐精神诞生了悲剧,并在其中肯定了生成不息的世界及其无辜(尼采在别处称颂的贝多芬[①]及其生平、创作,可谓艺术家中这种悲剧英雄的典型)。这个立场是与盛期的瓦格纳完全不同的。

尼采采取的无目的的生成世界的视角,不仅是在世界观、存在论上主张"这里**没有**'本质'东西;'生成的''现象的'东西才是唯一的存在方式"。[②] 在价值领域,这种世界观也意味着积极虚无主义的激进性,和权力意志的价值重估。在从存在论角度论述权力意志各要素辩证关系的一条非常著名的 1886 年底至 1887 年初的笔记[③]中,尼采提到:"给生成**打上**存在性质的印记——这乃是最高的权力意志。

双重的谬误,是从感官和精神出发的,目的是保持一个存在物的世界,保持一个持久物、等价物等的世界。

万物轮回乃是生成世界向存在世界最极端的接近:这就是观察的顶峰。"也就是说,尽管最高的权力意志试图为生成的世界打上存在,乃至存在的等级秩序的印记,尽管万物的永恒轮回意味着生成世界向存在世界最极端的迫近,但这仍是一种以生成世界为根本的张力。而从感官、精神出发,试图保持一个存在物的世界、保持一种持久物的恒定世界,仍然是一种谬误。

尼采对此也说:"当臆造出一个如此存在的世界之后,就从被赋予存

---

① KSA 11, 37 [9], Ss. 583-584;中译引书同前,正文页 153-155。
② KSA 12, 7 [1], S. 249;中译引书同前,正文页 202。
③ Ibid., 7 [54], Ss. 312-313;中译引书同前,正文页 206-207。

在物的价值中产生生成中的批判和不满。

存在物在变形（躯体、上帝、理念、自然法则、公式等等）。

'存在物'作为表象，价值颠倒，表象是**价值的赋予物——**"固然，权力意志的价值赋予需要哪怕是臆造的存在世界，需要一种表象，但尼采在这种"被赋予存在物的价值中"，看到了批判、不满的生成。毕竟这些存在物（变形为"躯体、上帝、理念、自然法则、公式等等"）、表象作为价值的赋予物，是对生成世界一种不得已而为之的价值颠倒。

那么，为什么生成世界会面临这种不得已的价值颠倒呢？那是因为权力意志构成的一种认识的冲动，哪怕其所求的是假象，但也要有所追求。而认识、确定性属于存在的领域。故在尼采看来，这种认识冲动是一种求假象的意志：

"生成中的自在认识是不可能的；认识怎么可能呢？认识是对自身的误解，是权力意志，是为求假象的意志。"这种假象就包括"原因—效果"的认知图示，然而尼采挑明："生成是臆造、意愿、自我否定、自我克服：不是主体，只有行动、设置、创造性，没有'原因和效果'。""取代'原因和效果'的，是生成物彼此间的斗争，常常吸入对立物；生成没有恒常的数目。"

但是，艺术是尼采肯定的一种对生成的超越，它追求一种"永恒化"，尽管其无法达到整体上的对生成的颠覆："艺术是作为超越生成的意志，是'永恒化'，但它是近视的，按照各自的观点，就像在细微之处重复整体的趋向一样。

一切生命所显示的，便是作为观察整体趋向而用的缩小公式；因此也是对'生命'概念的新界定，即权力意志。"如果说，万物皆流的生成世界与生命、欲望此起彼伏的涨落类似，那么权力意志则欲求更多，它欲求为生成、生命抹上存在、确定性的色彩。但是，扎拉图斯特拉般的新人（或新人的教师）不满足于此，他还要揭示作为求真意志的权力意志所曾确立的价值、理想的非绝对性。尼采在这则笔记近结尾处提出："在了解古老理想的动物性来源和效用之后，这些古老理想便对解释全部事情毫无用处了；这一切有悖于生命。"

与"原因—效果"图示类似，机械论及其线性"因—果性"的认识、解释图示也对理解扎拉图斯特拉洞见的极端虚无主义的世界没有意义。它们是对存在的、表象的世界的一种解释，但无法直面生成世界的无价值、无意义："机械论也毫无用处——它给人的印象是无意义性。

迄今为止，整个人类的**理想主义**正要变为**虚无主义**，——变为信仰绝对的**无价值性，即无意义性……**"

在"理想的毁灭""新的荒漠，新的艺术"赤裸裸地呈现在新人眼前的尼采以来的时代，尼采说："我们这些**两栖动物**以求忍受。"也就是能承受生成与存在的前述巨大张力，并依然能勇敢生活下去的"艺术—哲学家"，才拥有真正的未来。所以尼采在这则笔记的结尾着重强调：

"**前提**：勇敢、坚忍、义无'反顾'，也不急于前进。

请注意：查拉图斯特拉总是嘲讽地摹仿一切过去的价值，且与众不同。"

关于生成与存在的辩证关系，尼采还在1887年11月至1888年3月的笔记①中做过如下耐人寻味的表述："生成的意义（Der Sinn des Werdens）必须每时每刻实现、达到、完成。"也就是在生成的每一个意义的微观处，尼采不否认有某些存在意义上的终了、达致和完成。

但是，在另一则同期稍早的笔记②中，尼采还是强调生成、变异的根本性和存在的相对性："只要生成没有'存在'这种特性，生成就是**一定量的权力**；生成不需要语言这种表达手段，它属于我们**不可取代的保存的需要**，也就是始终设定一个由'滞留物'，即'物'等组成的较粗糙的世界的需要。"在这段笔记中，尼采将人的语言手段视为并非生成内在需要的。这种语言手段是人自身"不可取代的保存的需要"，它需要以"滞留物""物"等持存性的概念构造一个"较粗糙的世界"。尼采对此评论到：

"我们可以相对地谈论原子和单子，并且可以肯定的是，**这个持续存在的最小的世界是最长久的世界**……

没有意志，有的是关于意志不断增加或失去权力的意志草约。"可见尼采的落脚点还是生成、存在的张力，及其间构成张力的权力、权力意志关系。而其中，最根本性的还是生成，而非会带来持存的认识、观念、意志。

总而言之，在尼采这里，他反对柏拉图主义等传统哲学、神学的"两个世界"的区分及相应的目的论。世界没有一个"包含持久性、不变性、一劳永逸"的目的，生成也不可能真地"汇入存在或虚无"③。在尼采眼中，世界是狄奥尼索斯与阿波罗的意向交织的，生成与存在无限接

---

① KSA 13, 11 [82], S. 39；中译引书同前，正文页237。
② Ibid., 11 [73] (331), Ss. 36—37；中译引书同前，正文页236—237。
③ 两处引文见KSA 13, 14 [188], Ss. 374—376；中译引书同前，正文页274—277。

近，但又永恒富有张力的一种情景。富有权力意志的扎拉图斯特拉般的新人以其对此命运的强烈的爱与肯定，试图为流变、生成打上存在及其等级的印记。这构成了尼采激进主义政治学说的最重要的存在论基础。

二、无行动者的行动——反对近代主体性哲学的主体概念

尼采不仅对哲学史上著名的柏拉图主义的两重世界论做出敏锐的批判，他还在多年运思中，敏感地注意到：在表象、行动后寻找一个实体、一个基础，或一个主体，是近代哲学从笛卡尔以来的发明。在古希腊那里，人们并未形成一个行动必有其行动者的观念——正如尼采在一处1885年秋至1886年秋的笔记中提到的："闪电"就是它本身，而没有这一现象、行动背后作为主体的、名词的"闪电"（者）[①]。

尼采这一"没有主体的主体性"的思辨哲学洞见[②]，使其对包括启蒙的理性乐观主义的批判（在尼采看来，其中仍有柏拉图主义二重世界论的残余），对经由主体学说派生出的"自由意志"学说的批判，也具有区别于当时欧洲一般保守主义者的哲学深度。

区别于吴增定主要以尼采中后期公开出版的著作，而非可能彼此矛盾的未刊笔记为素材，讨论尼采哲学没有主体的主体性特征，本小节讨论尼采后期哲学提出的"无行动者的行动"问题则较倚重尼采的未刊笔记。笔者将试图以此主题，为所收集到的相关未刊笔记寻找某种统一性。当然，这也不妨碍笔者摘引部分尼采公开出版作品的片段作为佐证。

在1880年秋的一则笔记[③]中，尼采曾探讨过行动、作为的"原因"问题。尼采写道："幼稚的人还认为，我们明白我们意欲作为的**原因**。其实，我们在行动**之前**，本来只能想象出可以对我们的行为做出解释的种种可能性，这还要看我们的认识水平的高低：但**什么东西促使我们产生行为**，我们通过行为本身也不知道。是的，永远都不知道！"在此处尼采认为，我们不可能知道行为的真正原因。通常人们对行为原因的说法只是一种带有主观色彩的"设想""解释"：

"无论在行为前还是在行动后，我们都按照我们设想的人的动因这个**常规来解释我们**的行为。这个解释有可能是合理的，但解释中不存在真

[①] KSA 12，2 [84]，Ss. 103-104；中译引书同前，正文页180-181。另参《尼采著作全集·第十二卷·1885—1887年遗稿》，页121-122。

[②] 另见吴增定：《没有主体的主体性——理解尼采后期哲学的一种新尝试》，《哲学研究》，2019年第5期中的精微讨论。

[③] KSA 9，6 [361]，S. 289；中译采《权力意志与永恒轮回》，正文页64-65。

正促使我们行为的东西。"如果说，在我们为行为给出的主观化、原因性的设想、解释中，不存在真正促使行为的东西，那么激发行为的机制到底是怎样的呢？是一种"目的（性）"么？尼采断然否定，并写道：

"给自己设定一个目的，也就是说欲望提出一个思维形象，而该思维形象也要思索欲望。这是**完全**没有的事儿！思维形象由**言语**组成，它是最不确定的东西，它本身根本没有一条促使运动的杠杆。只有通过联想，通过思维和欲望机制之间的、逻辑上讲不通和荒谬的联系（比如思维和欲望也许会在严厉地发布命令者的形象里邂逅），思维（例如命令）才会'产生'行为。"也就是说，以"目的"为行动—欲望提炼出一个思维形象作为"促使运动的杠杆"，是不当的。因为思维形象由"言语"组成，言语及其背后的思维在此处的尼采看来"最不确定"，不足以说明是什么促使行为发生。如果说真要有什么能解释行为，则只有通过"联想"，在思维和欲望机制之间的一些逻辑讲不通的联系中，才有可能出现类比意义上的"思维'产生'行为"。总之，尼采认为行为和思维、概念、言语是"并列现象"，而非前因后果的"因果关系"：

"其实，这是并列现象。在目的概念和行为之间**根本不存在因果关系**，这里存在**天大的欺骗**，好像事情就是这个样子似的！"

在 1881 年春至秋的一则前引笔记[①]中，尼采在反对"目的—行为"这一认识论图示时，巧妙地以"咀嚼前不清楚咀嚼的形象"为比喻，说明"我们事先对其一无所知的无数单个运动"依然发生。在这则笔记中，尼采也否认"意志"会产生运动。尼采甚至说："运动产生了，可**我们并不知道**——我们也只能通过（触觉、听觉、色觉）标志以及在个别细节上和瞬间中来把握运动的过程，它的本质以及它的连续性的**过程**，我们同样是不清楚的。**也许幻想在对抗**真实的过程和本质，这是一个**虚构**。我们已**习惯**这种虚构，并把它当作本质来对待。"

尼采此处否定"意志"产生运动，否认我们可以把握运动的连续过程，实际上反对的是西方哲学中历史更悠久的"主体—（自由）意志—善恶行为—良心—道德省察"的经典论说模式。这一"自由意志"模式看似将自由赋予主体，具有某种革命性，实际上却在尼采眼中，被视为将旧价值的善恶观牢牢束缚住（道德）主体的锁链。这种旧价值及其认识论模式，应该伴随权力意志这一新的主体性的价值重估，予以取消。在扎拉图斯特拉所教导的新人那里，有的是权力意志向外、向上的释放，

[①] Ibid., 11 [12], S. 445；中译引书同前，正文页 77-78。

贵族激进主义的文化政治
——尼采政治哲学研究

和"超善恶"地对生成、变异的大开大合的肯定、创造。

对于行为的意图,尼采曾在一则1883年春至夏的笔记[1]中评论到:"我们行为中的意图比我们**事先想到**的要少得多(估计是目的造成的爱虚荣)。"而对于行为中的"自我"、行为者等经典认识论概念,尼采在1883年夏的笔记[2]中予以抨击:

"由不受制约的东西引申出受制约的东西,这样的形而上学是瞎胡扯。

思维的本质是,把不受制约的东西**强加**给受制约的东西,就像把'自我'强加给众多的过程一样,这都是臆想。因为思维要按照它自己设定的标准来衡量世界,即根据它臆造的'不受制约之物'、'目的与手段'、'事物'、'实体'、逻辑规律、数量和形态来衡量世界。"也就是说,思维从本质上是把不受制约的东西强加给受制约的东西。尽管这一过程中体现某种主体性因素,但并不存在思维的主体"自我"本身。它也只是一种"臆想",就如同康德所认识到的:"思维要按照它自己设定的标准来衡量世界。"

在尼采看来,思维在认识中,要把涌动的世界确定下来,变成和自身一样的、确定性的"事物",但这会导致无法避免的不真实:

"假如思维不首先把世界变成'事物',**变成**同自己一样的东西,那么就没有什么可以称得上是认识的这种东西了。

由于有了思维,才有了**不真实性**。

思维是**不可能派生的**,同样**情感**也是如此,但是这还远不能证明原始性或'自在性'!而只能确定我们不能**另觅途径**,因为我们除了思维和感觉以外一无所有。"

尽管自我、思维都是某种"臆想",都是不真实的,但如同作为一种强光下观看所需要的墨镜一般,我们却只能依赖思维、感觉,因为我们除了这些"成问题"的通向世界本质的渠道外"一无所有"。

在1883年冬至1884年冬的一则笔记[3]中,尼采对行动的图像论、目的论提出质疑:"'我想要走';但是第一,**我必须**走,**想要**只是绝不引起行动的附带,是事先的某种图像;第二,这图像和所发生的事情比较是完全粗略和非确定的。它既抽象又完全一般。结果无数真实的东西掩藏

---

[1] KSA 10, 7 [269], S. 323;中译引书同前,正文页106。
[2] Ibid., 8 [25], Ss. 342–343;中译引书同前,正文页106–107。
[3] Ibid., 24 [11], S. 649;中译引书同前,正文页116。

于其中。因此图像不可能是行动的原因——应该**消除目的**。"在此处，日常语言中对行动加入的"想要"表述被视为"绝不引起行动"的附带，"是事先的某种图像"。而该图像与行动所引发的事情进行比对，是粗略、非确定的，"无数真实的东西"被掩盖、隐藏于其中，因此不能将这种目的性的图像表述视为行动的原因。

在写作后期的一则批评以行为意图衡量行为价值的笔记①中，尼采提到："根据产生行为的意图来衡量行为的价值，这样的人所指的是**有意识的意图**；但一切行为都有许多无意识的意图。"尼采认为，所谓引起行为的"意志""目的"，对其"就可以有**多种多样**的解释，其本身仅仅是一种标志罢了。'已说出的、可以说出的意图'就是一种解说，一种阐释，这有可能是**错的**；此外也可能是任意的简单化和伪造等等"。总之，面对引发人行为的涌动不止的因素，想用一个意图、意志、目的加以描述，都可能仅是一种简化，甚至伪造。如果连意图、意志、目的都无法加在行动之前，则更不用说要为行动设置一个"行动者"的概念。

在一则写作中后期的较长笔记②中，尼采甚至直接回应了近代哲学著名的形而上学命题"我思故我在"。他不承认这种说法，提出了"**自我是思维的框架**"这样近乎颠倒的命题。尼采对此论述到：

"像'质料（Stoff）'、'事物'、'物质'（Substanz）、'个人'、'目的'和'数字'那样，统统具有同等级别，都只是起**调节作用的幻想**，在其帮助下，某种恒定性、'可认识性'将被**设置**到这个转变的世界里。信仰语法，言语信仰中的主语、宾语，信仰有行为的言语，至今奴役了形而上学者。我说，放弃信仰吧，是思维先设定了自我。"尼采在此将质料、事物、物质（或译"实体"）、个人、目的、数这些形而上学的术语都视为调节性的幻想。人们用它们将"可认识性"设置到万物皆流的变异、生成世界中。尼采认为，是思维的这些要素先设定了"自我"，而非反是。人们对语法中主—宾结构的信仰，认为思维、语言引出行为，这些都是对形而上学者的思想束缚。人们以"自我"作为"思想"的原因，并以此类推地考察、理解所有因果关系，便成为一种令人习以为常、不可或缺的解释框架。但尼采点明，这是"**虚假的**"：

"但至今人们像'民众'那样，相信'我思'中总有某种直接的、一定的东西存在，而且还认为这个'自我'就是思想的已有原因。照此类

---

① KSA 12，1 [76]，S. 29；中译引书同前，正文页 177。
② KSA 11，35 [35]，S. 526；中译引书同前，正文页 150，据德文原文有增补。

贵族激进主义的文化政治
——尼采政治哲学研究

推，我们对其他一切因果关系的情况都'理解'了。现在，不管那种假定是多么的习以为常、多么不可或缺，但它无非是臆造出来的。它可以成为生活条件，**尽管如此，它是虚假的。**"

总之，在对此起彼伏的观念涌动的表述中形成了"自我"观念，也进而对类似的行动的原因形成了类似的主体—行动者解说。但这如前所述，都是思维的一种"方便而为之"的虚假，并非世界的本象。尼采研究者戴威勒也注意到这一点，他在《尼采与贵族激进主义政治》第二章中[①]提出："因为照尼采的说法，自我（self）在本质上是多（multiplicity），而不是一（unity）。多半的情形是，我们所谓的自我，几几乎就是相互竞争中的冲动的一个战场，而'它们全部都在某一个时刻变成哲学——并且……它们当中的每一个，都太乐于就以自己来代表存在的终极目的，以及所有其他冲动的合法主子。'"[②]

除了上述戴威勒指出的，尼采对单一"自我"图示的纠正外，在写作后期的一则笔记结尾，尼采对行动的施行者概念也做了批判性的分析："按照心理学来推算'原因'和'效果'是一种相信，表现在**动词**上，即主动态和被动态，行为和承受。也就是说，把事情的发生分为施行和承受，一个施行者的假设是事先就有的。相信'行为者'藏在其后，**假如一切行为都是'行动者'发出的话，好像'行动者'是多余似的。**这里始终有着'自我想象'这样的潜台词，因为一切现象都被解释为**施行**，用神话来解释一个'我'的存在……"[③] 在这个关于"施行者——自我"的"神话"中，尼采认为归根结底还是人们对"原因""效果"的一种心理学上的相信。这种确信表现在语法（动词）上，就是"主动态和被动态，行为和承受"。一旦人们将这样的语法上的区分应用在事情上，事事区分施行—承受，那么便产生出"施行者"的假设。"行为者"因此成了藏在行动之后的一切行动的发出点，"一切现象都被解释为**施行**"，这便是行动者"我"的神话的由来。

我们看到尼采对"思维—行为"关系别开生面的检讨，对"施行者（自我）—行为"图示坚决的否定，从中已能初步了解到尼采洞悉的"没有行动者的行动"，"没有主体的主体性"问题。那么我们不禁要问，尼采为什么要反对施行者（自我）、主体概念呢？正如在尼采写作后期出版

[①] 《尼采与贵族激进主义政治》，pp. 21—22，页 31。
[②] BGE, sec. 6.【原注。笔者按，BGE 为《善恶》的英文缩写，下同。】
[③] KSA 12, 7 [1], Ss. 249—250；中译采《权力意志与永恒轮回》，正文页 203。

的《论道德的谱系》一书中说明的，这并不是一个纯粹的形而上学、认识论问题，而是也涉及道德谱系学中的价值明辨："主体（或者我们通俗地称它为**灵魂**）或许因此是地球上迄今为止最好的信条，因为它使绝大多数垂死的人、各种各样的弱者和被压迫者都能够相信那种极其精致的自我欺骗，能够让他们把软弱解释为自由，把软弱的种种表现形式解释为**功绩**。"① 如前文所述，与主体概念引起行为关系密切的，是意志概念（尼采在此则还补充了"灵魂"概念）。有了意志和意志自由——选择行为的观念，则在尼采看来有利于弱者、被压迫者将自己的屈服、顺从的行为解释为他们的意志选择的行为，而非是对强者、压迫者的不得已屈服。这种弱者的"精神胜利法"将屈辱的事实描述为一种意志自由选择的"**功绩**"，这一精神领域戏剧化的精微一幕，正是尼采反感，并予以敏锐揭示的。

在1885年8月至9月的一则笔记②中，尼采就反对"哲学家们"把"希望寄托在'主体'、'肉体'、'灵魂'、'精神'这些词语上"。尼采认为这种概念的抽象、这种粗略法（Vergröberung）掩盖了人们认识中的众多谬误。在同期的一则笔记③中，尼采则点名道姓地对笛卡尔的"我思"命题加以非难：

"我们要比笛卡儿更为小心谨慎。他被语词圈套套住了，解不开身。不言而喻，'我思'只是个语词，不过它有许多意义，有些意义我们理解不深，怀着美好的愿望，认为我思乃是统一的。在这个著名的'我思'中包含的首先是'它思'；其次是我认为那个在此思者乃是我；最后是，但也是一种假设：第二点作为信仰悬而未决；由此看来，第一点'它思'也还包含着某种信仰，即'思维'乃是行为，它有主体，至少人们想到了这个中性人称代词'它'。"在尼采这里，"我思"的逻辑结构先是"它思"，"自我"、"我"是随后才代入"它思"这一中性人称代词做主语的逻辑结构的。尼采进而认为，笛卡尔由"我思"引出的"故我在"因此没有意义：

"此外，'故我在'就什么意义也没有了！不过，这是语法信仰。在那儿人们设置了'事物'、事物的'行为'，我们远离直接把握。让我们

---

① 《谱系》，第一章十三节。KSA 5，Ss. 280－281；中译采《论道德的谱系·善恶之彼岸》，页27。
② KSA 11，40 [6]，Ss. 630－631；中译采《权力意志与永恒轮回》，正文页160－161。
③ Ibid.，40 [23]，Ss. 639－640；中译引书同前，正文页163－164。

贵族激进主义的文化政治
——尼采政治哲学研究

抛掉这个很成问题的'它',把'我思'说成事实,没有掺和任何信仰成分的事实。如此,让我们再欺骗自己一次,因为被动形式也包含许多信仰命题,不仅仅是'事实'。总之,恰恰是事实不让自己赤裸裸地被人摆布,'信仰'和'指示'藏于自我中。谁保证,我们所说的自我不就是从信仰和指示中提取出来的东西,剩下的是:某事被人相信,因此也就相信了——这样的结论公式是错误的!最终人们一定会知道,为了从我思中提取出'故我在',什么是'存在',同样也会知道什么是**知道**。"

也就是说,如果"思"这个行为存在一种主体、一种行动者,这只是一种悬设,一种便宜之策,那么由"它思"或代入"自我"、主体的"我思"来倒推"我"的"存在",其实只不过是一种信仰。对于这种"逻辑信仰",尼采评论到:

"因为人们从逻辑信仰出发——首先信仰自我!——而不仅是从颠倒的事实出发!——知道中'把握性'是可能的吗?也许直接把握性就是称谓中的矛盾呢?在同存在的关系中,认识是什么呢?对提出这些问题的人来说,他已经提到了完成的信仰命题,笛卡儿式的小心谨慎也就毫无意义了,因为这种小心谨慎来得太晚。在回答'存在'问题前,首先要对逻辑价值问题作出判断。"尼采此处的意思,即与人们逻辑信仰对自我的肯定相比,笛卡尔"我思"命题中的小心谨慎已毫无意义,来得太晚。逻辑信仰、逻辑价值要求一个"主体"、一个"自我"。面对这一顽固的"信仰",笛卡尔再如何小心推论,都是次要的。这才是尼采看到的问题之所在。

在稍晚的一则笔记[①]中,尼采则以"原子"的假设为例,再次对人们要为行为寻找一个主体、一个"事物"的习惯做了如下讽刺:"——对原子的假设**只不过**是对主体概念和物质概念所下的某种结论:无论在哪里,肯定有'事物'存在,由此产生行为。原子是灵魂概念最后的衍生物。"在这里,尼采看到了对人和对自然物的行为/运动解释框架在心理谱系学上的同构性。对人的行为解释,人们习惯以主体加在行为之前;对自然物的运动,则需要假设"原子"在前。

在同属尼采写作晚期的一则前引笔记[②]中,尼采更清晰地将传统认识论思维的"逻辑信仰"分析为:"把事件(Das Geschehen)发生确定为作用,把作用确定为存在"的"双重谬误",或"双重解释"。尼采的

---

① KSA 12, 1 [32], S. 18;中译引书同前,正文页175。
② Ibid., 2 [84], Ss. 103–104;中译引书同前,正文页180–181。

这一分析是从对判断、谓语的辨析开始的。这则笔记先要讨论"在一切判断中被信以为真的那个东西"。这个东西就是"我们把**作用**（die Wirkung）确定为**作用者**，把**作用者**设定为**存在者**（Seiendes）"。这其实就是说，我们的思维在设置、言说谓语时，"……没有把……变化看作一个事件（Geschehen），而是设定为一个存在（ein Sein），设定为'特性'（‚Eigenschaft'）——进而设想为转变赖以附着的本质"。人们由此推论出，"这种转变必定是作用。按照这种推论：'每个转变（Veränderung）都是有个发动者'……它**分离**了作用者**和**作用"。

接下来尼采举的就是本小节开篇讲到的那个日常话语里"闪电发光了"的例子，在其中"……首先把发光设定为'活动'，继而又把闪电设定为主体。这样一来，我就为事件发生设定了一个存在，它同事件发生不是一体，宁可说**始终**是不一致的。是**存在着**，而非'**生成着**'（‚wird')。"这就背离了事件发生时的流变、变化情景，而转向了一种主—客结构的作用，并进而转向存在的凝固。这就是尼采说的"双重解释""双重谬误"。

尼采对此再次举例加以辅助说明："譬如'闪电发光了'：'闪电'对我们来说是一种状态，但我们没把它确定为作用于我们的结果。还可说：'闪光的东西'是'自身的存在'（‚an-sich')，且在寻找一个发动者，即'闪电'。"其实，"闪电"本身就包含"天空中的闪光"这一事件、事态，那个作为主语、作为作用者的"闪电"本身只是我们的一种古老"确信"（Glaube）罢了。

在同期的一则笔记[1]中，尼采还提出，"把一种观看的视角设定为**观看本身的原因**：这就是'主体'、'自我'发明过程中的绝招！"也就是说，我们把观察的视角"例如我观看""他观看"等逐步设定为"观看"行动本身的原因，因此发明出观看行动的"主体"，例如"自我"（"我"）等。尼采在此也再举闪电的例子，我们说"它发光"，不过是"把一种记忆符号、一种简化的公式，看作本质，最后看作**原因**"。其实，并不存在行为者与行为的二分。

在写作晚期的一则前引笔记[2]中，尼采提到生成不是主体："生成作为虚构、意愿、自我否定、自我克服：不是什么主体，而是一种行为、设定，创造性的，没有'原因与结果'。"可见，在尼采这里，生成的世

---

[1] Ibid., 2 [193], S. 162；中译本采《尼采著作全集·第十二卷·1885—1887年遗稿》，页190。

[2] Ibid., 7 [54], Ss. 312-313；中译引书同前，页357。

贵族激进主义的文化政治
——尼采政治哲学研究

界"不欢迎"行为的主体,不存在与之相应的行为"因-果"的逻辑结构。但在生成世界获得肯定的行为中,却充满着主体性的设定和创造性。

在同属晚期的一则笔记①中,尼采一方面对人们阐释中的主体概念做出批判性分析,另一方面解说了其"视角主义"("透视主义")意涵及其背后的生存论-心理学境遇。尼采先是写道:"反对实证主义,它总是停留在现象上,认为'只有事实';而我会说:不对,恰恰没有事实,而只有阐释。我们不能确定任何'自在的'事实(Factum):有此类意愿,也许是一种胡闹罢。你们说'一切都是主观的':但这已经是**解释**了,'主体'不是任何给定的东西,而是某种虚构的东西、隐蔽的东西。——最后,把阐释者置于阐释后面,这是必要的吗?这已经是杜撰、假设了。"透过实证主义所执着的现象层面的"事实"描述,尼采提出"没有事实,而只有阐释",他否认一切"'自在的'事实"。人们对世界的解说都不可避免地是一种主体性的解释,但稳定的、持存的"主体"作为被放置于阐释背后的那个什么,是必要的么?还是一种杜撰、一种假设?尼采随后写道:

"只要'认识'一词是有意义的,则世界就是可认识的:但世界是**可以不同地解说的**,它没有什么隐含的意义,而是具有无数的意义,此即'透视主义'。

我们的需要就是**解释世界**的需要:我们的欲望及其赞成和反对。每一种欲望都是一种支配欲,都有自己的透视角度,都想把自己的透视角度当作规范强加给其他欲望。"

换言之,世界的奥秘并不在于它究竟是什么,而在于它是可以被不同地解说的。这一"视角主义"(透视主义)的生存论、心理学的根据则是尼采的如上洞见:生成世界中的每个欲望都是一种支配欲,它都有自己的视角,而且都想把自己的视角当作规范强加给其他欲望及其视角。因此,旧形而上学信赖的中立观察者似的、理性的、稳定的"主体",只是一种杜撰、一种假设罢了。尼采提出了完全不同的、消解"主体"的另一种假设,这就是没有主体,却充满了主体性的"视角主义"的假设。

综上所述,尼采通过对无行动者的行动的细致分析,从而以其视角主义的假设,对近代以来西方哲学的"主体"概念进行了颠覆,从而提出一种吴增定等学者命名的"无主体的主体性"哲学设想。戴威勒也认为:尼采的"角度主义(perspectivism,即视角主义),也常被看作不外

---

① Ibid., 7 [60], S. 315;中译引书同前,页 359—360。

是把下面的毫不出奇主张，换种表现方式罢了，即：我们永远无法从我们自己对世界的诠释中，排除掉主体性（subjectivity）的影响"①。"权力意志并不表示宰制他人的意志，而却相反的，是对主体性的需求，这就是说，以一种能让施为的反射经验（reflexive experiences of agency）得以成立的方式自我建构的普遍动机。"②

当尼采声言"'主体'只是一种虚构；人们常说的那个自我（Ego）是没有的"③时，他连同形而上学的"自我"一起否弃的，是传统道德"自由意志论"意义上的"自我"。面对生成的、生命欲望不断涌动的世界，只有超善恶的强力的主体性意志，即权力意志的视角，才能正视之。这是尼采在形而上学与道德、政治领域双料激进主义的原理。

三、"未来哲学"

尼采对苏格拉底—柏拉图以降欧洲哲学史的"二重世界"论、"主体"—"行动"/"表象"论的根本性批判，使其展望一种有似酒神狄奥尼索斯世界的，肯定生成、演化、创造的，革命性的"未来哲学"。尽管尼采生前未能完成从正面详尽阐述这种"未来哲学"④的宏愿，但他在生前出版的著作（特别是晚期）和遗稿中，对这一"未来哲学"的展望和提示，已明显成为其对现实政治的激进批判的出发点。尼采提出的哲学家的创造性任务，即设定新价值的任务，才关乎尼采眼中的"大政治"。

在晚期著作《论道德的谱系》一书开篇不远处⑤，尼采提出根据词源上的自然演化，必然从"社会等级意义上的'高尚'、'高贵'等词汇到处都成为基本概念，由此就必然演化出'精神高尚'、'高贵'意义上的'好'，即'精神贵族'、'精神特权'意义上的'好'。"而另一种演化，则是"'平凡'、'俗气'、'低级'等词汇最终演变成'坏'的概念"。尼采认为这是他自己"对道德谱系的一个**本质的洞见**"，这些洞见之所以要到他的时代那么晚才被发现，"就在于当今世界内部的民主偏见对所有起源问题都施加了阻碍性的影响"。而且"这种影响甚至还渗透到表面上

---

① 《尼采与贵族激进主义政治》第二章，p. 18，页26。
② 引书同前，第四章，p. 96，页129。
③ KSA 12, 9 [108], S. 398；中译采《权力意志与永恒轮回》，正文页219。
④ 孙周兴：《未来哲学序曲：尼采与后形而上学》（上海：上海人民出版社，2016年版）；修订本（北京：商务印书馆，2018年版）对尼采的未来哲学话题有较为系统的讨论。
⑤ 《谱系》，第一章四节。KSA 5, Ss. 261-262；中译采《论道德的谱系·善恶之彼岸》，页14。

看来最客观的自然科学和生理学领域"。也就是说，在现代社会的民主意识形态下，人们很长时间不敢承认：好、坏两个价值判断在精神意义上的两极，恰恰源自社会等级上高与低的等级区隔甚至对立，及其之后的演化。

在更晚期的著作《敌基督者》中，尼采另有一段颇具火药味的文字①，则指出基督教兴起以来，崇尚"同情"的意识形态是阻碍这种**优胜劣汰**（Selektion）的（精神）进化法则的另一重要原因：

"同情保存的是那些烂熟至衰亡的东西；同情的是对生命的剥夺和谴责；同情**确保**形形色色的失败者苟延残喘，由此给生命本身带来一种阴郁和可疑的面相。人们竟胆敢把同情称为德性（——在任何一种**高贵**（vornehm）的道德之中，同情都是懦弱——）；人们甚至走得更远，人们把同情变成**唯一**的德性，变成一切德性的基础和起源——当然，也必须牢牢地记住，导致这一结果的是一种虚无主义哲学的视角，它将**对生命的否定**铭刻在自己的盾牌上。叔本华在这一点上是正确的：同情否定了生命，并且使生命变得**更值得被否定**——同情是虚无主义的**实践**（Praxis）。再次声明：这种抑郁和传染的本能抗拒那种力求保存生命并且提高生命价值的本能：同情作为苦难的**放大剂**，就像一切苦难的**保护者**一样，是一种加剧**颓废**的主要工具——同情劝说人们走向**虚无**！……人们不说'虚无'：人们说'彼岸'；或者说'神'；或者说'**真正**的生命'，或者说涅槃（Nirvana）②、救赎、幸福……只要人们理解了这里隐藏在崇高言辞背后的是**何种**倾向：**敌视生命**的倾向，那么，这种来自于宗教和道德之特殊禀赋（Idiosynkrasie）王国的无辜修辞，就立刻显得**非常不无辜**。"在这里，尼采认为，凡是高贵的道德，都将同情视为懦弱。而基督教则高扬同情，甚至将其变成唯一的德性，这无疑和民主的意识形态一道，扼杀了社会等级制下基于贵族、奴隶的社会地位演化出的"好""坏"两系道德评价。最终，同情将人们引向颓废、虚无和"**敌视生命的倾向**"，这恰恰是尼采倡导的承认生命、欲望之无辜的"未来哲学"的反面。所以对此，尼采说："在我们不健康的现代性中间，没有什

---

① 《敌》，第7节。KSA 6，Ss. 173–174；中译采《〈敌基督者〉讲稿》，页131–133。

② **涅槃**：古印地语，意思是"寂灭"。在佛教中，这个词表示个人意识、我执和生命贪欲的消失，以及对生命轮回的超脱。尼采对这个概念的使用，首先让人想到他通过叔本华接受了印度哲学。根据叔本华的看法，现象世界的时空杂多仅仅是一种欺骗性的"摩耶"之"面纱"（《作为意志和表象的世界》第一部分，第一卷，§3）。与之相对，尼采将那个被叔本华引向虚无的意志揭示为真正的蒙蔽。【译注】

么比基督教的同情更加不健康。**这里**就有医生，**这里**将是毫不留情，**这里**将举起手术刀——这都属于**我们**，这就是**我们**的爱人方式，正因为如此，**我们**，我们许佩伯雷人①，才成为哲学家！——"他的未来哲学对治的就是现代性的"不健康"，就是要以扎拉图斯特拉这种异教宗师的"爱人"方式，呼唤一种属于未来的哲学家，而非诉诸任何保守主义。

我们在尼采的不少文字中，固然能看到他赞同社会等级制，要让生产阶层为精神阶层创造文化而牺牲、劳作，但这不意味着尼采主张要向任何当时欧洲的旧贵族社会倒退，尼采完全不是那种保守主义的贵族主义者。相反，他渴求的是一种有别于旧贵族的，完全正视"上帝之死"后虚无主义实情的"新贵族"，即艺术—哲学家。因为此时只有艺术，才能承担肯定生命和命运，与"永恒轮回"为伴的创造性工作——即对价值的创造工作。从这方面来看，我们不难判断尼采政治相关学说的激进性。尼采期待的"新贵族"在当时还并未出现（至多有一些象征性的人物，如拿破仑、贝多芬、歌德），故这种面向未来的、呼召性的哲学，在形而上学上无疑具有肯定生成、变异的面向。

在早年的习作《希腊城邦》中，尼采就提到："奴隶制属于一种文化的本质。……为了使一小部分奥林匹斯人（Olympische Menschen）能够创造出艺术世界的作品，就必须增加艰难度日者的痛苦。"② "战争对国家来说，正如奴隶对社会来说，一样是必不可少的。倘若谁想要真诚地探究希腊何以能创造出后人难以企及的艺术成果，他又怎能回避这些知识？"③

尼采在后来的《人性的，太人性的》一书中，再次提到了社会阶层的区分对于文化创造的意义。更进一步地，他还在这则本书前引内容中，提及了两个阶层之间成员的流动："**文化与阶层**——高等文化只能在有两种不同社会阶层存在的地方诞生：劳动者阶层和闲适者、真正拥有闲适者的阶层；或者表达得再清楚一点：被迫劳动的阶层和自由劳动的阶层。在创造一种更高级文化的方面，幸福是如何分配的这一视角并不重要；

---

① **许佩伯雷人**：在古希腊的德尔菲宗教信仰中，许佩伯雷人是一个传说中的民族。按照古代的民间传说，他们生活在极北彼岸（Hyper），也就是说，生活在一个气候有利、寻常有朽者不能达到的地方。他们的生存是一种独一无二的节日，不受健康、衰老、辛劳或争执的烦扰。这个神话首先是由品达（前518-前446；希腊抒情诗人，具有贵族出身和倾向）发展出来的。在"节日与胜利"的合唱诗中，品达庆祝远古时代的结束，并且将认为这是诸神对人世间的参与。这段引文出自品达的"女巫的荒漠"第十篇。【译注】

② KSA 1, S. 767；《复旦哲学评论》第一辑，页250。

③ Ibid., S. 774；中译引文同前，页255。

贵族激进主义的文化政治
——尼采政治哲学研究

但无论如何,闲适者阶层更有忍受力,忍受更多,人生的惬意更少,肩负的任务更重。倘若两个阶层之间产生了交流,即较高阶层中那些迟钝、无甚修养的家庭和个人跌落到较低阶层,而更为自由的人则从较低阶层上升到较高阶层……"①

该书中,尼采作为对立面提到社会主义者、民族主义者时,依然强调了等级制社会中优势等级原本创造文化财富的"使命":"**不同方向的嫉妒和懒惰**——两个分庭抗礼的政党,社会主义政党和民族主义政党——无论在欧洲各国这些政党的具体名称是什么——,是门当户对的一对:它们身上的驱动力都是嫉妒和懒惰。在前一阵营里,人们想要尽可能少地从事体力劳动;在后一阵营里,人们想要尽可能少地从事脑力劳动。社会主义者仇视和嫉妒那些自我发展的、不愿为了达到大众效果而置身于芸芸众生中的杰出个人;民族主义者则仇视和嫉妒更好的、外在地位更有利的社会等级,这个等级原本的使命是创造至高无上的文化财富,却使内在的生活变得极为艰难和痛苦不堪。当然,倘若能使那种大众精神成为更高社会阶层的精神,那么一群群社会主义者就完全有理由试图使自己与更高的社会阶层外在地平起平坐,因为他们内在地即在思想和情感上已然平起平坐了。——你们要像更高尚的人那样生活,要不断去做更高尚文化的事情——,这样的话,活着的一切就会承认你们的权利,以你们为首的社会秩序就能免受任何不怀好意的注视和攻击。"②

在一贯重视社会文化维度的尼采看来,社会主义者反对的是社会中自我发展的、特立独行的杰出个人(而非贫富不公等经济问题),民族主义者反对的是能进行文化财富创造的社会中原来更具有利地位的阶层。面对当时欧洲这两股意识形态的大潮,尼采并没有完全予以否定。他甚至鼓励社会主义者追求更高尚的文化事业,这或能为以他们为首的社会秩序避免攻击。

尼采在《扎拉图斯特拉如是说》中③,则借扎拉图斯特拉之口提出,要通过许多新贵族"成为未来的创造者、育种者和播种者",成为前瞻者,以迎接人的新未来。在这个段落中,尼采笔下的扎拉图斯特拉呼召人们不要做用金钱买来头衔的假贵族,也不要做侍奉君侯,或皈依基督

---

① 《人性》,第八章 439 节。KSA 2, Ss. 286-287;中译采《人性的,太人性的——一本献给自由精神的书》(上卷),页 302-303。
② 引书同前,480 节。Ibid., S. 314;中译引书同前,页 331-332。
③ 《扎》,第三卷,"论新旧标牌"章。KSA 4, Ss. 254-255;中译采黄明嘉、娄林译本,页 337-339。

教"神圣精神"的旧贵族,而要甘于从"所有的祖国和祖先国度中被逐出",做为自己后人尚在未知远方的国度前瞻,而非后顾的真正高贵者——即新贵族。

在尼采看来,哲学、哲学家对未来的创造源于一种权力意志,亦即求真意志。在晚期出版的《超善恶》一书中,尼采提到:"哲学是这专制的欲望本身,最具精神的权力意志,'创造世界'的意志,第一原因(causa prima)的意志。"① 哲学,而非上帝的创造,在尼采看来也是一种立法:"**真正的哲学家是下命令者和立法者**,他们说:'事情**应该**是这样!'他们首先规定人的去向,人之为何,并且在这里支配着一切哲学工作者的预备工作,往昔的一切征服者的预备工作。他们用创造性的手把握未来,而一切现存的和曾经的东西,在他们看来,在这过程中成为手段,成为工具,成为锤子。他们的'认识'是**创造**,他们的创造是一种立法,他们的追求真理的意志是——**权力意志**。"② 也就是说,真正哲学家的工作,其创造、立法的领域,是在普通哲学工作者、其他具体工作者("征服者")的预备工作领域。这些原哲学、原理论的领域里,"事情应该是怎样的",才是真正哲学家的求真意志——权力意志关心的。

同样是在《超善恶》一书中,尼采对他心目中真正哲学家应从事的原哲学领域做了举例说明。在第七章"我们的德行",第 225 节里,尼采写道:享乐主义、悲观主义、功利主义、幸福论,"所有这些思维方式都按照苦与乐,也就是说,按照相关的情况和次要的事来衡量事物的价值"。这是要受到有"创造性的力量"的艺术家—哲学家嘲笑的。这些哲学学说想"**废除受苦**",但在尼采看来,却应该前所未有地、"更糟糕地去受苦",因为培育吃苦受难,"才创造出人的全面提高"。人的灵魂只有面对艰难凶险、高度的紧张,才能获得提升。在此,尼采也讲"同情",但真正哲学家对"价值的价值"创造性的洞见,使此同情非彼同情,甚至"同情反对同情!"尼采总结道:"存在着比一切苦、乐和同情的问题更高的问题,而任何哲学如果只以苦、乐和同情问题为宗旨,那么,它只是一种天真幼稚(的哲学)。"③

在第九章"什么是贵族?",第 260 节,尼采继续讨论了道德价值标

---

① 《善恶》,第一章 9 节。KSA 5,S. 22;中译采《论道德的谱系・善恶之彼岸》,页 127。
② 引书同前,第六章 211 节。Ibid.,S. 145;中译引书同前,页 230。
③ Ibid.,Ss. 160-161;中译引书同前,页 242-243。

贵族激进主义的文化政治
——尼采政治哲学研究

准这个原哲学、原伦理学的领域,善恶对立的起源。他认为,"当道德史家从'为什么同情行为一直受到赞扬'的问题开始时,这乃是一个严重的错误"。因为道德价值标准最初是被应用于人,而后才派生地被应用于行为。"上等人认为自己是价值的规定者,他并不需要得到批准;他作出这样的评判:'凡是对我有害的东西本来就是有害的。'他知道,只有他才能赋予事物以尊严,他是**价值的创造者**。"而"奴隶的道德本质上都是实用的道德。这里,最出名的善和恶的对立的起源之地就在于人们确信权力和危险就是恶"。① 换言之,上等人从自我肯定的角度,理所当然地将自己当作价值的创造者。如前文所述,他将对自己有害的东西视作本来就有害,因而是"坏"的(相反的则是"好"的)。而奴隶道德则将上等人享有的权力和要面对的高度的危险视为"恶"的,从而将自己奉行的"实用的道德"视为"善"的。做出上述"原理论"的区分,确实是尼采的道德分析发前人所未发之处。

在《论道德的谱系》一书中,尼采再次提及"上等人"创造价值的观点:"对'善'的判断**并非**起源于那些受益于'善行'的人!正是那些'善人'自己才是这一判断的起源,也就是说那些高贵的、有权势的、上层的和高尚的人们以为并设定,他们自己和他们的行为是善的,他们是属于第一等级的,与他们相对的则是低下的、卑贱的、庸俗的乌合之众。他们从这种**等级差别的激情**中为自己获取了创造价值和彰显这些价值的权利……高贵和等级差别的激情,这就是所说的一种关于上等人、统治者与卑贱者、'下等人'关系的持续、主导的总感觉和基本感觉,它就是'好'与'坏'相对立的起源。"②

可以说,尼采眼中真正的高贵者、高尚者将自身及其行为正当化为"善""好",而将自己的对立面(卑下者)视为相反的价值,即"坏的"。这是一种看上去非常无辜的居上位者的"本能"。但我们在此不能简单将尼采所说的"最高尚的人"理解为"征服者""帝王"这些现实国家的掌权者,这些"**最有力**的个人"。尼采在此仍然是在他独特的文化政治意义上使用前者。在写作早期的一则笔记③中,尼采提到:"只是他们常常看不出谁是真正的最高个人:往往是征服者、帝王等等被当作最高个人。如果维护国家存在的目的不再是为了让伟大的个人在其中生活,那么就

---

① Ibid., Ss. 209-211;中译引书同前,页 280-281。
② 《谱系》,第一章二节。Ibid., Ss. 248-249;中译引书同前,页 12-13。
③ "艰难时代的哲学",46 节。载于《哲学与真理:尼采 1872—1876 年笔记选》,页 152。

会产生可悲的恐怖国家，产生**最有力**的个人取代**最优秀**的个人的海盗国家。"

在这段颇为直白的笔记中，尼采提出，国家的目的不仅不是功利主义、民主主义中所谓"少数人的幸福服从多数人的幸福"，甚至也不是个人的幸福凌驾于普遍的幸福，而是"个人服从**最高个人**的幸福，服从最高典型的幸福"。尼采在此还提出："最高个人是创造性的人，他们或者道德上是最好的，或者在某些更大的意义上是有用的。因此，他们是最纯粹的典范和人类的改进者。"于是，"公民社会的目标不是一个不管什么的国家，而是一个最高典范能够在其中生活和创造的国家"。为此，"最大多数人的幸福和道德的生活并不是国家的使命，数目是无关紧要的。相反，国家的使命是使人们幸福和美好地生活的原则成为可能。它的使命是为**文化**提供基础。简而言之，国家的目的是一个更高贵的人类。它的目的在它之外。国家是一个手段"。

可以说，尼采主张的社会等级制和国家的目的，是最高人的培育和施展，本质上完全有别当时欧洲任何一种保守主义意识形态以现实中的旧势力、旧制度为愿景。尼采及其文化政治的鹄的完全在于一种面向未来，培育新人的展望。而具体的途径，无外哲学和艺术。其中哲学的作用虽然有限，但依然重要。尼采在同为写作早期的《作为文化医生的哲学家》笔记（1873年）中就曾提到：

"哲学不能创造什么文化

但是可以为它开路；

或保存它；

或调解它。"①

这里明显提及他心目中的哲学是作为文化的开路先锋，自然是面向未来的。

在另一则写于1873年夏至秋的笔记②中，尼采提出"只有创造未来的人才有权裁判过去"。这是因为在尼采看来："**有行动的人需要历史，有经历的人书写历史！**经历不比别人多一些、见识不比别人高一些的人，不可能对过去的历史作出什么解释。——过去的箴言永远是一个神谕，只有看到未来、了解今日的你们，能解释神谕。"尼采还以古希腊德

---

① "作为文化医生的哲学家"，10节，引书同前，页98。

② KSA 7, 29 [96], Ss. 673–676（摘自 S. 676）；中译采《权力意志与永恒轮回》，正文页 21–25（摘自页 24–25）。

159

尔斐的神甫为例，说明那些因熟稔历史而在见识上高人一等，从而能洞见未来的人，才能胜任解释神谕的任务。从历史的箴言中能获得现实与未来教益的，必然是那些对未来有远见的明眼人。在这里，我们看到尼采并非迂腐好古之人。他瞩目的，已经是现代欧洲人的未来。

那么，在尼采那里，什么才是创造呢？如前所述，尼采认为哲学不创造文化，但为文化开路。而在前引1876年底至1877年夏的一则笔记[①]中，尼采在讨论艺术的起源时，道出他心目中创造与艺术的密切关系："人像动物一样追求快乐，并从中去创造的东西……美和艺术源于人们直接制造尽可能多的和各种各样的**快乐**。"在这则笔记中，尼采还以舞蹈为例，点出艺术最早就是一些无目的性的，引起人感官愉快的创造发明。这一"无目的性"的创造形象，其实也与后期尼采的哲学主张相合。面对"上帝之死"后的虚无主义的欧洲，即失去了救赎目标的欧洲，艺术—哲学家敢于正视永恒轮回的极端情景，以生命的创造舍弃悬设而僵死的目的，迎向不断的生成。

在虚无主义、永恒轮回等主题更明确的尼采中后期笔记中，创造问题被更直白地提及。在一则1883年秋近乎诗体的笔记[②]中，尼采提到为了对抗虚无，应"给予少数人**勇气**，使他们把反对众人的意志贯彻下去。

去创作和创造出比迄今人类更**高尚**的东西来。

完全没有责任地航行到存在之中，传授欢乐。这欢乐说：'为了这个瞬间，我要再来一次。'"由此可见，尼采所期许的人类还有待创造，还并未出现在当下，而是在未来。这种有待创造的新人类，是肯定"存在—生成"这对辩证矛盾的合题即"瞬间"的哲学—艺术家。在尼采写作后期的另一则笔记[③]中，他更直白地以"永恒轮回学说的教师"身份发言称：

"我教导你们一切事物永远回归，也包括你们在内——你们已存在过无数次了，一切事物跟你们一起存在过；我教导你们，有一个生成（Werdens）之大年悠长、非凡。这年就像沙漏一样，流完之后就倒转，结果这些年都相同，大小都一样。

如果你现在想死，我会对你说：'瞧！你死了，现在你消亡了，消逝了。在你消亡的地方一无所剩，就剩下自称的诸因之力是回归的，它将

---

① KSA 8, 23 [81], Ss. 431-432；中译引书同前，正文页41。
② KSA 10, 18 [47], Ss. 578-579；中译引书同前，正文页115。
③ KSA 11, 摘自25 [7], Ss. 10-11；中译引书同前，正文页116-117。

把你再创造出来：你本身是尘埃中的微粒，就属于决定万物回归诸因之一。有一天你再生，将不是回到一个新的或是更美好的或是与现在相似的人生，而是将永远回到与现在一样的同一个人生，就像你现在的存在，大小都一样。'"在这个思维假设里，永恒回归的诸因之力可将人不断地从消亡中再创造出来。而被再造的人也要做好永远经历和当下同样人生的准备。

同时，尼采倡导的创造（创造性）与文化紧密相连，其旨趣如果间或涉及政治的构想，也完全是在前述他的文化政治意义上的。在一则写作中期的笔记①中，尼采在论及幸福观、文化与创造性的问题时提出："假如我们有朝一日身在福中，我们**就只能**促进文化！""任何一种幸福感都驱使我们走上更高文明的轨道，并继续前进。""文化是**无数个人幸福**渐进的后果，而不是他们的意图！就文化而言，个人的个性化越强，他的幸福就越具创造性。"总之，"文化是**幸福的表现**"，幸福对文化的创造性，与幸福者的个性化程度密切相关。这种对个性化的肯定和张扬，是尼采文化政治主张的一贯主题。

在另一处写作中期的笔记②中，当尼采提到"富有创造性的""十分优秀的德国人"时，举的例子是音乐家莫扎特和一些历史学家。这些"文化人"、文化的事物是尼采提到"创造"问题时第一时间出现的现实对应物。此外值得注意的是，尼采坚决地否定上帝创世论。在同期另一则笔记③中，他说到："整个世界确实与我们有关，我们的需求、欲望、快乐、希望、颜色、血统、幻想、祈祷和咒骂都植根于这个世界之中——这整个世界是我们**人类创造的**——我们**忘记**了这一点，以至后来臆想出一个创造一切的造物主，抑或我们被'从何而来？'这样的问题苦苦折磨着。如果说语言是一个民族的古老诗歌，那么整个可感受的直观世界就是人类的原始诗作。"也就是说，人类以语言为诗歌，将对可感受的直观世界的表述编织成自己的"原始诗作"。尼采这里的"创造"显然不是物理学意义上的创生，而是具有哲学上"表象""揭示"的意味。

在写作中后期的一些笔记中，尼采提及"创造"问题时，依然与艺术、艺术家相关，同时也开始明确涉及具有哲学—艺术家意象的超人形象："你的生命是一次试验（Versuch），是你实验的丰碑。

---

① KSA 9，3 [161]，Ss. 98—99；中译引书同前，正文页 54—55。
② Ibid.，7 [14]，S. 319；中译引书同前，正文页 68—69。
③ Ibid.，14 [8]，Ss. 624—625；中译引书同前，正文页 92。

艺术家的作用并非优化生命，艺术家本人大多成了他作品的牺牲品。精神的忏悔者

创造者（der Schaffende）"①。

"当我创造出超人之后，我就在他身上披上一层成长的大面纱，并让正午的阳光停留在他的身上。"②

而在写作后期的笔记中，尼采言及"创造"时也更多与其当时思考的一些最典型问题，如"权力意志"、道德的起源、"永恒轮回"等哲学命题相关。例如："我们对美好东西的热爱也是**创造性的意志**。两种意义并存，真实的意义是获取强力的手段，目的是按照我们的心愿造就事物。造就和改造事物的乐趣是原始的乐趣！我们只能**认识**这个由我们自己**创造出来**的世界。"③ 这段笔记的意涵是，尼采将人对美好东西的热爱也视为具有创造性的权力意志。热爱是为了按自己的心愿塑造事物。这符合人造就和改造事物的原始乐趣。而人们对世界的认识，不是对客观事物的机械符合、反映，而是对经过自身表象"创造出来"的世界的认知。在另一则同期笔记中，尼采提到"创造力（将对立物连在一起，综合）。"④ 其说的应该就是"创造"作为一种力量，在表象世界时对矛盾物所起的综合作用。

在前引的一则描述"权力意志的世界"的笔记⑤中，尼采写道："这就是我的永恒自我创造、永恒自我毁灭的**狄俄尼索斯**的世界，这个双料快乐的神秘世界。它就是我的善与恶的彼岸：没有目的，假如目的不存在于循环的幸福中的话；没有意志，假如不是一个循环对自身有着善良的意志的话——你们想给这个世界起个**名字**吗？你们想为它的所有谜团寻找**答案**吗？……——**这就是权力意志的世界**"。很显然，这里除了涉及权力意志问题，也涉及永恒轮回问题。讲的是永恒自我创造、毁灭的生灭不已的狄奥尼索斯世界，就是以权力意志承认永恒轮回的无目的性的世界。

而在同期一则论及德—福关系问题的笔记⑥中，尼采鲜明地延续其道德是幸福者的创造之观点，提到："道德（Die Tugendhaften）想要使

---

① KSA 10, 4 [266], S. 183；中译引书同前，正文页 102-103。
② Ibid., 12 [17], S. 403；中译引书同前，正文页 109。
③ KSA 11, 25 [470], S. 138；中译引书同前，正文页 121。
④ Ibid., 26 [204], S. 203；中译引书同前，正文页 125。
⑤ Ibid., 38 [12], Ss. 610-611；中译引书同前，正文页 159-160。
⑥ Ibid., 26 [278], S. 223；中译引书同前，正文页 127。

我们（时而也使自身）相信幸福是**道德**创造的。事实是，道德（die Tugend）是幸福的人创造出来的。"也就是尼采不赞同传统的德福一致观点，认为幸福源于有德。相反，他按照《超善恶》《论道德的谱系》等生前出版著作中的观点，认为是高贵者、幸福者，他们以自己的好坏主张创造了道德。

在另一则关于《悲剧的诞生》一书的笔记[①]中，尼采则引入早年阿波罗与狄奥尼索斯的双重意向来谈及创造问题。即前者代表形式、存在，而后者代表转变与创造。此外，在创造者那里，"作为创造者极大的快乐，同时作为创造者也看到破坏者的愤怒。这两种经历以及基于这两种经历产生的**欲望**发生对抗：第一个欲望要使得现象**永恒**，人在现象面前冷静、心满意足、像大海一样平静、得到治愈、赞同自己和一切存在之物；第二个欲望要求转变（Werden），要求使之生成（Werden-machens）快乐，即创造一个又被毁灭的快乐……人们以第二个事实，即艺术以艺术家的经历为出发点，首先以音乐家的经历为出发点来对抗柏拉图：这是必须创造带来的痛苦，**即狄俄尼索斯的冲动**"。在尼采这段对早年代表作的总结中，提到了艺术创造和创造者所能得到的快乐与痛苦及其张力。这是有过艺术创作或有过分娩经历的人都不难同情、体会的。世界并非柏拉图提供的形式的、永恒的图景，而是变动不居，隐含着"狄奥尼索斯冲动"奔涌不止的一片有待赋形的混沌。

在晚期涉及社会、政治的一些笔记中，尼采提到创造，也依然与对文化或生命政治的讨论密不可分。其中的一些设想在现实中并不存在，故只能是具有面向未来的展望性质的。如："……只有三种可尊敬的人物：教士、战士和诗人。认识、杀戮和创造。

其他人听任剥削压榨，注定当牛作马，也就是从事人们说的各种职业。"[②]

这里虽然是在明目张胆地鼓吹一种剥削性的社会等级制，但尼采将臆想中处于优势地位的"诗人"与"创造"相连，希望其能为这个社会赢得尊重——但值得注意的是，这里的尊重显然不是在当时欧美资本主义的金钱秩序及其虚无主义意义上的。

---

① KSA 12, 2 [110], Ss. 115—116；中译引书同前，正文页 183—186。

② KSA 13, 11 [198], S. 82；中译采《尼采著作全集·第十三卷·1887—1889 年遗稿》，摘自页 95。

贵族激进主义的文化政治
——尼采政治哲学研究

在另一则谈论构想中的"大政治"的笔记①中，尼采提到："创造一种对生命的袒护，强大到足以胜任**伟大的**政治：这种**伟大的**政治使生理学变成所有其他问题的主宰，——它要把人〈类〉**培育**为整体，它对种族、民族、个体的衡量是根据他们的未来〔—〕，根据他们所蕴含的对于生命的保证进行的，——它无情地与所有蜕化者和寄生虫一刀两断。"这里虽然提及了令人不安的激进政治与生理学问题的暧昧联系，但也提出了通过培育完善人类及其未来、生命的愿景。这和尼采"未来哲学"的晚期规划是不无关系的。

国内学者孙周兴在《未来哲学序曲：尼采与后形而上学（修订本）》中，根据尼采后期一则名为《快乐的科学：一种未来哲学的序曲》的笔记②内容，以世界解释反对世界说明，超善恶，反种族中心主义的镜子（镜像）作为尼采未来哲学的猜测性纲要③。在本书中，我们则主要以演化、创造以及生成的概念为线索，结合尼采关于未来哲学、未来的一手论述，来勾画他的"未来哲学"图景。

在《瞧，这个人》书中对《超善恶——未来哲学序曲》的评论中，尼采提到："该书（1886年）从根本上讲是对**现代**的批判，包括现代科学、现代艺术、甚至现代政治④，同时提出与它们对立的类型⑤。"⑥ 在此，尼采所揭示的现代文教和文化政治的"对立类型"某种程度上即与尼采"未来哲学的序曲"有关。

在《扎拉图斯特拉如是说》第三卷，"论新旧标牌"章的一些前引讨

---

① Ibid., 25 [1], Ss. 637-638；中译引书同前，页 759-760。

② KSA 12, 1 [121], S. 39；中译采《尼采著作全集·第十二卷·1885—1887年遗稿》，页 38-39。

③ 见孙周兴：《未来哲学序曲：尼采与后形而上学（修订本）》，北京：商务印书馆，2018，页 277-284。

④ 如《超善恶》一书第五章"论道德的本性史"，第 202 节，批评当时欧洲的社会主义者，及其奉行的同情道德并非"未来的唯一希望"。

⑤ 如《超善恶》一书第六章"我们学者们"，第 211 节，尼采就提出："**真正的哲学家是下命令者和立法者**，他们说：'事情**应该**是这样！'他们首先规定人的去向，人之为何，并且在这里支配着一切哲学工作者的预备工作，往昔的一切征服者的预备工作。他们用创造性的手把握未来，而一切现存的和曾经的东西，在他们看来，在这过程中成为手段，成为工具，成为锤子。他们的'认识'是**创造**，他们的创造是一种立法，他们的追求真理的意志是——**权力意志**。"（引文采自 KSA 5, S. 145；中译采《论道德的谱系·善恶之彼岸》，页 216-217。）
也就是说，尼采此处描绘的把握未来，充满创造性的哲学家牢牢抓住价值的价值，他们是下令者、立法者，在原哲学领域支配着一切普通的"哲学工作者"和哲学的"预备工作"。他们以所有当下、过往为手段、工具，去塑造哲学和人类的未来。

⑥ KSA 6, S. 350；中译采《看哪这人：尼采自述》，页 154。

论"新贵族"的小节①中，尼采明确提到，这些扎拉图斯特拉授予的"新贵族""要成为未来的创造者、育种者和播种者"，他们"不应后顾，只可**前瞻**！"

在《论道德的谱系》第一章，十七节中，尼采提出："现在所有的科学都在为哲学家未来的使命进行准备工作，而哲学家的使命就是：他们必须解决价值的难题，必须确定各种价值的档次。"② 在同为晚期著作的《敌基督者》的前言部分，尼采甚至戏仿基督教《新约·福音书》的叙事笔调及其情节，提出："——惟有明天之后才属于我。有些人死后方才诞生。"③ 可见尼采更属意的未来及未来哲学中，价值创造、演进的重要性。

尼采所渴望的未来哲学，却又与艺术，特别是与他集中讨论过的悲剧艺术息息相关。在《瞧，这个人》书中对早年著作《悲剧的诞生》之评论中，尼采写道："让我们放眼一个世纪，你们就会看到，我要消灭违逆自然亵渎人类的壮举定会成功。那崭新的生命之党，担当了最高天职即掌管训育人类权力的党，——包括无情地消灭一切败类和寄生虫的使命在内——将有可能在地球上重建**生命的繁荣**，这样就会使狄俄尼索斯现象再度出现。我预言，悲剧时代必将来临，因为，当人类经历了认为战争虽历尽千辛万苦、但又绝对必要这种意识之后，即**不以为苦**之后，肯定生命的最高艺术，即悲剧，必将再生……"④ 尼采在此依旧从对现实的批判（对斗争的恐惧，违逆生命的自然）树立起"对立的类型"（"崭新的生命之党，担当了最高天职即掌管训育人类权力的党"，"无情地消灭一切败类和寄生虫的使命"），并由此展望其主张的未来（"在地球上重建**生命的繁荣**""狄俄尼索斯现象再度出现""悲剧时代必将来临"）。

类似地，尼采在《瞧，这个人》书中的另一处"为什么我是命运"，第四节中提到："……查拉图斯特拉有时称善良的人为'末人'，有时叫'完结之始'。他认为这是**最有害的一种人**，因为他们是以牺牲**真理**，也就是牺牲**未来**为代价而苟延于世的。"⑤ 如本书前文所述，"末人"也是尼采对现代的重要判断和批判对象，其"对立的类型"则是"超人"这一尚未到来，但在扎拉图斯特拉口中呼之欲出的未来精神形象。

在尼采生前的未刊笔记中，我们也能看到其对未来、未来哲学问题

---

① KSA 4, Ss. 254-255；中译采黄明嘉、娄林译本，页 337-339。
② KSA 5, S. 289；中译采《论道德的谱系·善恶之彼岸》，页 34。
③ KSA 6, S. 167；中译采《〈敌基督者〉讲稿》，页 121。
④ Ibid., S. 313；中译采《看哪这人：尼采自述》，页 90。
⑤ Ibid., S. 369；中译引书同前，页 191。

贵族激进主义的文化政治
——尼采政治哲学研究

的表述与演化、创造等的关系。在1876年夏一则笔记①中,尼采就写道:"我设想,未来思想家身上有着欧美人那种孜孜不倦的精神,再加上成百倍被继承下来的亚洲人的那种安逸悠闲的性格,如此的结合会揭开世界之谜……"尽管历史和现实中尚未出现如此理想的思想家类型,但并不妨碍尼采将现实中各人种的精神性优点糅合起来,展望其之演进。

在1880年底的一则笔记②中,尼采则批评当时的德国文化氛围:"人们匆忙而畏惧地赞成当下,怀疑未来,又互相责备,似乎是在用浮华的表面享受,以消心中之愁。"这种对当下的战战兢兢的肯定,和对未来的疑惧,恰有尼采所反对的"文化市侩"之气。

而在1885年6月至7月的一则笔记③论及欧洲的文化—政治问题时,尼采则表露出对现实民族主义政治的不屑,和对欧洲一统的未来和"欧洲人"概念的憧憬:"对一切民族战争、新的'帝国'和其他重大之事,我一概不看。至于我本人——因为我看到,这个统一的欧洲在缓慢地、犹豫不决地做着准备。本世纪所有知识更全面和更深沉的人,都在准备进行新一轮的综合,并试图先来认识未来的'欧洲人',作为其灵魂的真正的全部工作:只有当他们处于虚弱的时刻,或者人变得衰老之时,他们才回落到'祖国'的民族狭隘性中——随之成了'爱国者'。我想到了拿破仑④、歌德、贝多芬、司汤达⑤、海涅⑥、叔本华,也许还包括瓦格纳在内。"为了论证统一的欧洲,尼采甚至随后举出了现实经济和国际关系的理由:"当交往和贸易拼命追求最后的地域疆界,追求世界交往和世界贸易时,这些小国急需在短时间里改变经济。(光资金就可以强迫欧洲在某一天形成一个统一的权力)。为了带着美好希望进入这场争夺治世

---

① KSA 8,17 [55],S. 306;中译采《权力意志与永恒轮回》,正文页35—36。
② KSA 9,7 [279],S. 375;中译引书同前,正文页73。
③ KSA 11,37 [9],Ss. 583—584;中译引书同前,正文页153—155。
④ 拿破仑一世(Napolon Bonaparte,1769—1821),于1799年推翻法国政府"五人执政内阁"统治,成为法国最高统治者,1804年称帝,后通过多次战争,占领除俄国和巴尔干岛【笔者按:应为巴尔干"半岛"?】外的整个欧洲。1812年后,因在俄国失利,拿破仑退位,并被流放到尼尔巴岛,囚禁三年后又重新掌权,但在滑铁卢被击败,再次流放,囚禁在圣赫勒拿岛。【译注】
⑤ 司汤达(Stendhal,本名亨利·贝尔,Henri Beyle,1783—1842),法国作家。受法国启蒙主义思想的影响,司汤达少时对法国大革命心怀敬意,崇拜拿破仑,视其为"超人"。十八世纪唯物主义者的思想以及他去欧洲各地的经历,使他开始用批判的眼光审视他自己所处的时代,并创作小说如《红与黑》和《巴马修道院》等。他被称为十九世纪伟大的现实主义小说家。【译注】
⑥ 海涅(Heinrich Heine,1797—1856),德国诗人,曾漫游德国、英国、意大利,后移居巴黎,著有散文游记和政治诗歌,如《德国,一个冬天的童话》等。【译注】

界的斗争（in den Kampf um die Regierung der Erde einzutreten）中——这场斗争的对象是谁，这是很清楚的——欧洲也许有必要严肃地与英国达成'谅解'：欧洲需要英国的殖民地去迎接那场斗争……因为，没有人再相信，英国自己有能力继续扮演她过去的角色，再来个五十年。"在笔记的结尾，尼采展望未来提到："像在其他事情上那样，下个世纪在此事情上，可以发现拿破仑的脚印，新时代最早和最先行动的人的脚印。""对于未来几个世纪的任务，'公开性'和议会制类型是最不适当的组织。"①

相较于普通德国市民阶层文化中对现实的苟同和对未来的畏缩，尼采对欧洲一统（从文化—政治—经济等全方位意义上的），并与对手竞逐未来世界治理权的展望无疑视野宏阔大气。可以说，尼采的"未来哲学"是为如此尺度的事件与人物所规划、所准备的。而且欧洲的一统，世界的统治权这些文化—政治问题，正也是尼采的"未来哲学"所关切的重要命题。

此外，"虚无主义"问题也是尼采讨论未来和展望未来哲学的任务时关切的另一重大命题。在后期的笔记中，尼采提到："我讲述的是此后两个世纪的历史。我描述的是行将到来的事物，不是其他别的可能到来的事物：这就是**虚无主义的兴起**……无数征兆已预示了这种未来，到处显示出这种命运。人们已经开始凝听这未来的音乐。长久以来，整个欧洲文明运动伴随着这种紧张局面的磨难，每十年增长一次，就像向灾难涌来那样：动荡不安、暴力般地接踵而来，犹如潮流奔向**尽头**……"② 在尼采所处的时代，欧美资本主义社会还处在迅猛发展的上升期，"虚无主义"问题虽然已被一些先知先觉的、敏感的文化人士关切，但对于普通人而言还宁可视而不见。但到二十世纪两次世界大战时尼采被人们重新发现时，不得不慨叹其对未来的虚无主义兴起等洞见的毒辣。

在这则 1887 年 11 月至 1888 年 3 月的笔记中，尼采对虚无主义问题还结合重估价值的主张提到："因为人们可不要弄错这个标题的意义，我是想用它来指称这种未来的福音的。《**权力意志**——重估一切价值的尝试》——这个表达方式传达了**一种反运动**，关乎原则和使命：一种运动，它将在某个未来取代那种完全的虚无主义；但在逻辑上和心理上，它却

---

① 此句中译据德文原文做了改动。
② KSA 13, 11 [411], Ss. 189–190；中译采《权力意志与永恒轮回》，正文页 249–251。

贵族激进主义的文化政治
——尼采政治哲学研究

是**以完全的虚无主义为前提**的,它绝对只能**落到**虚无主义上,只能**来自**虚无主义。究竟为什么虚无主义的来临现在是**必然的**呢?因为我们迄今为止的价值本身都是从虚无主义中得出了它们的最终结论的;因为虚无主义是我们伟大的价值和理想的已经得到彻底思考的逻辑,——因为我们必须首先体验到虚无主义,才能弄清这些'价值'的**价值**究竟是什么……在某个时候,我们必须有**新的价值**……"① 也就是说,尼采面向未来提出的虚无主义的反运动的哲学学说,也与虚无主义密切相关,"因为我们必须首先体验到虚无主义,才能弄清这些'价值'的**价值**究竟是什么"。具体来说,这可能是指当时的欧洲人如果不直面到"上帝死了"所带来的巨大的虚无主义真相及其代价,依然匍匐在基督教道德及其神学真理观的影响之下,是难以理解尼采主张的狄奥尼索斯似的艺术—哲学家所做的价值重估,和创造、把握"价值的价值"这些原哲学问题的用意所在。

在1885年秋至1886年秋的一则笔记②中,尼采就论及未来的国际种族联合体,未来的"地球主人",其主人种族就是哲学家和艺术家这个文化—政治问题时提到:"从现在起,对于更广大的支配性构成物,将出现一些前所未有的有利条件。而这还不是最重要的;国际种族联合体的形成已经变得有可能了,它们为自己设定的任务是把一个主人种族培育起来,那就是未来的'地球主人';——一个全新的、巨大的、在最严厉的自我立法基础上建造起来的贵族政体,在其中,哲学暴徒和艺术家暴君的意志将获得超过几百年的延续:——那是人的一个更高种类,它们出于自己的意志、知识、财富和影响方面的优势,把民主欧洲当作他们最顺从和最灵活的工具来加以利用,目的是为了掌握地球的命运,③ 是为了能像艺术家一样,在'人'的身上做工塑造。

够了,人们要重新学习政治的时代到来了。"在这种新的文化—政治联合体中,在这种"贵族政体"中,主人种族就是"哲学暴徒"和"艺术家暴君"。他们创造性的意志、知识等将把民主化的欧洲作为驯服的、灵活的工具加以运用。他们难以遏制的冲动是要掌握地球的命运,是为了像造型艺术家那样做工塑造。但有别于后者,这些哲学—艺术家是在

---

① Ibid., S. 190;中译采《尼采著作全集·第十三卷·1887—1889 年遗稿》,页 231—232。

② KSA 12, 2 [57], Ss. 87—88;中译采《尼采著作全集·第十二卷·1885—1887 年遗稿》,页 101。

③ 以下半句的中译文依德文原文有调整。

人的身上进行塑造。这些是尼采的时代尚未出现，只能展望的一种全新的文化政治愿景，也是尼采所谓"未来"和"未来哲学"的文化—政治面向。这也即尼采的"大政治"主张。

在后期的另一则就以"大政治"为题的笔记①中，尼采提到："我带来战争。**并非**在民族与民族之间：我无以表达自己对欧洲诸王朝该诅咒的利益政治的藐视，这种政治从煽动各民族相互间的自私自利和自高自大情绪的过程中搞出一个原则，差不多是一种义务。**并非**在等级之间。因为我们并没有较高的等级，从而也〈没有〉较低的等级：今天在社会中高高在上者，乃是在生理学上受到谴责的，此外——这方面的一个证据——就其本能来说已经变得如此贫乏，如此不可靠了，以至于它毫无顾忌地承认了〈人〉的一个较高种类的**相反原则**。"尼采的意思是，他在未来要带来的战争，不是当时欧洲流行的各（小）国间的民族主义攻伐，而恰恰是要反对那些当时"社会中高高在上者"。因为他们是"在生理学上受到谴责的"，他们妨碍欧洲人作为一个整体，产生出生理学上更卓越的演进。

在这则笔记中，尼采接着写道："我发动的战争穿越所有荒谬的偶然性，民族、等级、种族、职业、教育、教养的种种偶然性：一场战争，犹如在上升与没落之间，在求生命的意志与对生命的**复仇欲**之间，在正派与奸诈的欺骗之间的战争……所有'较高的等级'都袒护谎言，这并不是听凭它们的——它们**必须**这样：人们并没有掌握住这一点，就是与糟糕的本能保持距离。——除了这种情形下，再也不会表明'自由意志'这个概念是多么贫乏：人们肯定人们**是**什么，人们否定人们**不**是什么……数字有利于'基督徒'：数字的**卑劣**……在人们两千年以来用生理学的荒谬对待了人类以后，衰退即本能的矛盾就**必定**已经达到了优势地位。难道这不是一种令人战栗的考量，即：唯在大约二十年以后，所有**头等重要的**问题，在营养、穿着、膳食、健康、生殖方面，才能以严格、认真和诚实的态度得到对待"。也就是说，尼采要发动的战争反对长期以来（基督徒）"对生命的**复仇欲**"，反对生理学上对人本能的矛盾、错置。而且这些斗争的主题，还要在尼采写作的"大约二十年以后"才能"以严格、认真和诚实的态度得到对待"。可见尼采的这个"大政治"之战的构想，完全只能面向未来。

---

① KSA 13, 25 [1], Ss. 637-638；中译采《尼采著作全集·第十三卷·1887—1889年遗稿》，页 759-760。

贵族激进主义的文化政治
——尼采政治哲学研究

在这则笔记的末尾，尼采还给出了几条"定律"：

"**第一定律**：伟大的政治想把生理学变成所有其他问题的主宰；它想创造一种权力，强大得足以把人类**培育**为整体和更高级者，以毫不留情的冷酷面对生命的蜕化者和寄生虫，——面对腐败、毒化、诽谤、毁灭的东西……而且在生命的毁灭中看到一种更高心灵种类的标志。

第二定律：对恶习的殊死战争；任何一种反自然性都是堕落的恶习。基督教教士乃是最有恶习的堕落种类：因为他**传授**反自然性的学说。

第二定律：创造一种对生命的袒护，强大到足以胜任**伟大的**政治：这种**伟大的**政治使生理学变成所有其他问题的主宰，——它要把人〈类〉**培育**为整体，它对种族、民族、个体的衡量是根据他们的未来［一］，根据他们所蕴含的对于生命的保证进行的，——它无情地与所有蜕化者和寄生虫一刀两断。

第三定律。其余由此得出。"

尽管这些未来"大政治"之战的"定律"，特别是其中"生理学"的内容看上去近似后世激进右翼政治的"优生学"，而令人极为不安，但尼采此处所要针对的生理学上的"蜕化者""寄生虫"却恰恰指前文提到的"社会中高高在上者"，即那些煽动民族主义意识形态和政治运动、战争的，欧洲各（小）国的既得利益者，以及反自然的基督教教士。这显然和后世纳粹等法西斯意识形态对尼采学说、文辞的篡用之目的旨趣恰好相反。

可以说，尼采在其写作晚期的这些近乎狂想的未来政治规划，充满夸张的战斗性的色彩。但其想把人类培育成一个更高的整体，克服民族主义"小政治"的构想，却与其成熟期的文化—政治—哲学构想的主旨是一致的。

戴威勒对尼采未来论述的暧昧性有评论："凡是他提到未来，一概暧昧不明，但其中许多确实带有政治成分。他一再主张'欧洲统一'，并将此关联于他所谓的'大政治'，他期盼于一种主子族类的出现，他们将会统治世界，而在他的笔记中，期待把全世界都用来作人类培育实验。"①

"尼采眼中的未来的政治样貌，这是藉由一种本质属于美学、并且极端贵族主义的为人类存在正当化的模式，来试图克服虚无主义的结果。"②

"尼采把对未来的希望，寄托在一种新的哲学家，他是新价值的开创者，

---

① 《尼采与贵族激进主义政治》第一章，p. 4，页 4。
② 引书同前，p. 13，页 14—15。

并也因而是新真理的建立者,他近似于我所定义的尼采的戴奥尼索斯式理想(Nietzsche's Dionysian ideal),亦即尼采的新秩序的理想。"①

同我们前面的研究类似,戴威勒也注意到:"在《论道德系谱》,他说:'所有的科学要从现在起,为哲学家未来的任务预作准备:此任务被认为是对价值问题的解决,是对价值之间等级次序的决定。'② 1886年他为《人性的,太人性的》所作序言中,他表明:'等级次序的问题',是他的'问题'、也是他的'任务'。③"④戴威勒还提示,尼采"……坚持我们应当把我们的希望

朝向新哲学家;别无选择了;朝向足够强壮且原创性的精神,好能提供刺激产生出相反的价值,并重估与颠覆'永恒价值';朝向先驱者、朝向未来的人,这些人现下正著手强使千年之意志走上新路轨。⑤"⑥ 也就是说,新哲学家以其重估一切价值的权力意志,为欧洲文明的旧轨道改弦更张。

根据戴威勒的与本书研究结果相近的考订,"我们从《论道德系谱》中知道,'将要把我们从到现在还在当道的理想中……救赎出来的未来之人,'就是'不信神者查拉图斯特拉',而丹豪瑟有力地指出,就是尼采自己的自我理想化身(self-idealization)。⑦ 虽然任何对尼采的著作所作的救世主式的诠释,都必须有所保留,但我们还有把握提出这样的看法,即:尼采最高兴不过的,就是强迫'千年之意志走上新路轨'。如同他在《反基督》中说的,'我如此这般陈述的问题是……那一类型的人应当加以培育(breed)、应当予以想望(willed),为的是有较高价值、较值得拥有生命、较确定有一个未来。即使在过去,这较高类型也常出现——但只是作为一宗幸运的意外,而从不是作为某种被想望的东西。'⑧"⑨ 这

---

① 引书同前,pp. 13—14,页15。
② GM,pt. 1,sec. 17(强调的部分是尼采所加)。【原注。笔者按,GM为《谱系》的英文缩写,下同。】
③ 见 GM,pt. 1,sec. 7。【原注】
④ 《尼采与贵族激进主义政治》第二章,p. 27,页37。
⑤ GES,sec. 203.【原注。笔者按,GES 所表尼采引文不明,疑为戴威勒笔误。】
⑥ 《尼采与贵族激进主义政治》第二章,p. 30,页40。
⑦ GM,pt. 2,secs. 24, 25;见 Nietzsche's View of Socrates,241—45;也请见 Martin Heidegger, "Who Is Nietzsche's Zarathustra?" The New Nietzsche, ed. David B. Allison (New York: Delta, 1977),64—79。【原注】
⑧ A,sec. 3. ……【原注。笔者按,A为《敌》的英文缩写,省略号处为笔者略,下同。】
⑨ 《尼采与贵族激进主义政治》第二章,pp. 30—31,页41。

贵族激进主义的文化政治
——尼采政治哲学研究

点出了尼采哲学之宗教式的使命：一代新人应该有较确定的未来。

根据戴威勒对《偶像的黄昏》一书的考订①，尼采看到：

> 整个西方已不再拥有能从其中产生出建制、能从其中产生出一个未来的本能了……为了要能够有所建树，就必须要有一种意志、本能、或强制，它反自由主义到了恶毒的地步：意愿于传统、于权威、于为后来世纪扛责任、于巩固世代的连锁，而无休无止（ad infinitum）的起伏往复。当这种意志出现时，像罗马帝国这样的东西，就被建立起来；或是像俄罗斯，今日唯一的强权，它依然持续着，它能够等待，它仍然能给我们某种许诺。②

对于西欧这种产生未来的本能的丧失，尼采除了寄希望于"超人"，就只能寄希望于类似罗马帝国般的强权——俄罗斯帝国了。

按照戴威勒的说法，阿波罗与狄奥尼索斯的对立意向也被尼采用来描述其心目中未来的"大政治"："对戴奥尼索斯与阿波罗之于政治方面的关系，尼采有相当清楚的说明。他说阿波罗是'形成国家'之神，并且和爱国主义与政治冲动有密切关系；另一方面，戴奥尼索斯使人'冷漠了，确实……敌视于政治本能。'③……人类生命的最高征象，不是以无造型的生命、也不是以无生命的造型来表现的，而是代之以利用阿波罗的手段，来表现戴奥尼索斯式内涵的丰富，希腊悲剧就是这样子，而毫无疑问，未来的大政治也必定是这个样子。"④ 也就是说，未来的大政治是以阿波罗的手段表示狄奥尼索斯的内涵。

而尼采所渴求的未来的对立面，及其最大的敌人，则是"末人"（"最后之人"）。戴威勒评论到："最后之人之所以令人瞧不起，是因为他不能给自己订一种能让他瞧不起自己，因而得以超克自己的目标。他追求狭隘的齐头式的幸福，让自己置身于爱、创造、与渴望之外、不求努力也毋须不同于他人。所以，他使人联想到的是'槁木死灰似的中国式停滞'，并且被称为'终结的开始'。在查拉图斯特拉看来，他'代表所

---

① 引书同前，第三章，pp. 42—43，页 60—61。
② TI, "Skirmishes of an Untimely Man," sec. 39.【原注。笔者按，TI 为《偶像》的英文缩写，下同。】
③ BT, sec. 21.【原注。笔者按，BT 为《悲剧》的英文缩写，下同。】
④ 《尼采与贵族激进主义政治》第三章，pp. 65—66，页 88—89。

172

有的人未来的最大危机'，① 是人类最高希望、也就是超人的相反者。"②所以我们也不难理解，戴威勒认为尼采得"把就要到来统治欧洲的'新阶级'，和未来的'大政治'一起提出来，③ 显示这二者间不可分的关系"④。

尼采未来观中带有的精英主义：人类最高的目标，就是最高的艺术，就是最高的人类，也被戴威勒敏锐地捕捉到。他提出，尼采"从来没有丧失掉对广义的艺术救赎力量的信心。……因此，尼采继续去追求那高贵的、高尚的，来抗衡那有用的、或道德的，在后期作品中，他依然坚持，'最攸关重大的……永远还是文化。'⑤ 一次又一次，他从根本上美学的角度，来为他未来观中带有的精英主义作辩护：

> 高的不该把自己降到变成了低的工具的地位……他们存在的权利，就像音调圆满的钟，要比失误喑哑的钟，多一千倍的特权一样：只有他们，是我们未来的保障，只有他们，才可能带给人类未来。⑥

在后期著作中，即使面临着虚无主义，对较高类型而言，艺术依然是'给生命的大刺激'。……

因此，对较高类型的人而言，他的奋斗已不再具有道德上的、或科学上的理由，是无关宏旨的，因为上帝之死，完全无碍于一个对存在的基本上艺术性反应的正当性。照尼采说，作为'给生命的大刺激'的艺术，同时也是对衰败的'反向运动'。⑦ 而正如海德格（Heidegger）说的，艺术也是尼采对付虚无主义的反向运动。⑧ 因此，尼采对人类的目标，是催生最高的艺术，那就是最高的人类。"⑨

对于尼采常使用的令人不安的、似与"优生学"相关的"培育"（breeding，zucht，zuchtung）概念，戴威勒解释到："我们倒不必认为

---

① 见 Z，pt. 3，"On Old and New Tablets," secs. 26—27；EH，"Why I Am a Destiny," sec. 4.【原注。笔者按，Z 为《扎》的英文缩写，EH 为《瞧》的英文缩写，下同。】
② 《尼采与贵族激进主义政治》第四章，pp. 72—73，页 102—103。
③ BGE，sec. 208.【原注】
④ 《尼采与贵族激进主义政治》第五章，p. 101，页 140。
⑤ TI，"What the Germans Lack," sec. 4.【原注。笔者按，WP 为《权力》的英文缩写，下同。】
⑥ GM，pt. 3，sec. 14.【原注】
⑦ TI，"Skirmishes of an Untimely Man," sec. 24；……也请见 WP，sec. 809.【原注】
⑧ Nietzsche，1：90.【原注】
⑨ 《尼采与贵族激进主义政治》第五章，pp. 104—105，页 144—145。

贵族激进主义的文化政治
——尼采政治哲学研究

尼采完全只把培育当作一件有关优生学的事。……也有很多证据显示，尼采'培育未来之人'的思想里，带有强烈的文化成份。

……那么我们就可以预期在他培育的概念里，混合著先天自然的成份与后天教养的成份。"① 由此可见尼采的相关提法固然激进，但尚未偏颇到后世右翼激进政治对其言辞扭曲篡用的丑恶程度。

同时我们也要在一定程度上理解，尼采之所以不对"未来哲学"做更多的具体阐述，可能也有他对未来"创造者"的信赖有关。对此，戴威勒颇为敏锐地提到："……尼采确实有一种拒绝下指令的意味，也许是因为他体认到，去为那些他希望成为未来的价值创造者的人，来指定价值，是荒唐的。……所以尼采对所有价值的重新评估，到最后并不是产生出一个普遍的行为法典，或是产生出一个对最高类型、或甚至是未来的最高社会制度的详细描画。"②

最后，我们必须直面尼采"未来哲学""未来政治"中对现代主流政治意识形态，诸如民主主义、社会主义的复杂，更多是批评的态度。在民主问题上，尽管作为前人的托克维尔在《民主在美国》一书中，坦率承认民主、平等是人类历史的大势所趋③，但根据戴威勒的考订④，尼采则坚称："民主运动的真正价值，极可能是在于一种提升生命的反民主斗争的出现，尼采希望在他所属意的未来里，此一反民主斗争会在就要到来的'人世间还从未曾看过的那样的战争'中，得到胜利。"⑤

而对于社会主义，戴威勒在考察尼采中、后期思想中对社会主义的态度时注意到：尼采后期一方面担心社会主义会威胁未来社会的稳定，一方面期待从社会主义革命的斗争中，产生出反社会主义的"新贵族"。戴威勒的论述如下：

"从不同时期尼采对社会主义革命幽灵的微妙变化的反应中，也同样能看出来中间时期之较为平和的色彩。⑥ 在这一段时期里，他不只像他一贯的对社会主义心存憎厌，而且还好像怀有恐惧，因而强调要采取预防措施来避免它的发生。他主张以民主制度来当抵抗的堡垒，并且反对

---

① 引书同前，pp. 111—112，页 153—154。
② 引书同前，p. 214，页 157，注 7。
③ 《论美国的民主》（上卷），"绪论"，页 8。
④ 《尼采与贵族激进主义政治》第八章，p. 177，页 248。
⑤ EH, "Why I Am a Destiny," sec. 1；……【原注】
⑥ 见 HAH, sec. 473；WS, sec. 292.【原注。笔者按，HAH 为《人性》上卷的英文缩写，WS 为《人性》下卷第二篇"漫游者和他的影子"的英文缩写，下同。】

虚夸的摆阔、以及对劳工的无情剥削，因为这些都只会刺激社会主义的产生。①

后期著作的立场更是复杂。他一方面依然轻视社会主义，并且认为社会主义会威胁到未来社会的稳定：

> 在下个世纪的胃里面，会有更严重的'咕噜作怪声音'，而若是跟就要到来的事情比起来，在德国也有其辩护者与支持者的巴黎公社（Paris commune），则只不过是一个小小的消化不良而已。

另一方面，他似乎相信社会主义终究永远不会成功（有太多人想拥有点什么东西），而支持社会主义与反对社会主义的斗争，可能对欧洲整体具有一种'有用的与治疗性的'效果：

> '社会主义'耽搁了'世界和平'、延缓了对民主的群性动物全面的安抚；它强迫欧洲人保持精神，也就是保持奸诈、并且留心不要一骨脑把男子气与好战的美德给全丢了。②

说得更具体一点，他的意思是，未来的'了不得的社会主义危机'之所以有其价值，是因为未来的'统治族类'，'只能从严酷而暴力的开端中茁壮起来。'③ 这里清楚的表示，未来的社会主义革命，可能是一个关键，因为他的新贵族将要自其中产生出来。"④

结合十九世纪后期以来的政治史和社会主义运动史，我们就能看到尼采对其理想的政治未来的展望有多少是切中时弊的，又有多少是因其鲜明的激进右翼色彩，而不免被后世不祥的政治运动所利用的。这是我们了解、研究尼采充满"面向未来"的哲学主张时，必须予以正视和保留的。

---

① 见 *Maxims*，sec. 304；*WS*，secs. 286，292.【原注。笔者按，*Maxims* 为《人性》（下卷）第一篇"杂乱无章的观点和箴言"的英文缩写，下同。】
② *WP*，sec. 125.【原注。笔者按，*WP* 为《权力》的英文缩写，下同。】
③ Ibid.，sec. 868.【原注】
④ 《尼采与贵族激进主义政治》第八章，pp. 179-180，页 251-252。

贵族激进主义的文化政治
——尼采政治哲学研究

第二节　尼采贵族主义的哲学基础

在上一节中，我们已看到尼采政治哲学尖锐、不妥协的激进主义，是与其对思辨哲学中生成、流变的热情肯定、褒扬，和对存在的辩证保留密切相关的。在本节中我们则将看到，尼采的贵族主义文化政治主张（及其社会等级制等现实对应物），却具有其权力意志等学说对存在的要求、辩证肯定之底色。权力意志学说与道德谱系学对奴隶道德的批判构成了尼采贵族主义哲学基础的一正一反两个方面。

一、权力意志与价值设定

在1886年底至1887年初的一则笔记中，尼采提到："给生成**打上存在性质的印记**——这乃是最高的权力意志。"[①] 尼采这句对"权力意志"概念的著名界定，与其"赫拉克利特主义者"的单纯形象不同。

尼采固然强调思辨哲学中生成、流变等否定性维度，但也完全正视人们思想、生活中须臾不离的存在、肯定性维度。在尼采这里，这种对存在的肯定是"艺术家——哲人"（狄奥尼索斯——扎拉图斯特拉）式的，是"权力意志"的积极体现，因而不可避免地具有柏拉图《理想国》、印度教《摩奴法典》中鲜明的"等级制"的"印记""色彩"。这个"印记"恰恰是上述"权力意志"的积极体现，而其"色彩"也是尼采从"权力意志"的存在光谱出发，设定、重估价值的呈现。

可以说，尼采在文化政治、在价值问题上鲜明的贵族主义倾向中，恰恰与其在别处批判的柏拉图对存在、理念世界的等级划分，及后者相应的政治主张、现实对应物旨趣相通、相合。这也是尼采与"柏拉图主义"的纠葛中值得注意的一个面向。

在尼采这里，他从不讳言对文化—政治上的等级制的支持，和人的差异与档次的判断。在前引过的早年未完成著作《希腊城邦》中，尼采就提到："为了给艺术发展提供一片广阔肥沃的土壤，绝大多数人必须为少数人服务，他们必须超越个人困苦的限度，奴隶般地屈服于生活的艰辛。在他们付出的同时，特权阶级便依靠他们的剩余劳动（Mehrarbeit）摆脱了生存斗争，以便创造一个新的需求世界（eine neue Welt des

---

[①] KSA 12, 7 [54], S. 312；中译采《权力意志与永恒轮回》，正文页206。

Bedürfnisses），并满足它。

与此相应，我们不得不承认这刺耳的真理，即奴隶制属于一种文化的本质。"①

在1887年秋的一则笔记②中，尼采写道："即便人们对理智的洁净性要求不高，但也无法阻止在与《新约全书》接触中产生出那种说不出口的恶心之感，因为最无权者卑鄙、放肆地要求参与大事，要求对这些大事有裁决权。这太过分了！这是无耻的轻佻，用这种态度谈论这里讲不清的问题（如生命、世界、上帝、生命的目的），仿佛这类东西根本不成其问题，甚至是这些虚伪小人皆**知**的事。"

这是尼采典型地从一正、一反两个角度表达自己对等级制及其专职分工的构想：上层从事精神性、创造性的活动，裁决"大事"，下层以"剩余劳动"提供生存的资料，不得接触、涉及"大事"。

如果说尼采的激进主义政治思想的思辨哲学依据是生成，那么其等级制的、贵族主义的政治思想的依据则是柏拉图式国家的存在及其等级秩序。在早年的《希腊城邦》中，尼采就写道："国家真正的目的、奥林匹斯的生存和不断涌现的天才的诞生和准备。与天才相比，其他一切事物只是工具、辅助手段和催化物。……这过于浅薄且几乎是偶然的疏忽并不会妨碍我们在柏拉图式国家的完整概念中，认识这些包含着一个意味深长的、永远值得阐释的隐秘教诲——关于国家与天才之间的内在关联（Zusammenhang）——的极其伟大的微言（Hieroglyphe），在这篇序言中，我们或许已经道出从这隐秘文字中猜出的东西。"③尼采不惮以柏拉图式的国家概念作为哲学—艺术家的天才个人培育的温床，除此之外，"其他一切事物只是工具、辅助手段和催化物"。实在没有比这更鲜明的支持柏拉图《理想国》等著作中提到的等级制，且各等级各居其位、各得其所的政治正义观的宣言了。可以说，柏拉图式的等级制国家观及其背后存在的等级秩序，就是前引后期笔记中，尼采提到的"最高的权力意志"的"印"。正是凭借这个印章，尼采才能给生成"打上存在性质的印记"，才能引导"万物轮回"中"**生成世界向存在世界最极端的接近**"。

在这则笔记中，尼采还提到："整个人类的**理想主义**正要变为**虚无主**

---

① KSA 1, S. 767；《复旦哲学评论》第一辑，页250。
② KSA 12, 10[204]（298），S. 581；中译采《权力意志与永恒轮回》，正文页235–236。
③ KSA 1, Ss. 776–777；《复旦哲学评论》第一辑，页256–257。

义，——变为信仰绝对的**无价值性**，即无意义性……

理想的毁灭，新的荒漠，新的艺术，我们这些**两栖动物**以求忍受。

前提：勇敢、坚忍、义无'反顾'，也不急于前进。

请注意：查拉图斯特拉总是嘲讽地摹仿一切过去的价值，且与众不同。"在权力意志世界中，生成世界向存在世界接近。这就使得人们经受从古典的理念主义（理想主义）走向生成的虚无主义的道路。尽管这个过程中会遭遇理念（理想）的毁灭，新的荒漠，但像尼采、扎拉图斯特拉这样的能同时适应生成与存在的"**两栖动物**"可以忍受。其"**前提**"则是"勇敢、坚忍、义无'反顾'"和"不急于前进"这些沉稳坚忍的战士德性。这种坦然面对人类价值重估的大是大非的高贵品格，也就是尼采颂扬的贵族德性，恰也是作为"存在"的一面而保有价值的。

在后期的尼采看来，"柏拉图完全处于摩奴精神中：人们把他透露给埃及人了。特权阶层的道德、善人的上帝、'永恒的唯一灵魂'

——柏拉图是婆罗门教徒

……

复制：哲学家类型。

特权阶层

把学说分为秘传的与非秘传的

'伟大的灵魂'

灵魂漫游作为颠倒了的达尔文主义（——不是希腊的）"[1]。

这时的尼采，将柏拉图《理想国》中基于存在、灵魂的等级正义而构建的国家观等同于摩奴法典的精神，等同于婆罗门教的种姓制度。按尼采的说法（这也是古典学术上的陈说），柏拉图的学说分为秘传的和非秘传的。这种区分也将学说接触者的灵魂、德性层次做出了高低划分。在此处，尼采可能用"颠倒了的达尔文主义"一语，想要表述在柏拉图那里，灵魂的演化、演进仿佛是生命演化的达尔文学说的颠倒。但对灵魂伟大与否做出判断的等级标准，在尼采这里是和权力意志及存在的、价值的等级秩序密切相关的。

在另一则 1888 年春的笔记[2]中，尼采更清晰地勾勒了其等级制社会的图景："**等级制**依据于如下观察：存在着三种或者四种人，他们被指定

---

[1] KSA13，14 [191]，S. 378；中译采《尼采著作全集·第十三卷·1887—1889 年遗稿》，页 448。

[2] Ibid.，14 [221]，Ss. 394-395；中译引书同前，页 467-468。

去从事另一种活动，并且得到了最佳发展，正如这种活动通过劳动分工而为他们全体所应得的那样……

一种存在作为**特权**，一种活动亦然

等级制只不过是对若干个**生理类型**之间的自然距离（性格、脾气等等）的认可

——它只不过是对经验的认可，它并不是在经验之前发生的，更没有消除经验……

a) **富有才智的人**，（——学者、导师、裁判者、哲学家——）——老师和牧师阶层

b) **肌肉发达的人**，武士阶层——军队阶层

c) 〈从事〉商业、农业和畜牧业者——供养阶层

d) 最后，一个**低等的**（臣服的）土著（种类），被认作奴仆种族。

在这里，预设的前提往往是一种现实的**自然分离**：等级概念只不过是对自然分离的认可。

家族的神圣性、世代与世代的团结一致是整个构造的前提：——因此，它恰恰必须完全被**转渡**到彼岸。

人们必须有子嗣，因为唯有子嗣才能**解救**……人们联姻结婚，'是要为祖先赎罪'。"

类似的说法还见于1887年11月至1888年3月的一则前引笔记[①]："只有三种可敬的人物：教士、战士和诗人。认识、杀戮和创造。

其他人听任剥削压榨，注定当牛作马，也就是从事人们说的各种职业。"

在此，尼采毫不讳言在精神工作者统领下的等级社会及其各阶层的劳动分工。尽管这在十九世纪末并未像时下显得如此大逆不道，但在当时这样赤裸裸的学说也已显得足够扎眼和令人不悦。尼采在此依据权力意志以及灵魂特性做出的阶层划分，如前所述，就如同凹凸有致的"印记"，令人印象深刻地打在了其生成学说之上。

此外，尼采也在其公开发表的著作中，倡言这种有关人的，乃至有关道德的等级制，与当时的平等主义的道德意识形态作战。在《超善恶》第七章"我们的德行"的第228节，尼采提到："在所有这些迟钝的、良心上感到不安的群体动物（他们把利己主义的事情当作普遍福利的事情

[①] Ibid., 11 [198]（波德莱尔，第99—100页。——编注 [此节为德、法文混用]），S. 82；中译引书同前，页95。

贵族激进主义的文化政治
——尼采政治哲学研究

去做）中没一个愿意对下述事实有所了解和考察：'普遍福利'不是理想，不是目的，不是同某种方式就可把握的概念，而只是一种呕吐剂，对一个人是正当的东西，对另一个人就不可能完全是正当的，为一切人所要求的一种道德，恰恰损害了更高等的人。简言之，在人与人之间存在着一个**等级秩序**，因此，在道德和道德之间也存在着一个**等级秩序**。这是一种有节制的和根本上平庸的人，这些功利主义的英国人，而且如所说的，就他们是厌倦的而言，人们不能过高地考虑他们的实利。人们还应该对他们加以鼓励，正像人们部分地以下面的韵句所尝试的那样：

> 治愈你们，老实的手推车奸商，
> 总是'越长久越可爱'，
> 头和膝盖总是更僵硬，
> 不兴奋，不俏皮，
> 永远平平庸庸，
> 没有天才，也没有头脑！"①

这里之所以全文引用这段文字，是因为其中生动地反映了尼采主张社会、国家的目的始终是个人②，人与人之间有显著的差异，彼之所好或为吾之所恶（"对一个人是正当的东西，对另一个人就不可能完全是正当的"），故不能简单以所谓道德黄金律推己及人，将一些人对功利（如安全、"幸福"）的偏好推广到其他人，特别是社会上的少数"高等人""卓越者"（他们可能热爱冒险，和与之相伴的艰苦）。如前引过的一则尼采前期笔记③所述："公民社会的目标不是一个不管什么的国家，而是一个最高典范能够在其中生活和创造的国家。这也是国家深处的根本目标。"

总之，借用前引过的戴威勒的评论④，尼采将人及其品格的等级秩序问题作为"他的'问题'、也是他的'任务'。"⑤他还认为："所有的科学要从现在起，为哲学家未来的任务预作准备：此任务被认为是对价

---

① KSA 5, Ss. 164-165；中译采《论道德的谱系·善恶之彼岸》，页 246。
② KSA 8, 17 [17], S. 299；中译文见《权力意志与永恒轮回》，正文页 34。
③ "艰难时代的哲学"，46 节，载于《哲学与真理：尼采 1872—1876 年笔记选》，页 152。
④ 《尼采与贵族激进主义政治》第二章，p. 27，页 37。
⑤ 见 GM, pt. 1, sec. 7.【原注】

180

值问题的解决，是对价值之间等级次序的决定。"① 而这种人的、价值的等级秩序在政治上的对应物，就是柏拉图《理想国》《摩奴法典》里的贵族制的等级制度，而其在思辨哲学上的对应物，则是基于存在和灵魂的等级及其"正义秩序"。

为生成的、涌动的混沌世界赋形的，恰恰是"权力意志"及其实现。在《超善恶》第一章"谈哲学家们的偏见"第 9 节，尼采就曾写道："哲学是这专制的欲望本身，最具精神的权力意志，'创造世界'的意志，第一原因（causa prima）的意志。"② 尼采这里的言下之意，即哲学是权力意志，是创世的意志，是第一因的意志。没有哲学及其求真的权力意志，世界的表象都无法向人一一呈现。在此，权力意志便与存在联系在一起。

在尼采看来，人"生命意志必须被提高到无条件的权力意志"③，经过这一淬炼和拔高，人才能克服民主、平等意识形态对人类型的"拉平"，从而超越各种艰难险阻，把自身提高到更卓越的类型。相反，自由主义的机构则"削弱权力意志，它们抹平山峦和峡谷的落差提升为道德，它们提倡渺小，懦弱和享受"④。然而，"自由人的最高级类型必须到那里寻找，在那必须克服最强大阻力的地方：离暴政咫尺之遥，紧靠被奴役之危险的门槛"⑤。也就是说，只有在权力意志的斗争最强劲的地方，才诞生最自由的人。这些人的存在是依照其所诞生的权力意志的"雕琢"来呈现的，其代表就是凯撒。

在尼采看来，真正的哲学和哲学家也有这种在根本哲学问题上发号施令的权力意志，在前引过的一则《超善恶》的格言⑥中，尼采提到，对于这些人而言，"一切现存的和曾经的东西……成为工具，成为锤子。他们的'认识'是**创造**，他们的创造是一种立法，他们的追求真理的意志是——**权力意志**"。在这种作为求真意志的权力意志的鼓舞下，他们敢于进行价值设定，"他们说：'**事情应该**是这样！'他们首先规定人的去向，人之为何，并且在这里支配着一切哲学工作者的预备工作，往昔的一切征服者的预备工作"。在尼采这里，看似客观求真的哲学，在其原哲

---

① GM, pt. 1, sec. 17（强调的部分是尼采所加）。【原注】
② KSA 5, S. 22；中译采《论道德的谱系·善恶之彼岸》，页 127。
③ 《善恶》，第二章 44 节。KSA 5, S. 61；中译引书同前，页 156—157。
④ 《偶像》，"一个不合时宜者的漫游"章，38 节。KSA 6, Ss. 139；中译采《偶像的黄昏》，页 159。
⑤ Ibid., 140；中译引书同前，页 160。
⑥ 《善恶》，第六章 211 节。KSA 5, S. 145；中译采《论道德的谱系·善恶之彼岸》，页 230。

贵族激进主义的文化政治
——尼采政治哲学研究

学意义上，是与价值设定的权力意志密切相关的，其中蕴含着巨大的主体性因素。

从权力意志出发，尼采重新设定了好、坏的价值以及"好"高于、优先于"坏"的价值等级、秩序。在《敌基督者》第 2 节中，尼采提到："什么是好？——一切提升人之中的权力感、权力意志、权力自身的东西。

什么是坏？——一切源于软弱的东西。

什么是幸福？——权力**增长**的感觉——克服阻力的感觉。

不是满足，而是更多的权力；**不是**泛泛的和平，而是战争；不是德性（Tugend），而是才能［Tuechtigkeit］（文艺复兴风格的**德性**，virtù，非道德性的德性）。

软弱者和失败者应该毁灭：这是**我们**首要的爱人原则。应该促成他们走向毁灭。

还有什么比任何一种恶都更为有害？——对一切失败者和软弱者的主动同情——基督教……"①

凡是有助于提升权力意志的，都是好的；一切源于软弱的，都是坏的。幸福并非无痛苦无纷扰，而是权力增长、克服阻力的感觉。值得颂扬的不是美德，而是才能、才干，和文艺复兴风格的、非道德的德性。根本上贬斥基督教"同情"弱者的价值，而是要促成软弱者、失败者的毁灭。这些偏激得近乎酷烈的话语，却也足够明显地体现了权力意志对价值的重估，和对新价值秩序的塑造。

在中期的一则笔记②里，尼采还解释了爱虚荣主要是为了获得"**权力感**"，而非在道德上应该羞愧的。对于爱虚荣、争权力的人，一般意义上的赞扬与斥责、爱与恨都是同样的。他们关心的只是一种权力感、对他人的支配感的满足：

"爱虚荣的主要因素乃是获得一种**权力感**。对权力的快乐不是因为我们受人赞扬而感到高兴。赞扬与斥责、爱与恨，对爱虚荣、争权力的人来说都是一样的。

胆怯（贬义词）和权力意志（褒义词）是我们对他人意见十分重视的一种表达。"

尼采在这则笔记中还提到："对**权力的快乐**——这种快乐来自于所经

---

① KSA 6，S. 170；中译采《〈敌基督者〉讲稿》，页 125。
② KSA 8，23［63］，S. 425；中译采《权力意志与永恒轮回》，正文页 40。

历过的无数依附和软弱的痛苦。假如没有这种经历，也就没有这种快乐了。"也就是说，权力意志还没有得到实现的压抑状态对于"**权力的快乐**"也是必须的，因为没有这些压抑的经历，也无从谈权力意志实现后的欢快。

在这段笔记的论述中，我们看到了尼采对权力意志更具体的结构分析（重视他人的意见），以及其之相对性（依赖与依附、软弱痛苦的对比），及其实现自身的绝对性——追求"**权力感**""**权力的快乐**"的绝对性。

在1876年底至1877年夏的一则笔记①中，尼采则提到获得权力感的努力几乎创造了整部文明史："人类在所有时代里都致力于获得权力感，他们为此创造出的手段几乎就是一部文明史。如今许多手段已经**不行了**，或者**不可取了**。"在这句几乎夸张的论断中，我们看到此时尼采强烈地将权力意志与文明创造的源头力量相连接的倾向。在尼采的价值、文明等级秩序中，最高处的似乎不是理智，而是权力意志、权力欲。而后者在古典哲学的灵魂论那里，则近激情和欲望，是有待被引导和统治的。

在1880年夏的一则笔记②中，尼采的论述依然涉及古典哲学灵魂论中的等级秩序问题：

"理智是我们的欲望工具，仅此而已。理智从不会**自由自在**，它在各种欲望的斗争中变得锋利起来，由此使个别欲望的行动变得细腻起来。在我们最大的正义和诚实之中有权力意志，有追求我们个人无差错的意志，而怀疑只在涉及各种权威时才有。我们不想被人欺骗，也不想被**我们自己的欲望**所欺骗！那么究竟是什么东西不**想**被欺骗呢？肯定是欲望喽！"

尼采这里的意思是：理智是欲望的工具，它在各种欲望的斗争中锋利化；权力意志在我们最大的正义和诚实中。然而，作为最大正义、诚实的权力意志，作为欲望之工具的理智，此观念结构与柏拉图《理想国》中灵魂论的正义结构虽共有支配性的框架结构，但其主宰者的位秩却是不同甚至颠倒的：尼采这里不再以理智为最高，不再以理智引导激情（接近意志）驾驭欲望，而是以权力意志最高，欲望驱使理智。

在1880—1881年冬的一则笔记③中，尼采借对作为权力意志的文化

---

① KSA 9, 4 [184], S. 147；中译引书同前，正文页58。
② Ibid., 6 [130], S. 229；中译引书同前，正文页62。
③ Ibid., 9 [14], Ss. 412–413；中译引书同前，正文页75。

贵族激进主义的文化政治
——尼采政治哲学研究

等级制对立面的僧侣的剖析，耐人寻味地呈现出并未完全仿效印度婆罗门教种姓制的权力意志文化的等级秩序：

"僧侣以贫穷、贞洁和顺从脱离俗世，尤其是以顺从这个美德，但从根本上讲是以上述三种美德——他们放弃了权力意志：他们不仅从'世界'里溜走，而且更主要是从一种文化里溜走。这种文化在权力感中觅得幸福。他们退回到更古老的文化阶段上，此阶段的文化试图以精神陶醉与希望完好地保护贫困者、弱者、孤独者、未娶妻者和无子女者。"

可见尼采最属意的权力意志个体和方向，并非禁欲主义的、顺从的僧侣阶层。尼采赞赏的是一种"在权力感中觅得幸福"的文化。其领导阶级应该是精神性的，但无疑也权力意志充沛。这只能是富有创造力的艺术家—哲学家形象。

在中后期和后期的笔记中，尼采更强调权力意志的地位。如："1. 是生命意志吗？在那儿我看到的总是权力意志，只是权力意志。"[①] "对人的**发展**最有利的东西乃是权力意志——几千年来，欧洲人不正是受到骗人的、捏造的基督教迷惑吗？"[②] 如果说，这还是在社会文化层面对权力意志的呼唤，那么以下一则颇令人费解的1884年夏至秋的笔记[③]，则体现出尼采想在自然层面对权力意志存在形式、意义做描述：

"同辈人回到权力意志上来吧！（就是说，权力意志也必须存在于**非机体**的已被采纳的**物质**之中！）在原生质相互避让的情况下，形式也就形成了，重心立即被分为两部分。从每个部分出发出现一个相互关联的、**互相扭在一起的**力，因为要**撕碎**中间部分。结果是：权力关系的**均衡**便是世代起源。也许一切继续发展都和这种存在的权力等价值联系在一起的。"

在这则笔记中，自然界的非机体也浸润在权力意志之中。权力意志似乎构成了形成形式的一种不可避免、导向"**均衡**"的力，并构成世代起源，事物继续发展的必要条件。

除了非机体，尼采后期还尝试用权力意志解释动物，乃至有机生命一切作用的源泉。尼采在一则1885年6月至7月的同样令人费解的笔记[④]中提到，权力意志为物理学的"力"概念赋予内在世界：

[①] KSA 10, 5 [1], S. 187；中译引书同前，正文页103。
[②] KSA 11, 25 [450], S. 133；中译引书同前，正文页120。
[③] Ibid., 26 [274], Ss. 221–222；中译引书同前，正文页126–127。
[④] Ibid., 36 [31], S. 563；中译引书同前，正文页151–152。

"我们的物理学家用'力'这个常胜的概念创造了上帝和世界。对此还需要补充一点：必须把一个内在的世界赋予这个概念之中，我称之为'权力意志'。就是说，永不知足地要求显示权力，或者说，作为创造性的本能来运用、行使这种力等等。物理学家无法摆脱自己的'远距离效应'（Wirkung in die Ferne）原则，同样也难以摆脱斥力（或吸引力）的局限。这些东西毫无用处：人们必须把一切运动、一切'现象'、一切'法则'统统理解为内心活动的征兆，最终应当使用人的类比法。动物所具有的一切欲望可能来自权力意志，有机生命的一切作用也来自此同一源泉。"

从中可以读出、确定的是，权力意志"永不知足地要求显示权力"，"作为创造性的本能来运用、行使这种力"，即创世之力。"动物所具有的一切欲望可能来自权力意志，有机生命的一切作用也来自此同一源泉。"因为"人们必须把一切运动、一切'现象'、一切'法则'统统理解为内心活动的征兆，最终应当使用人的类比法"。也即以权力意志对人之所思所行的推动，类比其对自然界，特别是有机界的带动。

在这一时期的尼采看来，"权力意志是最后的事实"。在一则题为**"关于计划"**的1885年8月至9月的笔记[①]中，尼采提到："我们的智慧、意志，连同感觉都依赖于**价值判断**，因为价值判断符合人的欲望以及欲望的生存条件。我们可以把欲望归入**权力意志**。

权力意志是最后的事实，我们向它走去。"此处，尼采将人们的智慧、意志，甚至感觉都判为依赖"**价值判断**"，似乎有些极端和牵强。也许作为一个有着心理学家般敏锐洞察力的人，尼采看到"符合人的欲望以及欲望的生存条件"的价值判断可以形塑人的智慧、意志，甚至感觉。而人的这些欲望，在尼采看来恰可归入"**权力意志**"。如此，似乎人的知、情、意可全部归入"**权力意志**"，它因此也成为"最后的事实"。

如前所述，尼采想用权力意志解释整个宇宙中，无论有机界还是无机界的作用、运动；将思维、价值判断视为欲望的一种表述，欲望专门化，而权力意志是诸欲望的统一性。将一切有机物的基本作用归入权力意志，同时思考权力意志是否也是无机世界中的运动、动因。在1885年秋至1886年春的一则以"心理学**出发点**"为题的笔记[②]中，尼采提到：

"——人的思维（Denken）和价值判断仅仅是背后翻滚着的欲望的

[①] Ibid., 40 [61], S. 661；中译引书同前，正文页167。
[②] KSA 12, 1 [30], Ss. 17-18；中译引书同前，正文页174-175。

贵族激进主义的文化政治
————尼采政治哲学研究

一种表述。

——欲望愈来愈专门化，**权力意志**（为了用一切欲望中最强有力的，至今在指挥一切有机物发展的欲望来表达）就是其统一性。

——把一切有机物的基本作用归入权力意志。

——问题是，权力意志是否也是无机物世界中的运动呢？因为机械论的宇宙解释中还一直需要动因说。

——'自然法则'是无条件建立力的关系和度的公式。

——机械论**运动说**只是内心活动的某种表达手段。

——'原因和效果'。"

在这里，尼采可能想说的是：无机物世界中的运动，机械论的宇宙、自然法则也可以解释为人们"内心活动的某种表达手段"。例如"原因和效果"这个描述自然法则所最需依赖的范畴，就如本章前文的分析指出的，有可能是建立在人们的思维、心理习惯上得出、要求的。这种要求恰恰也是一种"权力意志"。所以尼采尝试用"权力意志"贯通解释有机界和无机界的运动规律，并非完全没有一丝理据。

在尼采的晚期笔记中，"权力意志"的形象确实并不唯一，有时甚至是多种多样的。在如下这则同期笔记①中，尼采提到：

"从人的基本欲望出发，对一切行为和经历的估计都是透视的、不同的。每种基本欲望对其他各种欲望而言，都会感到或受阻碍，或受促动，或受迎合。每种欲望都有自己的发展规律（上和下，速度等等），而且，那个欲望和这个欲望是此消彼长。

人的'权力意志'多种多样：每个人的表达手段和形式多种多样。所谓个人的'激情'（如人的残酷性）只是**虚假的统一**，即从不同的基本欲望出发，只是作为同种的东西进入意识之中，综合成某种'本质'或'能力'，把它说成激情。关于'灵魂说'本身也是一切意识现象的某种**表达，我们把它解释为一切现象的原因**（'自我意识'是虚假的东西！）"

这大概是基于人的欲望的此起彼伏、此消彼长，来谈在个人"激情"等意识概念的统一下，其实是多种多样的"权力意志"的涌动。并不存在一种真正意义上的安定、统一的"自我意识"这样的概念。

在尼采1885年秋至1886年秋的一则笔记②中，他还写道：

"**世界的价值**就在于我们的解释（——也许在什么地方可能还有不同

---

① Ibid., 1 [58], S. 25；中译引书同前，正文页175—176。
② Ibid., 2 [108], S. 114；中译引书同前，正文页183。

于单单人的解释——），迄今为止的解释都是远景式的估计，借助于这种估计，我们保存自己的生命，也就是保存权力意志，保存权力的增大。**人每次向上**都会导致克服较为狭隘的解释，每次强度加大和权力的扩大都会打开新的远景，并称之为信仰新地平线的视野——这些观点都写在我的书里。**与我们相关联**的世界是不真实的，即非事实，而是建筑在少量观察之上的膨胀和收缩；世界是'流动的'、生成（Werdendes）的，作为假象不断重新变化，而这种假象从未接近真理：因为——没有什么真理。"

尼采在这里似乎在说：世界是流动、生成的，作为假象不断重新变化。故"只有解释，没有真理"。人的每次向上，权力的每次扩大都会打开新远景，即"信仰新地平线的视野"，这都会带来世界的流动、生成，在表象的领域内不断变化。但保存权力意志，即保存自己的生命、保存权力的增大会给这变动、生成带去某种存在的确定性。

在后期稍早、稍晚的两则笔记中，尼采在一处（1886 年底至 1887 年初）称认识"是权力意志，是为求假象的意志"①；另一处（1887 年秋）又称"追求真理的意志（der Wille zur Wahrheit）乃是权力意志"②。这看似自相矛盾的说法，也有某种相通之处。在前一则笔记中，尼采还提到："生成中的自在认识是不可能的；认识怎么可能呢？认识是对自身的误解。"对于不断生成中的表现世界，每一刻的认识都只是那一刻的凝结，无法对世界的生成性有完全的把握。所以求真意志固然在认识中，但总是得不到完善。故而可以说权力意志既是"求假象的意志"，又是"追求真理的意志"。我们甚至可以说，它是"追求真理而不得的意志"。

在 1887 年秋的另一则笔记③中，尼采则提到"权力意志"学说原来本不涉现实政治（即当时欧洲的民族主义政治争斗）。他提到，教导"权力意志"学说的《扎拉图斯特拉如是说》一书"曾想用法语写，这样就不会出现任何对德意志帝国的野心表示赞扬的话"。而"当今的德国人不再是思想家，因为他们对其他事情感兴趣，想着其他东西。权力意志这个原理也许对他们来说很难理解……"在此，尼采揶揄德国人忙着、想着"帝国"的功业，而放弃了思想家的伟业。在这则笔记中，尼采还提到自己为了更好地表述自己的思想，而有意放弃"体系性"的虚张声势

---

① Ibid., 7 [54], Ss. 312-313；中译引书同前，正文页 206-207。
② Ibid., 9 [36], S. 352；中译引书同前，正文页 210。
③ Ibid., 9 [188], S. 450；中译引书同前，正文页 222-223。

的做法。尽管如此,"权力意志"仍然不失一个在生成世界中确立"存在"的尝试性的形象。

在1888年春的一则题为"**艺术作为权力意志:'音乐'和伟大的风格**"的笔记①中,尼采将权力意志与艺术中的伟大风格联系起来。他提到:"伟大风格与伟大情感有共同之处:它不喜欢讨好,它不去劝说,它发号施令,它**想要**……掌控人们的混乱局面,迫使人们的混乱局面成为具体形式,转变成具体形式是必要的:成为合乎逻辑、简单、明确,变成数学,成为**法则**:这里可见伟大的野心……没有任何东西再能激起对这种强者的爱……"可以说,"伟大风格""伟大情感"中那种在风格上要给艺术的混乱局面赋形,要加以塑造,建立"**法则**"的这些"发号施令"的"**想要**",也和作为艺术的权力意志的特征是完全相通的。

在1887年夏的笔记中,尼采还提到"权力意志乃是公正的源头"②,这为我们从柏拉图《理想国》中基于高低、数学的真假程度和灵魂德性的完满程度而区分的等级正义来理解权力意志,提供了某种启示。在一则批评卢梭的1887年秋笔记③中,尼采提到:"卢梭最强烈地反对的领域,恰恰包含着**相对来讲**还强大的和有良好教养的一类人(——这类人还没有削弱伟大的情绪,即权力意志、享受意志、发号施令的意志和能力)。"

在**另**一则言及卢梭的同期稍晚的笔记④中,尼采提出:

"更为自然的乃是我们的**政治**态度:我们看到权力问题,一定量的权力反对另一个一定量的权力的问题。我们不相信一种不以权力为基础的权利能够得到实现;我们认为所有的权利都是征服。

更为自然的乃是我们对**伟大的人和事**的重视:我们把激情看作一种特权,凡没有包含大犯罪的地方,我们根本不会感到什么伟大;我们把一切伟大存在都设想为一种置身于道德关联之外的行为。

……

在某些人听来,这就仿佛是**腐化**的推进:而且确实地,人类并没有接近卢梭所讲的'**自然**',而是在他**断然拒斥**的文明方面〈迈进了〉一大步。我们**强化**了自身……"

---

① KSA 13,14 [61],Ss. 246-248;中译引书同前,正文页259-261。
② KSA 12,8 [7],Ss. 337-338;中译采《尼采著作全集·第十二卷·1885—1887年遗稿》,页381。
③ Ibid.,9 [146],S. 421;中译引书同前,页479-480。
④ Ibid.,10 [53],Ss. 483-484;中译引书同前,页551-552。

也就是说，在卢梭倡导的"自然"的反面，恰恰是在其批判的文明、政治的领域，与尼采积极的"权力意志"概念相关联的强大、**"伟大的人和事"** 的类型存在在那里并且非常显著。这些人和事构成了"权力意志"的等级秩序的上层。那么，这个等级秩序的下层又是如何的呢？尼采在另一则晚期笔记①里做了可能的交代：

"谁的**权力意志**构成**道德**呢？

自苏格拉底以降的欧洲历史有一个**共同点**：试图把**道德的价值**抬高到超越其他所有价值的统治地位上，使得它们不仅应当是生命的领袖和法官，而且也是

1. 认识
2. 艺术
3. 国家和社会奋斗事业的领袖和法官。

'变得更善'就是唯一的任务，其余一切都是达到这一任务的**手段**（或者是干扰、阻碍、危险：因而要抗争，直至毁灭……）

中国也有一场类似的运动

印度也有一场类似的运动。

道德权力方面的这样一种权力意志在迄今为止的地球上出现过巨大的发展。这种权力意味着什么呢？

答曰：——在它背后隐藏着三种权力：1) **群盲**反对强者和独立不羁者的本能；2) **受苦者和失败者**反对成功者的本能；3) **平庸者**反对特殊者的本能。——**这场运动的巨大优势**，正如其中也有大量暴行、虚妄和偏见一道出了力：(因为**道德与生命基本本能的斗争**史，本身就是迄今为止地球上存在过的最大的非道德性……)"

也就是说，"群盲""受苦者和失败者""平庸者"反对强者和独立不羁者、成功者、特殊者的权力意志，即尼采所谓奴隶的权力意志、奴隶道德，其反对 **"生命基本本能的斗争"** 构成了权力意志等级秩序的下层。

在一则题为"序言"的 1887 年 11 月至 1888 年 3 月笔记的第四节②，尼采提到必须经过虚无主义才能体会到权力意志学说重估一切价值的"价值"：

---

① Ibid.，9 [159]，S. 429；中译引书同前，页 488—489。
② KSA 13，11 [411] (参看 11 [119])。——编注)，S. 190；中译采《尼采著作全集·第十三卷·1887—1889 年遗稿》，页 231—232。

贵族激进主义的文化政治
——尼采政治哲学研究

"因为人们可不要弄错这个标题的意义，我是想用它来指称这种未来的福音的。《**权力意志——重估一切价值的尝试**》——这个表达方式传达了一种**反**运动，关乎原则和使命：一种运动，它将在某个未来取代那种完全的虚无主义；但在逻辑上和心理上，它却是**以**完全的虚无主义**为前提**的，它绝对只能**落到**虚无主义上，只能**来自**虚无主义。究竟为什么虚无主义的来临现在是**必然的**呢？因为我们迄今为止的价值本身都是从虚无主义中得出了它们的最终结论的；因为虚无主义是我们伟大的价值和理想的已经得到彻底思考的逻辑，——因为我们必须首先体验到虚无主义，才能弄清这些'价值'的**价值**究竟是什么……在某个时候，我们必须有**新的价值**……"

不仅要通过虚无主义，而且还要通过非道德主义，我们才更好地看清尼采权力意志的等级正义里的价值理念。尼采在一则1888年春的笔记①中就提出：

"没有人有勇气把快乐、任何一种快乐（'幸福'）的典型因素界定为权力感：因为权力欲被视为非道德的

没有人有勇气把德性（die Tugend）理解为那种效力于种类（或者种族，或者城邦）的**非道德性**（一种权力意志）的一个**结果**（因为权力意志被视为非道德性，因为借此就认识到了真理是什么———德性只是非道德性的〈一种〉形式）"。

这就是说，只有经过权力意志的非道德主义，我们才能看到"德性"及与其相关的快乐、"幸福"等概念在尼采所倡导的存在——价值的等级秩序中的主导性地位。在此意义上，我们才能稍微理解在思想末期的尼采，何以希望联手欧洲宰治性的军事力量和金融经济力量，来推广自己权力意志——价值重估的学说②：

"最后一句话。从现在开始，我将需要有无数只援助之手——不朽之手！——，《**重估**》③ 应当以两种语言出版。人们有理由到处建立协会，以便及时把几百万追随者交给我。我所重视的首先是军官们和犹太银行家们对我的支持：——两者一起代表着**权力意志**。——

如果我来追问我的天然盟友，那么，他们主要是军官们；身上带着军事〈的〉本能，人们就不**可能**成为基督徒，——要不然，人们就会错

---

① Ibid., 14 [115], Ss. 291-292；中译引书同前，页351。
② Ibid., 25 [11], S. 642；中译引书同前，页766。
③ 应指尼采计划中的"主要著作"《重估一切价值》。【译注】

误地成为基督徒,此外还会错误地成为士兵。同样地,犹太银行家们也是我的天然盟友,就他们的起源以及他们的本能来看,他们是独一无二的国际势力,在一种基于各民族的自私自利和自高自大的可恶的利益政治完成了义务之后,他们能把各民族重新**结合**起来。"

在这里,我们似乎再次看到了柏拉图《理想国》中对理想城邦的等级正义的划分。作为护卫者的军事领导力量,与作为经济供养者的金融财政力量,在精神性的"先知"的指引下各居其位,各得其所,即将给欧洲带来各民族的重新"**结合**"。然而这个图景确实只是尼采的"理想",在当时欧洲的社会、政治现实中,远远还没有出现。

关于尼采的"权力意志"学说,戴威勒的如下总结还是比较到位的:"哲学家与科学家所骄傲的求真意志(will to truth),在最根底层次上,是热切的党私性的权力意志。照尼采的说法,在理性与科学的规划中,具决定性的是欲求(need):'在所有的逻辑以及它表面上对运动的掌握之后的,站立的是评价(valuations),或更明白的说,是要保全某种生命类型的生理要求。'① 因而,'真理是那种少了它,某类生命就不能存活的谬误。'② 这个意思是说,我们的'求知意志(will to knowledge)',是立基于一个更为有力的'追求无知之意志(will to ignorance)'上的,它使我们存在于一个'简化了的、彻底人为的、被适当建构出来与被适当加以窜改的世界。'"③

"藉着开创他们'自己的何者为好的新表列',最不凡之人'给予自己法律',并因而'创造自己'。④

最不凡的类型,并不是只渴望自我的创造。正像查拉图斯特拉所说:'我热切的创造意志,推动我一而再地不停地朝向人:这正是铁锤之所以被迫要击向石头。'⑤ 在此处,我们触及到了尼采的主张所具有的一个重要社会意涵,该主张是:求真意志即权力意志,以及从社会来证成一种从事窜改的、欠缺根据的、且绝对角度性的哲学。绝大多数的情形中,哲学家并不只是一个从洞穴里爬上来、领会太阳的人,相反的,他是一

---

① *BGE*,sec. 3.【原注】
② *WP*,sec. 493.【原注】
③ 《尼采与贵族激进主义政治》第二章,p. 20,页29。
④ *GS*,sec. 335.【原注。笔者按,*GS* 为《快乐》的英文缩写,下同。】
⑤ *Z*,pt. 2,"Upon the Blessed Isles".【原注】

个从自己内在深处的创造力,而成为人类的一个新太阳的人。① 在《超越善与恶》中尼采说,使得真正哲学家不同于科学家、不同于只能算作是哲学劳工者的,并不是前者之在最重要的真理上有较高的追求,而是他的创造价值的能力。作为价值的创造者,'真正哲学家……乃指挥官与立法者:他们说,'它该当如此!'他们最先决定人该向何处、人该为什么'②。"③

通过戴威勒的这些评议,我们不难看到尼采的"权力意志"学说不仅具有鲜明的(存在的、价值的)等级色彩,而且还与他的价值设定工作密切相关。

二、奴隶道德的谱系学批判——"超人"的序曲

在上一小节中,我们已经从正面看到,尼采的文化政治论述如何经由"权力意志"概念及从其出发的价值设定,而与柏拉图式的存在、理念的"等级秩序"密切相关。本小节中,我们再从尼采所贬抑的方面,即其对基督教"为民众的柏拉图主义"式的"奴隶道德""奴隶起义"的谱系学批判,考察其如何在思辨哲学上对应于存在、价值的等级序列的末端,并何以构成尼采"超人"教诲的哲学铺垫和序曲。

值得一提的是,尼采呼唤的"超人",不是现实社会中的新、旧贵族,而是一种不断超克自身的,更高、更卓越的人之类型。这一文化政治形象在尼采这里更接近"贵族"(Aristocrat)一词在西方词源中"善好"的本意。

如前所述,尼采价值设定的首要工作,就是确定"价值的价值"问题。即以高贵强健的主人价值,取代西方长久以来居统治地位的、基督教同情道德等"奴隶价值"。以生命旺盛的、非道德意义上的德性,取代压抑生命的、颓废的、消极虚无主义的道德德性。这一工作就要求尼采使用其独特的谱系学方法,对奴隶道德加以揭示和批判。这一工作确立起来的主人道德,恰恰成为尼采所谓"超人"的品格的序曲。

早在《人性的,太人性的》一书上卷第二章"道德感的历史"第45节中,尼采就在这则题为**"善恶的双重前历史"**的文字中,做出了主人

---

① 见 Z,pt. 2,"The Night Song";EH,"Thus Spoke Zarathustra",secs. 7,8.【原注】
② BGE,sec. 211 [强调的部份是尼采所加]。【原注】
③ 《尼采与贵族激进主义政治》第二章,p. 29,页 39。

道德、奴隶道德的较早区分。

"善恶的概念有双重的前历史。**首先**，前历史在统治部落、统治种姓的灵魂中。谁有力量回报即能以德报德、以怨报怨，谁确实也进行了回报即感恩和复仇，谁就被称为好人。谁要是没有力量，不能回报，谁就被视作坏人。作为一个好人，你便跻身于'好人'之列，属于这个有同感的群体。作为一个坏人，你便属于'坏人'之列，而这堆卑躬屈膝的弱者是无同感可言的。好人是一个种姓，而坏人是一盘散沙。好与坏在很长一段时间内意味着高贵与卑贱，主人与奴隶。而敌人却不会被视为邪恶，因为他们会以牙还牙。特洛伊人和希腊人在荷马笔下都是好人。坏人不是给我们带来伤害的人，而是可以鄙视的人。在善者的群体中，善代代相传，在善的土地上绝对不会出现恶人。倘若尽管如此，善者中有人做了与善者身份不相称的事情，那么人们也会去寻找推卸责任的借口，比如让上帝背黑锅，说是上帝使得善者变得盲目和疯狂。——**其次**，前历史在受压迫者和无力量者的灵魂中。在此，任何**其他人**，无论高贵还是卑贱，都被视为肆无忌惮的盘剥者，残酷又狡猾的敌人。'恶'这个形容词针对人，甚至针对任何作为前提设定的生命，比如上帝。'人性的'、'神性的'意味着'魔鬼的'、'邪恶的'。乐于助人、富于同情等善的标志被战战兢兢当作麻痹和智取的手段，当作诡计多端和可怕结局的前奏，总之，当作一种精致的邪恶。个人有了这种想法，团体的形成就无从谈起，即便形成了，形式也极为粗糙。如此一来，在风行这种善恶观的地方，个人灭亡了，其部落和种族的灭亡也指日可待了。——我们现在的美德是在**统治**部落和**统治**种族的基础上发展起来的。"①

在这里，尼采先描述统治性的"好人"的高贵道德。（注意，此处敌人不被视为邪恶，甚至可能也被视为"好人"。）接着描述受压迫者、无力量报复者的扭曲善恶观。从而给出了主人、奴隶处不同的善恶观及其前历史。尼采总结到，现在的美德是在统治部落和统治种族的基础上发展起来的。这里他说的美德，还是在主人道德的意义上。

到了《扎拉图斯特拉如是说》中，尼采在第一卷，"论战争和战士"一节里，更是通过树立战士服从使命的高贵形象，连带给出对奴隶反抗的评价：

---

① KSA 2，Ss. 67—68；《人性的，太人性的——一本献给自由精神的书》（上卷），页65—66。

贵族激进主义的文化政治
——尼采政治哲学研究

"我置身在战争中的弟兄们啊①!我深爱着你们,我现在和以前均是你们的同类。但我也是你们最好的敌人。

……

如果说你们不能成为知识圣人,那么我以为,你们至少也该是知识的斗士吧。知识的斗士是这种神圣的伴侣和先驱。

……

你们应寻找你们的敌人,为了你们的思想,你们应该战争!倘若你们的思想失败了,你们的诚实也应欢呼胜利!

你们应把和平当作新战争的手段而加以热爱。爱短暂的和平甚于持久的和平。

我不劝你们工作,而要斗争。我不劝你们和平,而要你们的工作是一种斗争,你们的和平是一次胜利!

……

你们说使战争神圣化了的东西是好事?可我要对你们说,恰好是战争使所有事物神圣化了。

战争和勇敢比博爱更能成就伟业。并非你们的同情,而是你们的英勇至今仍在拯救不幸者。

你们问:'什么是好?'英勇即好。让小女子去说吧:'好就是漂亮动人。'②

……

你们只应拥有值得憎恨的敌人,而不应拥有值得蔑视的敌人。你们当以敌人为豪:这样,敌人的成功亦即你们的成功。

反抗——此乃奴隶的高贵之处。你们的高贵却是服从!你们的命令本身不也是服从么!③

对一个优秀的战士来说,'你应该'听起来比'我要'舒服。你们所爱的一切,首先当是对你们进行命令。

你们对人生的爱,是爱你们最高的希望:你们最高的希望,就是人生的最高思想!

你们的最高思想应当由我下令——这命令是:人是一种应当被超越

---

① 【法文版注】《偶像的黄昏》,"一个不合时宜者的漫游",§38。

② 【KSA版注】你们问……动人:参阅《尼采全集》第十卷 3 [1]:436;什么是好?——"凡是漂亮动人的东西就是好"——一个小女孩如是回答。

③ 【KSA版注】反抗……服从么!:参阅《尼采全集》第十卷 3 [1]:364;依附是奴隶的高贵姿态。

的东西。

就这样过着你们服从和战斗的生活吧！长寿算得了什么呢！……
……我彻底地爱着你们，我战斗中的弟兄们！——"①

尼采在这段文字中，通过"小女子的好""奴隶的高贵"，反衬出作为战士的主人德性的刚强、沉着和勇武。同时也实际涉及"价值的价值"问题，即道德的不同标准的问题。尼采在此显然是要歌颂、呼唤战士的主人道德，而贬抑小家子气的、奴性的道德及其选择。

而在《超善恶》第二章"自由的精神"第 44 节中，尼采正面批判了奴隶道德的"拉平"作用：

"……他们属于拉平者，属于这错误地命名的'自由精神'——作为民主的趣味及其'现代观念'的善辩的和写作的奴隶：……他们用一切力量想追求的东西是兽群的普遍的绿草地的幸福，带着对每个人来说的安全、无危险、舒适、生活便宜；他们的两个最充分地唱尽的歌和学说叫做'权利平等'和'同情一切受苦的人'，而受苦本身被他们看作某种必须**废除**的东西。……迄今'人'这个'植物'在何处和如何最有力地生长到高的程度，并认为这每次在颠倒的条件下发生，为此人的状况的危险性才生长到巨大的地步，他的发明能力和掩饰的力量（他的'精神'）在长期的压迫和强迫下发展到精妙和大胆的地步，他的生命意志必须被提高到无条件的权力意志。我们认为，艰难，强暴，奴隶状况，在胡同和心中的危险，隐蔽状态，斯多葛主义，诱惑者的技巧，各种的残酷行为，一切的恶，可怕的东西，专制的东西，猛兽和蛇之类的东西，在人那里像其对立物一样，同样好地服务于提高'人'类……"②

尼采在此评论到，危险更有利于提高人类，民主的拉平者要求废除一切受苦，是"写作的奴隶"，不是"自由精神"。

在尼采的道德谱系学中，我们看到他将"道德中的奴隶起义"追述到犹太民族创造的基督教③。他认为，现时代欧洲的民主化除了培养"一种适合奴隶制类型的人"外，也会相应地养育在其之上的"理想的专制君主"：

"当欧洲的民主化在最确切的意义准备生产一种适合奴隶制的类型的人时，那么，强大的人在个别的和例外的情况下将变得比其本人更强大、

---

① KSA 4, Ss. 58—60；中译采黄明嘉、娄林译本，页 89—91。
② KSA 5, Ss. 60—62；中译采《论道德的谱系·善恶之彼岸》，页 156—157。
③ 《善恶》，第五章 195 节。Ibid., S. 117；中译引书同前，页 210。

贵族激进主义的文化政治
——尼采政治哲学研究

更富有——由于他的教育毫无偏见，由于丰富多彩的实践、艺术和欺诈。我要说，欧洲的民主化同时是养育**专制君主**的非自愿的措施——'理想专制君主'这个词是在任何意义上，也在最精神的意义上。"①

对于尼采而言，真正的贵族和贵族制社会是需要保持"距离的悲情"（das Pathos der Distanz，或译"距离的同情"），并需要奴隶的。高贵者只有在这样严厉的等级制中才能得到培育和产生：

"每一个高贵的典型的'人'迄今为止一直是贵族社会的产品——而且它将始终是这样——贵族社会是这样的社会，它相信在人们中间存在着一个长长的有价值的等级和差别系列，而且在某些形式或其他形式的贵族社会中需要奴隶。没有距离的同情，好像产生于具体的阶级差别，产生于统治阶级对部下和工具的展望和俯视，产生于他们不断地使用命令和服从、镇压和防范，其他更神秘的同情绝不可能产生了，总是渴望在灵魂内部重新扩大距离，形成更高、更罕见、更远、更广阔的状态。总之，正是高贵的典型的人，不断'自我征服的人'在超道德的意义上使用道德公式。的确，人们对贵族社会（也是高贵的典型的人的前提）的起源史不能抱任何人道的幻想：真理是严酷的。"②

在尼采看来，主奴道德的对立还体现在"奴隶的道德本质上都是实用的道德"。"最出名的善和恶的对立的起源之地就在于人们确信权力和危险就是恶，而畏惧、精巧和力量不容蔑视"。主人道德来自一种价值"规定者"的直接性，而奴隶道德则源于一种反思性的，对权力、危险的畏惧。也是在《超善恶》一书中，尼采对此有进一步的论述：

"显而易见，道德价值标准最初到处被应用于人，而只是派生地和在后来才被应用于**行为**，因此，当道德史家从'为什么同情行为一直受到赞扬'的问题开始时，这乃是一个严重的错误。上等人认为自己是价值的规定者，他并不需要得到批准；他作出这样的评判：'凡是对我有害的东西本来就是有害的。'他知道，只有他才能赋予事物以尊严，他是**价值的创造者**。……上等人同样帮助不幸的人，但不是，或几乎不是出于怜悯，而是由于极其充沛的精力所产生的一种冲动。上等人本身尊重有力量的人，这种人同样有能力超越自身，知道如何去说，知道如何保持沉默，乐于严厉地对待自己，而且尊重一切严厉的东西。……反之，如果抱着'现代观念'的人几乎本能地就相信'进步'和'未来'，而且越来

---

① 《善恶》，第八章 242 节。Ibid.，S. 183；中译引书同前，页 260。
② 《善恶》，第九章 257 节。Ibid.，S. 205；中译引书同前，页 277。

越不尊重老人,那么,这些'观念'的可耻的起源因此就自鸣得意地出卖了自己。……长久的感谢和长久的复仇的能力和责任,两者只在同等级的人之间实行,老奸巨猾,口蜜腹剑,到处树敌(似乎是发泄妒忌、争吵、傲慢等情绪的途径,事实上,是为成为好朋友),所有这一切都是贵族道德的典型特征。……奴隶的道德本质上都是实用的道德。这里,最出名的善和恶的对立的起源之地就在于人们确信权力和危险就是恶,而畏惧、精巧和力量不容蔑视。"①

在1885年秋至1886年秋的一则笔记②中,尼采还提到"凯撒式的统治人物"利用欧洲当时的民主运动这种"道德奴隶起义"的势头(欧洲的民主运动根本上是一种愈发自信的,反抗主人种类,甚至反抗"主人"概念的奴隶起义),发展一种新的奴隶制:"——因为迄今为止,人都是'未固定的动物'——;我认为,声势浩大的不断推进的、并且不可抑制的欧洲**民主**运动——它被称为'进步'——以及同样地,这种运动的准备及其道德征兆,即基督教——根本上仅仅意味着群盲巨大的本能上的总谋反,即针对牧人、食肉动物、隐居者和凯撒式的领袖人物的总谋反,为的是保存和提升所有弱者、被压迫者、失势者、平庸者、半拉子的坏种,那是一种被拖延了的,首先只是隐秘的,进而越来越自信的奴隶起义,反抗任何主人种类,说到底还反抗'主人'概念的奴隶起义,是一场生死之战,反对任何道德,后者起源于一种更高更强的、如前面所讲的支配性的人之种类的怀抱和意识,——这样一个人之种类需要以某种形式,并且以某个名称的奴隶制作为自己的基础和条件;最后,我认为,迄今为止,任何一种对人之类型的提高都是某个贵族社会的事业,贵族社会相信人与人之间的等级制和价值差异的一个长长阶梯,并且需要奴隶制;确实,要是没有**间距的激情**,正如它从深入骨髓的等级差别中,从具有支配作用的特权阶层对臣民和工具的持续展望和俯视中,以及从其同样持续不断的在命令、遏制和排斥方面的训练过程中成长起来的那样,那么,也就根本不可能形成那另一种更为神秘的激情,不可能形成那种对心灵本身范围内的常新的间距扩展的要求,不可能形成总是越来越高级、越来越稀罕、越来越疏远、越来越广大、越来越大规模的状态,

---

① 引书同前,第260节。Ibid., Ss. 209—211;中译引书同前,页280—281。
② KSA12, 2 [13], Ss. 72—74;中译文采《尼采著作全集·第十二卷·1885—1887年遗稿》,页81—83。

贵族激进主义的文化政治
——尼采政治哲学研究

质言之，不可能形成'人的自我克服'，[①] 从而得以采取一种超道德意义上的道德公式。有一个问题一再在我心中出现，也许是一个诱惑性的和糟糕的问题：假如把它告诉那些有权关心此类值得追问的问题的人们，当今最强大的那些心灵，也是最好地驾驭了自身的人们，那么，难道这不会是一个好机会，在'群居动物'类型现在在欧洲越来越发达的时候，试一试一种对相反类型及其美德的基本的、人为的、有意识的**培育**吗？而且，倘若出现了某个人，他**利用了**民主运动，——由于那个更高级的凯撒式的统治人物的种类，最终会加入到民主运动对奴隶制的全新和高雅的扩展过程中（欧洲民主的完成终将成为这样一种奴隶制），而这个更高级的种类现在也**必需**这种新的奴隶制，那么，对民主运动来说，这本身不就是一种目标、解救和辩护吗？不就达到了新的、迄今为止都不可能的阶段，达到了**民主运动的**远景？达到了**它的**使命吗？"总之，欧洲民主化的"奴隶起义"的意义在于为某个兴起的凯撒式统治人物将其利用为奴隶制。

在对主奴道德的谱系学考察中，尼采还运用了自己作为古典语言学家所擅长的、但未必不成问题的词源学的考据法，挖掘了在贵族那里的"好""坏"之别：

"用各种不同语言表达的'好'这个名称在词源学方面究竟有什么意义呢？这个问题的提出为我指明了**正确的**道路；我在这里发现，这些名称统统都回归到**同一个概念的转化上**——社会等级意义上的'高尚'、'高贵'等词汇到处都成为基本概念，由此就必然演化出'精神高尚'、'高贵'意义上的'好'，即'精神贵族'、'精神特权'意义上的'好'。一种演化总是与另一种演化并行发展的，这就是'平凡'、'俗气'、'低级'等词汇最终演变成'坏'的概念。……对我来说，这点似乎是对道德谱系的一个**本质的洞见**，而这一洞见之所以这么晚才被发现，就在于当今世界内部的民主偏见对所有起源问题都施加了阻碍性的影响。这里还应该稍加指出的是，这种影响甚至还渗透到表面上看来最客观的自然科学和生理学领域。"[②] 也就是说，只有以谱系学的方法颠覆民主意识形态对"好""坏"问题的道德掩盖（用"善""恶"取代之），才有助于看清道德的真正起源。

---

① 原文为 Selbst-Überwindung des Menschen，或可译为"人的自制"。【译注】
② 《谱系》，第一章四节。KSA 5, Ss. 261-262；中译采《论道德的谱系·善恶之彼岸》，页 14。

按照戴威勒的分析，尼采还在他的道德谱系学中，对主奴两极做了"好良心""坏良心"的区分：

"现在我们就要来谈好良心与坏良心（the good and the bad conscience）的起源了。……

的确，尼采在佛洛依德（Freud）之前就提出这样的说法：他所谓的'坏良心'（bad conscience），其实是一种因为不能向外发泄，而转为向内对付其拥有者的攻击型式：'敌视、冷酷、乐于迫害、攻击、改变、摧毁——全部转而对付这些本能的拥有者：这就是'坏良心'的开始。'……

然而，尼采的说法之所以比佛洛依德的更为直接是政治性的，是因为他把他所谓的、贵族类型所特有的'好良心'，和奴才类型所特有的'坏良心'，加以区分。好良心能让它的拥有者克制自己的冲动，并担负起责任，而却不会在内部腐蚀化脓。跟坏良心是自我厌恶的来源大为不同的是，它产生出骄傲与自我肯定，因为它是自我宰制的来源，并因而也是宰制别人的来源。①"② 通过道德谱系学的视角，作为内倾、压抑、报复性的奴隶类型的"坏良心"被与无辜、生命力洋溢的贵族类型的"好良心"区别开来，成为尼采明确批判的对象。

戴威勒认为，在尼采那里，功利主义、消极自由观免除痛苦主张的虚无主义实质，这些都是奴才（奴隶）苦于生命，且永无终止地因这种痛苦而筋疲力尽的渴望心理：

"对于那些一无补偿地苦于生命、并且永无终止地因这种痛苦而筋疲力尽的奴才，以及其他'被搞砸了的人'（bungled human beings），他们会滋长出一种压倒一切的欲望，要来降低生命感、要钝化之、要逃避之、要否定之。这就不只说明了功利主义把免于痛苦，当作幸福的定义之在心理学上的来源，还说明了何以会产生出自由乃'免于'所有的束缚、而却不是'自由去'追求一己目标的自由主义之概念的来源。③ 它更解释了把生命的终极目的，当作不过是舒舒服服的自我保全的这种看法。此外，在尼采眼中，这种要把生命摆脱掉的欲望，归根究底是渴望超越、渴望涅槃净境、渴望许诺人从此世的痛苦解脱的另一个世界。正像查拉

---

① *GM*, pt. 2, secs. 1—3；也请见 *BGE*, sec. 257；尼采认为，即使是野蛮人，决定优势的，也不只是肉体的力量，而是灵魂的力量。【原注】

② 《尼采与贵族激进主义政治》第六章，pp. 123—124，页172—173。

③ 有关"免于"（freedom from）与"自由于"（freedom to）二者间的差别，请见 *Z*, pt. 1, "On the Way of the Creator."【原注】

贵族激进主义的文化政治
——尼采政治哲学研究

图斯特拉在一段称为〈论追求来世之人〉（On the After-wordly）的文章中说的，'想要以一跃、以绝命性的一跃，来抵达终点的一种厌倦，一种不想再去要什么的可怜无知的厌倦：就是它制造出诸神与来世'。"换言之，奴隶道德的消极自由观渴望的是一种涅槃的个体安宁、安逸，而非主人道德对自身个体目标的热切追求。在尼采的道德谱系学视角看来，前者无疑是一种败坏、衰颓。

在戴威勒看来，尼采认为，基督教对世界的戏剧化诠释，在于把悲惨不幸变成救赎的先决条件，并将奴隶"算总账"的报复寄托在"另一个世界"，这无疑是敏锐的：

"由于尼采强调，让人觉得生命难以忍受的，并不是受苦本身，而是由于受苦之毫无意义。[①] 基督教对世界的诠释，就是藉著把悲惨不幸变成救赎的先决条件，使得奴才的悲惨不幸，具有了意义。

在尼采眼中，基督教的救赎还有一个更邪恶的意涵。它给了奴才一个藉最后的算总帐，来补偿他的悲惨不幸的希望。被践踏的、被压迫的人，所甚至不敢承认他们渴望的、并且这个世界也没有理由期望的对贵族类型的报复，都被许诺在另一个世界。"这种扭曲的奴隶道德的"精神胜利"，其实质是"怨恨"和"虚无"。

戴威勒还提到，道德奴隶起义的后果影响至尼采的时代不绝。尼采认为我们现代的社会正义概念，是建立在基督教的假定之上：他们想要报复，不过是要正义得胜，要公正的上帝得胜。他们恨的，并不是他们的敌人，而是违犯上帝的律法：

"从奴才道德的精神产生出现代政治

我们面对的，是一个明显而恼人的问题。如果基督教信徒，拒绝去承认他们的恨、拒绝去承认他们报复的欲望（反而声言爱、甚至声言宽贷他们的敌人），则他们要如何来解释他们对报复念头的满意？可以预期到的答覆，是他们想要报复，不过是要正义得胜，要公正的上帝得胜。他们恨的，并不是他们的敌人，而是违犯上帝的律法。

照尼采的说法，这里就是所有奴才的正义概念之出处。相较于从自我主义与不宽容产生出来的主子的正义，奴才的正义却是受压抑的报复渴望之隐秘的表现。……尼采认为我们现代的社会正义概念，是建立在基督教的假定之上。"[②] 因此，如果不以谱系学的方法批判、颠覆奴隶道

[①] GM, pt. 2, sec. 28.【原注】
[②] 《尼采与贵族激进主义政治》第六章，p. 127，页177。

德的正义观，就不可能抓住现代政治意识形态的真正病根，并予以纠正。

在形而上学层面，戴威勒则指出，尼采在形而上学层次上驳斥所有奴隶道德特有的存在二元论，而支持权力意志的一元论：

"……他歌颂战争与斗争，轻视和平与安宁。① 而在形而上的层次上，他驳斥所有奴才道德所特有的、对存在的两元论诠释，而支持权力意志的一元论，并且鼓吹对生命本身的肯定。②"③ 经由这一道德谱系学的发现，尼采克服了奴隶道德"善—恶"二元论的"精神戏剧"，恢复了主人道德生命力的丰沛、昂扬。

其实，尼采对奴隶道德的谱系学批判，和他在其中树立的主人道德的榜样，都和他在《扎拉图斯特拉如是说》等著作中提到的超人形象密切相关。可以说，主人道德的正面形象，就是其笔下超人的序曲。

尽管尼采强调"超人"是一个尚未到来的形象，但通过尼采后期在其出版著作和未刊笔记中的勾勒，我们仍能看到这一形象的大概。例如，在《瞧，这个人》"我为什么写出了这样的好书"章第一节，尼采就将超人与意大利文艺复兴的枭雄凯撒·博尔贾相提并论："假如我向某人低声耳语，叫他与其说在帕西法尔中，倒不如说到恺撒·波尔查④那里去寻找超人，他会不相信自己的耳朵的。"⑤ 由此可见，超人与非道德主义的卓越人物更近，而与道德谱系学中批判的奴隶道德更远。后者发展的典型，可能恰是超人的对立面——末人。

当然，除了以强权人物作为超人的类比，尼采的超人形象更多还是文化，或文化政治意义上的。在1882年11月至1883年2月的一则笔记⑥中，尼采提到："曾经有超人吗？这是我们的文化价值。"为了引出超人的概念，尼采还借用扎拉图斯特拉这个"超人的教师"的形象进行阐发。在另一则写于1883年6月至7月的笔记⑦中，尼采提到：

"查拉图斯特拉坐在一个教堂的废墟上（第四场）。

最软弱的人必须成为**最坚强**的人——**并因此走向毁灭**。

---

① *GS*, sec. 283；*WP*, sec. 703；*Z*, pt. 1, "On War and Warriors."【原注】
② 有关把主子道德形容为"作为生命原则的权力意志……之符号语言"，请见 *CW*, 结语。【原注。笔者按，*CW* 为《瓦格纳事件》的英文缩写，下同。】
③ 《尼采与贵族激进主义政治》第六章，p. 135，页186。
④ 恺撒·波尔查公爵（1475—1507）：意大利文艺复兴时代的诸侯之一，系教皇亚历山大六世之子，为人残忍狡诈，玩弄权术，是马基雅维利主义的原型。——译者注
⑤ KSA 6, S. 300；中译采《看哪这人：尼采自述》，页69。
⑥ KSA 10, 4 [254], S. 181；中译采《权力意志与永恒轮回》，正文页102。
⑦ Ibid., 10 [47], S. 378；中译引书同前，正文页108。

贵族激进主义的文化政治
——尼采政治哲学研究

宽大待人，为了超人的缘故要坚强起来。

矛盾。

表面上**软弱**。

查拉图斯特拉向他们预言：轮回说是种**象征**。

查拉图斯特拉**忘记自身**，并教导轮回说**源于超人**，超人**坚持轮回说**，并用它惩罚他人。

当查拉图斯特拉从幻想中返回时，他死于轮回说。"

可以说，扎拉图斯特拉以宽大、坚强和积极的轮回学说教导超人。尽管在尼采的著作中，也有末人、侏儒（某种程度上也是奴隶道德的象征）道出的永恒轮回版本，但该版本教导的是一种过于惬意的低矮幸福的状态。而超人版的"永恒轮回"学说则要求人们正视生命中所有的悲喜、幸福与不幸、崇高与渺小，这需要人培养一种大坚强。

在1883年夏的笔记①中，尼采甚至还提到，超人是人与众神的彼岸，其高妙的论述选摘如下：

"……

在孤寂的山上我的粗野的智慧怀孕了；它在粗石上面产下它的幼狮和最小的崽子。

如今，他在严酷的沙漠里疯狂地奔跑，寻找着、寻找着柔和的草地——我的老而粗野的智慧！

我的朋友们，它想在你们内心的柔和的草地上——在你们的友爱上面安顿它的最钟爱的小狮子！可我呢？

……

我嘲笑你们的自由意志，也嘲笑你们的非自由意志。你们称之为意志的东西，在我看来就是狂妄——不存在意志。

……

一切都是美在吸引着我，与你们人类分道扬镳。一切都是美在吸引着我，与众神分手。于是我在广阔无垠的海上抛下铁锚，然后说：'这才是超人居住的岛屿！'

……

像拍掉面粉口袋上的粉尘一样，你们这些学者一点也不情愿拍掉自己身上的灰尘！可是有谁猜到，你们的灰尘来自谷物和夏季田野上金黄

---

① Ibid.，摘自13［1］，S. 419（16—22行），S. 420（23—24行），S. 429（6—9行），S. 440（17—19行）& S. 442（22—24行）；中译引书同前，正文页110。

的波浪呢?

……

伟人何时才是自己的信徒和爱人呢?当他走到伟大这一边,他一定是自觉自愿地往这边走的!

……"

在这段论及自由意志、超人、学者的文字里,尼采提到:在美的吸引下与人类和众神分手,在广阔无垠的海上宣称这才是超人居住的岛屿。在这段富有美学意蕴和诗意的文字里,美的高尚吸引人们走向超人的伟大。相反,道德谱系学批判的奴隶道德却从禁欲主义的角度,将美视为可疑的诱惑而加以抵制。

在1883年的一些笔记中,尼采一方面(当年夏)不忘道出"**还未出现过超人!**"① 但另一方面(当年秋)却又强调,人是要被超越的:

"被超越的人乃是超人之父。

于是我不知疲倦地教导:人是必须被超越的,因为你瞧,我知道,人是可以被超越的——我瞧着他——超人。"② 这足见尼采一方面痛感超人理想的未实现,但另一方面依然对此可能的未来抱有希望。

在1884年夏至秋以后的笔记中,尼采对超人问题的考虑更为复杂。他严肃地思考了与超人相对的对立面的各种概念和思想。首先,他将形而上学的、宗教的思维方式视为一种对超人理想的不满足和不负责任:"我认为,一切形而上学的、宗教的思维方式都是**人**对更高级的、超人的、未来的欲望不满足(die Unzufriedenheit)的结果。——人只想逃向彼岸,而不为将来建树。**这乃是较高级人的一个误解,他们在人的丑恶形象中受灾受难。**"③

在1887年秋的一则笔记④中,尼采还提到了令人费解的人发展的双面性:"人是非动物和超动物;较高等的人是非人和超人;抑或两者兼而有之。人每次向伟大和高尚上升,同时也在向深沉和可怖发展:没有这一面,也就没有那一面。或者不知这么说:人愈是想要彻底地成为这一面,随之也就彻底地达到了那一面。"也就是说,人向超人发展的另一面是非人。似乎就像树木的生长一般,其地上的枝干越高耸茂盛,其在土

---

① Ibid., 13 [26], S. 471;中译引书同前,正文页111。
② Ibid., 18 [56], S. 581;中译引书同前,正文页115。
③ KSA 11, 27 [74], S. 293;中译引书同前,正文页134—135。
④ KSA 12, 9 [154] (106), S. 426;中译引书同前,正文页220。

贵族激进主义的文化政治
——尼采政治哲学研究

壤下的扎根也越深广。这里是否含有对超人对立面的某种保留，尚不得其详。

在1887年11月至1888年3月的一则笔记[①]中，尼采集中论述了其对超人的培育设想。尼采意在说明，向着更善、或者更强壮、或者更高的方向发展的超人，其出现的偶然性是反历史进步论的。也就是说，人类并不会水到渠成地进化到超人境地，相反，这是一种"巧事"。超人是有待培育的，欧洲人和文化的现状和自然未来，恰恰是"佛教"般的畜群状态——这也是道德谱系学批判的一个结论：

"**超人**：我的问题**并不是**：什么东西将取代人；而是：应当选择、意愿、**培育**何种具有更高的价值的人……

人类**并没有**呈现出一种向着更善、或者更强壮、或者更高的方向的发展；其意思就是人们今天所相信的：十九世纪的欧洲人在价值方面要远远低于文艺复兴时期的欧洲人；继续发展绝对并不带有提高、上升、强化方面的某种必然性……

在另一种意义上讲，地球上殊为不同的地点和殊为不同的文化里，出现过一些持续成功的个案，实际上就是在其中呈现出一个更高的类型：即相对于整个人类而言的一种'超人'。此类大获成功的巧事过去一直是可能的，也〈许〉将来也总是可能的。甚至整个部落、种族、民族有时候也可能碰到此类**好运**……

从我们可猜想的印度、埃及和中国文化的远古时代直至今日，**人类的更高类型**是十分相似的，其相似程度远远超出了人们的设想……

人们忘了，人类并不归属于一种唯一的运动，青春、年迈、衰落完全不是与人类作为整体相适宜的概念。

再举一个例子，人们也忘了，我们的欧洲文化到今天才又接近于那种哲学上的腐朽性和晚期文化的状态，唯基于这种状态，佛教的形成才成为可理解的。

一旦有可能画出一些贯穿历史的文化等时线，那么，现代的进步概念就会乖乖地颠倒过来：——还有它据以衡量进步的指数本身，过分的民主化。"

通过上述的梳理，我们可以看到，尼采的重要概念"超人"的提出及其铺垫，是与其道德谱系学的批判工作存在联系的。其表彰的卓越的

[①] KSA 13, 11 [413]（参看《敌基督者》，第3—4节。——编注），S. 191；中译采《尼采著作全集·第十三卷·1887—1889年遗稿》，页232—233。

204

"超人"德性，是与道德谱系学中厘清的"主人道德"关系密切的。正是这些富有文化贵族色彩的论述，及其基于形而上学的存在等级秩序观念，构成了尼采贵族主义的哲学基础。

但正如戴威勒提示的，尼采的这些言论是具有危险性的。一旦这些激进尖锐的言论被后人赋予右翼激进政治的色彩后，几乎都成了现实政治的不祥之兆：

"我们不应把尼采只简单的说是一个典型纳粹。正如替他辩护的人所不惮其烦指出的，他最尖锐的一些批评，针对的是德国民族主义、反犹主义（anti-Semitism）、以及对现代国家的偶像崇拜。尽管如此，他所谈论的主子族类（master races）与超人、他偶尔倡言的培育实验（breeding experiments）、他之歌颂战争与破坏、他的有意论述虐待（cruelty）的正面价值、他宣告的'非道德主义（immoralism）'、他的激进精英主义、以及他对同情与理性主义的非议等，当被赋予政治色彩后，在在都变成了不祥之兆，并且当人们对希特勒的装甲师铁骑轰轰隆隆辗过欧洲的记忆犹新之际，这必然会召唤起特别丑恶的联想。在这样的时刻，当对尼采的思想与政治的平衡观点已殊无可能，则那些相信尼采是一位值得重视的思想家的学者们，努力于让尼采不致受到一个他极可能憎厌的运动的玷污，也就不值得惊讶了。其结果是：自上次大战后，尼采形象在一般人心目中的全面去政治化（depoliticization）。"① 但即使重视尼采的学者们想为尼采做"去政治化"的辩解、洗刷，我们仍不能不对尼采的那些政治论述视而不见。

戴威勒也提出："认识论上的争议，其结果不只是关系到是否尼采的著作，具有本质上的政治意义，还关系到它们将会有什么样的政治意义。大部分认真看待尼采明显的政治主张、并且认为这些主张是由于尼采信其内容为真，才诚心诚意提出来的人，不能不注意到这些主张最主要的倾向，包括反复抨击前面提到过的自由主义、民主政治、平等权利、普遍选举权、女性主义、以及社会主义等的倾向。尽管这些人当中较为敏感的，通常会把尼采对主子族类、金毛猛兽、与超人的热衷，与其后纳粹对他词语的篡用，加以截然区分，但他们仍难免从他联想到一种不祥的、并且甚至是可憎的激进右派政治。"②

但是戴威勒也注意到：当旧的普遍指导原则失效后，尼采寄希望于

---

① 《尼采与贵族激进主义政治》第一章，p. 2，页2–3。
② 引书同前，第二章，pp. 18–19，页26–27。

贵族激进主义的文化政治
——尼采政治哲学研究

文化、艺术和这些领域的超人开创出新的价值、意义。因为只有作为一种美学现象,生命的生生不已才有意义。尼采的超人期许也具有反虚无主义的意味:

> "既然没有普遍指导原则,并且即使最高尚的传统,也与时推移而变为僵固且压抑生命,尼采乃寄望于那最罕有、最丰盈的人们的天赋创造力、以及那最高水准的文化。如果既不再能保有旧日的意义、也找不出新的来,那么就必须把新的开创出来。对实证主义与哲学唯心论的破产,尼采的回应是转向于广阔的艺术概念,以作为指导原则的根本来源,并且以投向美学来作为他的终极裁决。因为只有作为一种美学现象,生命才有意义,① 尼采提出的新目标乃是藉促进最高之人或超人类型,让我们全力从生命中创造艺术。因此,尼采所断言的:'那关系最重大的······总是文化'②,以及查拉图斯特拉(Zarathustra)的要人们期待超人的训诲,是有巧妙关联的,二者都暗示出尼采对虚无主义魅影的根本反应。

> 再者,这样的解决方案充满政治意味。尼采对真正文化的合法秩序是如何出自于混乱、是什么构成其生命力、以及是什么造成了其退化的推论,产生出一种在许多方面都极为独特的政治问题意识。"③

同时,戴威勒还注意到,尼采暗示他最高的希望,是提升甚至超越当下的人类,其《扎拉图斯特拉如是说》一书和形象,也是希望人们能将此希望接受为自己的抱负:

> "一而再地,尼采暗示他最高的希望,是提升甚至超越如我们所知道的人类,而查拉图斯特拉的训诲:要去'意愿超人'(will the superman),可说是要邀请我们所有人,都来把这最高希望当作我们自己的。为了这个目的,尼采甚至在一则注记中,将'这种把人类历史一分为二的思想'的相同者永恒回复之论,形容为'一种培育与选择的手段'。④ 新哲学家(而这里是表示尼采自己)因而变成了一种新人类的艺术家。"⑤

在戴威勒看来,尼采之所以面对虚无主义,而呼唤人们要学做超人,

---

① 见 *The Birth of Tragedy*(以下简称 *BT*),"Attempt at a Self-Criticism", sec. 5;还有 sec. 5, 24; *GS*, sec. 107.【原注】
② *TI*, "The 'Improvers' of Mankind", sec. 4.【原注】
③ 《尼采与贵族激进主义政治》第一章, pp. 7—8,页 8。
④ 致 Overbeck 之信函,1884 年 3 月 8 日(*BKG* III/1, 485);*WP*, sec. 462;见 *WP*, sec. 862.【原注。笔者按, *BKG* 疑为 *Kritische Gesamtausgabe Briefwechsel*(尼采《考订版书信全集》)的缩写,下同。】
⑤ 《尼采与贵族激进主义政治》第二章, p. 31,页 41。

是因为超人是对付上帝之死的办法。近似超人一般的人都是高度自我肯定的，他们不需要上帝：

"尼采对付旧上帝死亡的办法，并不是再造一个新上帝，而是代之以超人，此人不需要超越自己的任何神明，他认为自己的存在本身就是正当理由，还甚至是整个世界的正当理由。只要尼采把波吉亚、拿破仑等和超人性的关连在一起，就很可能他之如此做，是因为这二人的不信神，隐涵有非凡的自我肯定。所有尼采最仰慕的、具有权力意志的政治人物，都是利用政治而非服务政治的人。他们在政治范域中施展身手，但是没有一种政治理论，能凌驾于他们自己的权力意志的命令之上。"①

如前所言，虚无主义问题在当代最显著的表现，是超人的对立面末人的大量涌现。戴威勒认为："上帝之死所肇致的危机，并不仅只是一种虚无主义的升扬；大政治之战真的可能带给人类最高的希望。而相反的，最大的危机是查拉图斯特拉所说的，最后之人（the last man）最终的精神霸权……

最后之人之所以令人瞧不起，是因为他不能给自己订一种能让他瞧不起自己，因而得以超克自己的目标。他追求狭隘的齐头式的幸福，让自己置身于爱、创造、与渴望之外、不求努力也毋须不同于他人。所以，他使人联想到的是'槁木死灰似的中国式停滞'，并且被称为'终结的开始'。在查拉图斯特拉看来，他'代表所有的人未来的最大危机'，② 是人类最高希望、也就是超人的相反者。"③

因此，尼采要高扬基于存在的、灵魂的等级秩序的制高点"超人""主人道德"，来提振人类。戴威勒准确地把握到：尼采认为，社会应倾全力于提振最高类型，而不应谋求普遍的利益、或共同的利益。"目标是超人而不是'人类'！"

"'多数人的幸福，与少数人的幸福，是相反的价值观。'④ 大相径庭于西方政治哲学的主流传统，尼采说，社会应倾全力于提振最高类型，而不应谋求普遍的利益、或共同的利益。'目标是超人而不是'人类'！'在 Nachlass 中有这么一条摘记。"⑤

---

① 引书同前，第三章，pp. 61—62，页 84—85。
② 见 Z, pt. 3, "On Old and New Tablets," secs. 26—27; EH, "Why I Am a Destiny," sec. 4.【原注】
③ 《尼采与贵族激进主义政治》第四章，pp. 72—73，页 102—103。
④ GM, pt. 1, sec. 17n.【原注】
⑤ 《尼采与贵族激进主义政治》第五章，p. 101，页 141。

贵族激进主义的文化政治
——尼采政治哲学研究

戴威勒正确地指出：尼采的精英主义的独特性在于，他对事物的充满美学的看法中，伟人/超人绝不只是为谋求在他们之外的功利目的一个工具。相反的，伟人/超人是他所来自的社会的最高存在之理由。现在，既然来世的救赎型式已不再可能，他乃代表了人类的救赎。戴威勒的原话如下：

"尼采之和其他精英主义理论家不同的地方是，他为精英主义所提出的辩护理由，既不在于因为那是更公平、或更正当的社会制度，也不在于因为精英主义是求得社会所欲的功利目的之最佳手段。正如我们已了解的，在他的想法中，压根儿就没有什么自然权力理论，而在他对事物的充满美学的看法中，伟人绝不只是为谋求在他们之外的功利目的一个工具。相反的，伟人是他所来自的社会的最高存在之理由。① 现在，既然来世的救赎型式已不再可能，他乃代表了人类的救赎。"②

尽管如此，戴威勒指出：政治毕竟不是尼采关心的核心。个人要献身的，是尼采想象中的最高之人，即超人。这也使得其与纳粹、法西斯对"超人"概念的篡用勾连复杂.

"……他和法西斯主义一样有一种斗争的本体论，歌颂战争，有时还歌颂政治上赤裸裸的权力斗争。更有进者，他认为一般人并没有与生俱来的价值，而绝大多数人，只有在献身于造就较高的统治族类之中，才能找到存在的意义与正当性。总之，在尼采的艺术家梦想里，带有一种把政治美学化的意愿，而这种美学化的方式，叫人不由得联想到它和法西斯主义的类似性。

当然，尼采的思想到底和法西斯主义大不相同，因为他的兴趣，绝大多数是属于精神上的，政治毕竟不是他关心的核心。他的思想并不是自由主义的，而是反自由主义的，但终究他不认为应该让个人献身于现代的民族国家：个人要献身的，是尼采想像中的最高之人。

不过……一旦国家的目标变成要去造就一种超人的主子族类（而我认为尼采暗示理应如此），则崇拜国家与崇拜超人，其间的差别就真的变得很微妙了。可以肯定的是，尼采式的主子族类，和纳粹的超人，并没有多少共通之处，纳粹的超人，充其量只是对尼采式理想的一个丑恶的模仿。但即使有这些实际上的差别，我们还是不清楚这是否就能抹销尼

---

① 见 WP，secs. 876—78；UDH，sec. 9.【原注。笔者按，UDH 为《历史》的英文缩写，下同。】

② 《尼采与贵族激进主义政治》第五章，p. 102，页 142。

采和纳粹与法西斯的关联。我们只能做这样的结论：尼采和那些随他之后而开始、并且奉他为先驱的右翼政治运动之间的关系，是极其复杂的。"①

但戴威勒也承认，尼采以超人回应"上帝之死"，及其背后的本质：以一个本质上属于美学的对事物之恰当秩序的看法，来替换基督教的道德。他从艺术的层次上，来为存在寻找正当性，其抱负终究并非现实政治：

"……尼采对上帝之死的回应，是为人类提出一个能造就出较高之人、或超人类型的新目标。我们也了解到，这种以一个较高类型来取代上帝的办法，根本上是意味著，以一个本质上属于美学的对事物之恰当秩序的看法，来替换基督教的道德。

……尼采的新秩序所得以根据的，到底是怎么样的价值。他从艺术的层次上，来为存在寻找正当性的这个事实，也许可以显示他如何设法来超越基督教的道德，……"②

针对尼采的贵族主义政治主张，戴威勒也敏锐地指出，尼采是从文化，或文化政治的角度对其加以论证："相对的，在早晚二期的著作中，都有一个能用来建立一种超人性的权威的基础，它能合法化存在于其中的政治思想。早期著作中，戴奥尼索斯式的天才显然就是此一权威的来源，因为他被描述为超越的创造力量藉以产生出来的媒介。尼采一再以此来正当化他早期作品的贵族式社会观。"③ 也就是说，尼采政治思想中超人性的权威的基础，例如狄奥尼索斯式的天才，以及其构想的犹如《理想国》、婆罗门教中的贵族等级社会、国家的观念，落脚点还是在人的培育，尤其是在存在、真实性（《理想国》线喻）、和灵魂的等级中"更高"的存在，或人的培育。

第三节 "永恒轮回"与"贵族激进主义"

在前两节的分析中，我们分别考察了尼采政治哲学激进主义、贵族主义的主张与尼采对流变、存在的哲思间的关系。那么尼采"贵族激进

---

① 引书同前，第五章，pp. 112-114，页 154-156。
② 引书同前，第六章，p. 115，页 163。
③ 引书同前，第八章，p. 187，页 259。

贵族激进主义的文化政治
——尼采政治哲学研究

主义"这一融合两种对立向度,并保持其张力的政治哲学,是否在他本人那里也有与之相应的学说作为综合的依据?在本节中,笔者将尼采"永恒轮回"学说作为前述问题的肯定答案给出。接下来的考察中,我们将对此问题进行更细致的考辨。

一、永恒轮回学说——存在与生成的张力

在本书第一章第三节中,笔者曾从反对虚无主义的角度,介绍、阐释过尼采的"永恒轮回"学说。但对该学说在思辨哲学意义上富含的生成、存在问题间之张力,尚未及详论。在此我们若回顾尼采在其出版著作和遗稿中,对"永恒轮回"问题的几处关键表述,将不难发现,该学说不仅像海德格尔的著名解释那样,包含了"存在与时间"的张力,而且其中统一着持存与运动、存在与生成的辩证矛盾。

按照一则1884年春笔记[①]的讲法,尼采认为永恒轮回学说中融合了存在与生成的因素:

"1.
我的朋友们,我是永恒轮回学说的教师。

这就是:我教导你们一切事物永远回归,也包括你们在内——你们已存在过无数次了,一切事物跟你们一起存在过;我教导你们,有一个生成(Werdens)之大年悠长、非凡。这年就像沙漏一样,流完之后就倒转,结果这些年都相同,大小都一样。

如果你现在想死,我会对你说:'瞧!你死了,现在你消亡了,消逝了。在你消亡的地方一无所剩,就剩下自称的诸因之力是回归的,它将把你再创造出来:你本身是尘埃中的微粒,就属于决定万物回归诸因之一。有一天你再生,将不是回到一个新的或是更美好的或是与现在相似的人生,而是将永远回到与现在一样的同一个人生,就像你现在的存在,大小都一样。'"

我们似乎可以得出,"永恒轮回"中的"永恒"因假说中一再出现的存在、生存而与存在关系密切,"轮回"一语则因周而复始而与"生成"联系更紧。"永恒轮回"学说这一术语的意涵本身,便蕴含着存在与生成的巨大张力。

[①] KSA 11,摘自25 [7],Ss. 10-11;中译采《权力意志与永恒轮回》,正文页116-117。

在 1881 年春至秋的一则笔记①中，尼采对类似永恒轮回学说的表述里，还提示这一学说对传统"目的"性统摄下的人生观的颠覆，而鼓励人们生活在每个当下的时刻："不要盼望那种遥远又陌生的极乐、**赐福**和**赦免**，而要这样活着：活得使我们还想再活一次，想永远如此活着！——我们的使命每时每刻在走近我们。"

正如本书前文所引张庆熊文章分析的，永恒轮回学说将存在与生成的统合，将人的生存从目的论的回摄中解放到当下，具有重要的哲理意涵。在本书数次前引的一则论权力意志的世界的 1885 年 6 月至 7 月的笔记②中，尼采不忘提及"这就是我的永恒自我创造、永恒自我毁灭的**狄俄尼索斯**的世界，这个双料快乐的神秘世界。它就是我的善与恶的彼岸：没有目的，假如目的不存在于循环的幸福中的话；没有意志，假如不是一个循环对自身有着善良的意志的话"。尼采在此借助从被切成碎片中复活过来的狄奥尼索斯的形象来描述永恒轮回学说，更形象地展现了其试图战胜目的论，将存在与生成统一的理论抱负。

另一方面，永恒轮回还并不仅仅是一种理论学说，而是与欧洲虚无主义问题有密切的联系。在 1887 年 6 月 10 日的一则题为"**欧洲虚无主义**"的笔记③中，尼采就将永恒轮回视为（欧洲）虚无主义及其的极端形式。尼采提到，存在如其本身那样无意义、无目的，但却无可避免轮回着，没有终极目的，直至虚无：这就是"永恒轮回"。我们否认终极目标：假如存在真有目标，那想必它已经达到：

"6

让我们思考这种最可怕的思想形式吧：存在如其本身那样无意义、无目的，但却无可避免轮回着，没有终极目的，直至虚无；这就是'永恒轮回'。

这是最极端的虚无主义形式：虚无（'无意义'）永恒！

佛教的欧洲形式：知识和力的能量**强迫**人们有这样的信仰。这是一切可能假说中最**科学**的。我们否认终极目标：假如存在真有目标，那想必它已经达到。"

也就是说，以权力意志对永恒轮回学说的克服，在其中为存在赋予目标并达到之，关涉对欧洲虚无主义的解决、克服。正如在上引这则笔

---

① KSA 9, 11 [161], S. 503；中译引书同前，正文页 85—86。
② KSA 11, 38 [12], Ss. 610—611；中译引书同前，正文页 159—160。
③ KSA 12, 摘自 5 [71], Ss. 211—213；中译引书同前，正文页 197—199。

记的开头几小节提到的，基督教及其道德教化是"上帝之死"被宣告前欧洲社会根深蒂固的意识形态，如今尼采以极端虚无主义的永恒轮回—权力意志学说试图开创的，就是"上帝死后"欧洲新的积极、富于生命力的精神状况。

在另一则题为"我走向'肯定'的新路"的1887年秋季笔记①中，尼采还提到永恒轮回学说对于克服悲观主义的可能功用。在这则笔记中，尼采认为悲观主义是：自愿寻找生存中可怕、可疑的一面。悲观主义者经由生存中被否定的一面，和"希望绝对轮回的永恒"，由此产生"新理想"，走向"肯定"。悲观主义者可能会归属到狄俄尼索斯肯定本真世界的形式之中：

"我走向'肯定'的新路

我对**悲观主义**的新认识，它是自愿寻找生存中可怕和可疑的一面：由此明白了与我有缘的过去的现象。'一种思想会承担多少'真理'和敢于说出多少真理？'——这是有关它实力的问题。一个这样的悲观主义者**可能会归属到**狄俄尼索斯**肯定**本真世界的形式之中，直到希望绝对轮回的永恒；由此便会产生哲学和感伤的新理想。

生存迄今为止**被否定**的一面不仅被认为是必然的，而且还是受欢迎的；不仅欢迎过去被肯定的一面（似乎是这一方面的补充和条件），而且还是为此之故，把生存的这一方面看作是较强大的、较有益的和较真实的，是悲观主义者的意志在其中更清楚地表达的地方。

评价生存迄今为止单单被肯定的一面；要搞清这种评价的由来（一是受苦人的本能，二是群体的本能，三是绝大多数反对特殊者的本能）。

一种**更高级的人的设想**，按照迄今的概念是'非道德的'：即这是历史中的雏形（异教诸神，文艺复兴思想）。"

那么，对后期尼采如此重要的永恒轮回，除了作为一种思想假说、思想实验提出外，他还给出某种学理上的"论证"没有？在以下这则1888年春的笔记②中，尼采的尝试或可认为想从多个角度论证其永恒轮回学说：

"新世界方案

1. 世界存在着；它不是不变化，也不是不消逝。或者毋宁说，它在变化，它在消逝，但它从未开始变化和从未停止消逝——它在这两者之

---

① Ibid., 10 [3] (138), S. 455；中译引书同前，正文页223—224。
② KSA 13, 14 [188], Ss. 374—376；中译引书同前，正文页274—277。

中**维持**自身……它靠自身生活；它的排泄物也就是它的食粮……

2. **创世的**假说对我们来说在任何时候都不必牵挂在心。今天，对'创世'这个概念根本无法定义、无法下出定义；顺便说一句，它是迷信时代的残余，用一句话也解释不了什么。设计一个**有始的**世界的最后尝试，今天主要靠逻辑程序来完成——应当说，这多半出自神学的险恶用心。

永恒轮回： 哲学

3. 近来，有人多次想在世界向**后**的时间无限性这个概念中找出矛盾：人们发现了矛盾，当然付出的代价是，人们把头和尾巴混淆了。任何东西也无法阻止我即刻往后计算说：'我绝不走到尽头。'就像我在同一时刻向前计算，走进无限一样。只有当我想犯这种错误的时候——我要避免这么去做——，也就是把'回返无限性'这个正确的概念同一个**根本无法实现**的'无限进程'（至今为止）的概念相提并论的时候——假如我把**方向**（进或退）设定为在逻辑上是不确定的——我才会在同一时刻把头理解为尾巴。这个问题就留给您吧，我的杜林①先生！……

4. 我在以前的思想家们那里偶然发现了这一思想：这种思想每次都受到别的潜在思想的支配（绝大多数是神学思想，这对精神造物主有利）。假如世界完全僵化、干涸、坏死、变为**虚无**，或者假如世界真能达到平衡状态，或者假如世界真有某种目的，这个目的包含持久性、不变性、一劳永逸（简言之，用形而上学的语言来说：假如生成**真**能汇入存在或虚无），那么这种状态想必已经达到。但是它没有达到：结果从何而来……这是我们唯一把握的确定性，借助于它矫正一大堆可能出现的世界假说。譬如机械论无法避开某种最终目的状态的结论，这是威·汤普森②从机械论得出的结论，那么机械论由此便遭到了驳斥。

哲　学

5. 假如世界**可以**设想为一定大小和力和一定数量的力的中心的话——其他的设想是不确定的，**也是不需要的**——，那么其结果是，世界是在其存在的巨大赌博中必须经受的可计算的数字组合。在无限的时

---

① 杜林（Eugen Dühring，1833—1921），德国哲学家、国民经济学家，著有《国民经济学和社会主义批判史》《哲学教程——严格科学的世界观和生命形成》等，后受到恩格斯批判。【译注】

② 汤普森（William Thompson，1785—1833），英国经济学家，罗伯特·欧文空想主义学说的追随者的重要代表。汤普森在大卫·李嘉图创见的价值理论基础上，提出劳动是一切价值的源泉，并认为劳工阶级产生剩余价值。【译注】

贵族激进主义的文化政治
——尼采政治哲学研究

间里,也许每次有可能的组合会在某个时候出现一次;甚至会出现无数次。由于每次'组合'与其下一次'轮回'之间有可能还会出现组合,而每次这样的组合决定同列组合的整个结果,那么,这就证明有一个绝对等同序列的循环:世界是个循环的世界,周而复始,无限重复,无穷无尽地做着自己的游戏。

这种设想不等于一个机械论的设想:因为假如世界是如此的世界,那么它也许就不会引起相同状态的无限循环,而是形成一个最终状态。因为世界达不到这种状态,所以机械论在我们看来肯定是不完美和暂时的假说。"

尼采在这段笔记中,反驳了创世论、末世论、机械因果论、目的论、"生成汇入存在或虚无"的世界平衡论。相对地,他在编号为第5的"**哲学**"一节中,通过提到时间中颇令人费解的、瞬间的无限组合可能,而尝试论证"世界是个循环的世界,周而复始,无限重复,无穷无尽地做着自己的游戏"。

而在本章多次引用过的一则1886年底至1887年初的笔记①中,尼采最直接地提出了永恒轮回学说对存在与生成的综合:"**万物轮回乃是生成世界向存在世界最极端的接近:这就是观察的顶峰**。"这可以说是我们关于永恒轮回学说的思辨哲学意涵最简洁鲜明的概括。

关于永恒轮回学说,戴威勒还有一些值得注意的概括,如他在一则前引内容中,提示该学说还是培育超人的手段:"一而再地,尼采暗示他最高的希望,是提升甚至超越如我们所知道的人类,而查拉图斯特拉的训诲:要去'意愿超人'(will the superman),可说是要邀请我们所有人,都来把这最高希望当作我们自己的。为了这个目的,尼采甚至在一则注记中,将'这种把人类历史一分为二的思想'的相同者永恒回复之论,形容为'一种培育与选择的手段'。② 新哲学家(而这里是表示尼采自己)因而变成了一种新人类的艺术家。"③

而广为传播永恒轮回的说法,绝不是单靠政治手段所能达到的:"单只从民主政治制度转为正确的贵族制,在本身并不能就把现代世界遭逢的衰败加以终止。'千年谎言'也须予以破除,并且还要创造出新的真

---

① KSA 12,7 [54],Ss. 312—313;中译采《权力意志与永恒轮回》,正文页206—207。
② 致Overbeck之信函,1884年3月8日(BKG III/1, 485);WP, sec. 462;见WP, sec. 862.【原注】
③ 《尼采与贵族激进主义政治》第二章,p. 31,页41。

理。特别要紧的，也是最重要的是，相同者永恒回复的说法，应广为传播，而这就绝不是单靠政治手段所能达到的了。"①

此外，尼采认为永恒轮回理论骇人，只有不凡者才能肯定，只有毁灭病弱者、厌世者，该理论才会成功："他显然认为他的相同者永恒回复的理论，是一个骇人的理论，只有那罕有的不凡者，才能加以肯定。不管看起来有多怪异，可以想像尼采会认为只有毁灭病弱者与厌世者，这个理论才会成功。②"③

最后，尼采提出永恒轮回就是一个狄奥尼索斯学说（这点本小节在前文也有所涉及）："但是，《悲剧的诞生》中的戴奥尼索斯式天才，并不是后期作品中的戴奥尼索斯式天才。他们之间有何不同呢？而我们又如何来加以说明呢？

……

到目前为止，尼采对戴奥尼索斯现象的最详尽解说，见之于《悲剧的诞生》（1872），戴奥尼索斯与阿波罗在该书被形容作既互为对抗、而又相互依赖的自然的艺术力量。不过，从《悲剧的诞生》之后一直到《超越善与恶》之间的著作，几乎就没有提到戴奥尼索斯。然后，从1886年开始，戴奥尼索斯式的人就一再出现，并且成为尼采生命与思想的精神核心。从后期著作的各不同章节中，我们了解到永恒回复就是一个戴奥尼索斯学说、了解到作为除了权力意志之外别无其他的世界，就是'一个戴奥尼索斯世界'，了解到查拉图斯特拉是'一个戴奥尼索斯式怪物'、而当然，也了解了尼采自己就是'哲学家戴奥尼索斯的最后弟子'。④

---

① 引书同前，第三章，p. 62，页85。
② 请看以下引自 *The Gay Science* 第341节的一段（虽然尼采说得很含蓄，但本段极有可能是在指相同者永恒回复的理论）：

"这要怎么办呢？如果某一日或某一夜，魔鬼……对你说：'你现在的一生，以及你一向过的日子，你要照样再过一次、再过无数次；而其中了无新意，只是照原来的顺序，把所有的痛苦、所有的欢乐、所有的想法、叹息、以及生命中所有的说不出的大大小小的事，全部重新来过……如果你挣脱不了这个念头，它会改变现在这样子的你，或者可能使你崩溃。'"

对那些已经发现生命是无可忍受的苦的人，没有比这个魔鬼的说法，更摧人心肺、更毁灭性的了。【原注】

③ 《尼采与贵族激进主义政治》第五章，p. 108，页149。
④ 见 *BT*, "Attempt at a Self-Criticism," sec. 7; *WP*, secs. 417, 1050, 1052, 1067; *EH*, "The Birth of Tragedy," sec. 3; *EH*, 前言, sec. 2; *TI*, "What I Owe to the Ancients," sec. 5.【原注】

早、晚期之间的戴奥尼索斯式概念,其差异是惊人的。"① 戴威勒的上述考证,所言不虚。

二、贵族激进主义作为永恒轮回学说内在张力的表现

全书行文至此,我们已不难发现:尼采政治上看似自相矛盾的"贵族激进主义"主张,只有在其"永恒轮回"学说的思辨张力中,才能得到最透彻的理解。如果生命历程注定要在无尽的复返中起落、沉浮,尼采也仍然期许"超人"式的"悲剧哲学家—艺术家"蔑视欧洲旧贵族、基督教、民族主义保守陈腐的"千年王国"的永恒迷梦,以一种自由人的、悲剧英雄式的战士精神昂扬向上,与文化上的"市侩"、"庸众"和各种"奴隶道德"及其"起义"坚定地拉开距离。

可以说,尼采贵族激进主义内在的差等与革新的张力,是作为其永恒轮回学说内在的存在与流变之张力的政治表现。

在晚期著作《敌基督者》第57节中,尼采就援引婆罗门教的种姓制度,表述了一种基于存在的等级秩序的贵族制社会图景。其中不仅包含了一种指向最高等级的(向善好的)目的论体系,而且也明言以此对社会主义者和无政府主义者的平等主义的批评:

"——**种姓制度**②,最高的、统治的律法,只不过是对一种自然秩序的认可,是头等的自然法则,不为任何任性(Willkür)和'现代观念'所支配。在每一个健康的社会中,都有三种在生理上侧重点不同、但又相互制约的类型,这三种类型各有各的卫生,各有各的工作区域、各有各的完善感和技艺。是自然,**而非摩奴**(Manu),将这三种类型区分开:一种是偏重精神的;一种是偏重膂力、性情热烈;而第三种与前两者都不同,它体现的只是平庸——但正是这第三种类型代表大多数,而前两种是遴选出来的。最高的种姓——我称之为**极少数人**——作为最完善的等级,拥有极少数人的特权:它代表幸福,代表美,代表地上所有的善。只有那些最具精神性的人,才获准追求美,追求美的东西;只有在他们身上,善才不是软弱。**美属于少数人**(Pulchrum estpaucorum

---

① 《尼采与贵族激进主义政治》第七章,p. 145,页 204。
② **种姓制度**:在古代印度人中间施行的社会(种姓)等级划分,主要分为婆罗门(僧侣种姓)、刹帝利(贵族种姓)、吠舍(农民种姓)、首陀罗(低贱种姓)。处在最低级的是不可接触者、属于那个被视为不净者的阶层的人。【译注】

hominum)①：善是一种特权。这些人绝不会变得行为鄙俗、也不会眼光悲观，眼睛不会去**丑化**世界——，或者说，他们根本不会对事物的整体面相感到怨恨。怨天尤人是贱民的特权；悲观主义也是如此。'**世界是完美的**'——最具精神性、肯定性的本能这样说。'不完善，所有**低于**我们的东西，距离，距离的激情，甚至贱民本身，都是这种完美的一部分'。作为**最强者**，最具精神的人在别人只能看到毁灭的地方，在迷宫中，在对自己和他人的艰苦磨难中，在尝试中，找到了自己的幸福；他们的快乐就是自我强制：在他们身上，苦行变成了天性、需要、本能。他们将艰难的工作看作是特权；在他们这里，应对那些压垮了他人的重负成了一种**休养**……知识——一种苦行的形式。他们是最值得景仰的人：但这并不妨碍他们成为最开朗的人，最具生命价值的人。他们统治，不是因为他们想要统治，而是因为他们**存在**；他们不能随心所欲地退居其次。——**第二等的种姓**：这是正义的守护者、秩序和安全的看守人，这是高贵的战士，这是作为战士、法官和法律维护者的最高表现形式的国王。第二等的种姓，构成了最具精神者的执行人，在等级上离最高种姓最近，属于他们的工作就是承担所有统治工作中那些**粗暴**的部分：第二等的种姓是最具精神者的追随者，是他们的左右手，是他们最优秀的门徒。——我要重复一句，在所有这些人中，没有人是任意的，没有人是'被造的'；与这些人**不同**的人，才是被造的——这样，他们的天性就被毁灭……种姓的秩序，**等级秩序**，只不过是表达了生命自身的最高法则。要维持社会，要使更高的类型和最高的类型成为可能，就需要区隔这三种类型——倘若有权利存在，那么首要的条件就是权利的**不平等**。——一种权利就是一种特权。根据其存在的方式，每个人都同样享有他的特权。我们不要低估**平庸者**的特权。生命向**高处**攀登总是变得越来越艰难——寒冷在增加，责任在增加。一种高级的文化是一个金字塔：它只能奠基在一个宽大的地基上，它首先必须以某种强有力、健全稳固的平庸为前提。手工业、贸易、农业、**科学**、绝大部分艺术，一言以蔽之，全部**职业**活动的总和，都仅仅是与平庸者的能力和追求相适应；这样的职业活动似乎不适合与众不同的人，属于他们的本能既与贵族制相对立，也与无政府主义相对立。为了使一个人成为具有公共用途的东西，成为一个螺丝钉，成为一项职能，就需要一种自然的规定：**不是**社会，而是

---

① **美属于少数人**：出自贺拉斯的《讽刺诗》（Ⅰ9，44）："他［Maecenas］仅仅为自己选择了少数东西，甚至用更确定的判断力做出这种选择。"【译注】

贵族激进主义的文化政治
——尼采政治哲学研究

大多数人能够实现的那种**幸福**,把他们变成了理智的机器。对于平庸者来说,平庸是一种幸福;掌握一门手艺、专业化是一种自然本能。一种更深刻的精神,完全不值得对平庸本身表示抗议。为了使与众不同者存在,**首先**需要平庸:平庸是高级文化的条件。当与众不同的人对待平庸者比对自己和同类更温和,这不仅仅是心灵的礼貌——这直接是他的**义务**……在当今的无赖分子之中,我最痛恨谁?是社会主义者的无赖分子,是贱民的使徒们,他们损害了劳动者对其卑微存在的本能、快乐和满足感——这些无赖分子让劳动者心怀嫉妒,教会他们**报复**……不正义从来就不在于权利的不平等,而是在于对'**平等**'权利的要求……什么是**坏**?但我已经说出了答案:所有那些来自软弱,来自嫉妒,来自**复仇**的东西。——无政府主义者与基督徒,出身相同。"①

在尼采描述的这个金字塔形的社会构想中,为了塔尖和塔上层的精神、文化上被遴选出来阶层所代表的善好,塔基座基层民众的平庸劳作被视为自然、必需,也是一种平庸的幸福。这虽然貌似与当时欧洲反对平等、民主的保守主义贵族政治观点有某种形式上的接近,但尼采却激进地将平等主义、民主主义和社会主义的根基挖掘到基督教的"道德的奴隶起义",因此与当时保守主义对基督教道德的推崇形成鲜明的区别。

在形而上学上,尼采也正是通过这一鲜明的向善的存在架构,作为其看到并能承认永恒轮回的超人——精神贵族培育、遴选的恒定机制。在其中统合了存在的等级秩序与生成不已的权力意志的世界的关系,"为生成打上了存在的印记"。

在1883年秋一则同样具有"精神少数派"色彩,近乎散文诗体裁的笔记②中,尼采提到:

"我有一点求生的勇气:这使我身上有了一把小钥匙——通向虚无的小钥匙。

我有一点求虚无的勇气——这使我知道一切都虚无……

我的自我这丁点儿力量就是对宇宙力量的嘲笑!

我想要什么?——使**勇气**成为失败者的小钥匙。

给予少数人**勇气**,使他们把反对众人的意志贯彻下去。

去创作和创造出比迄今人类更**高尚**的东西来。

完全没有责任地航行到存在之中,传授欢乐。这欢乐说:'为了**这个**

---

① KSA 6,Ss. 242—244;中译采《〈敌基督者〉讲稿》,页249—253。
② KSA 10,18 [47],Ss. 578—579;中译采《权力意志与永恒轮回》,正文页115。

瞬间，我要再来一次。'"

在这则笔记中，一方面典型地展现了尼采为了克服"上帝之死"所带来的虚无主义，为了在虚无主义背景下创造人类更"**高尚**"的东西（而非更有现实政治权势的东西），要为少数人鼓起勇气，使他们贯彻"反对众人的意志"这种文化政治的贵族激进主义倾向，另一方面也透露了其如此努力的形而上学方法——即以无数次肯定瞬间的方式，（以权力意志）肯定永恒轮回，达到一种新人所能实现的，不需仰赖其他目的论的，自我赋予善好的极大自我肯定。

在1885年8月至9月的一则笔记①中，尼采谈及文化、宗教批判，和"贵族激进主义的"文化政治理论：以古希腊思想及其酒神的灵魂等级制，反对基督教及其平等主义。（面对永恒轮回的困难，依然）对人世的肯定区别于虚无主义，对存在的美化来自希腊人的肉体、灵魂"繁盛"之时。可以将近代文化名人（歌德等）类比酒神"狄俄尼索斯"。认为酒神经验判定出人在文化上的等级性和不等值性（可能针对基督教的平等主义）。尼采在这则笔记中认为，此乃认识希腊人及其思想的"地下通道"。希腊思想作为东方思想的第一大纽带和综合体，是欧洲灵魂的发端，也是欧洲超越民族国家的"新世界"的新发现。

"那种最高级的迄今已遍及世界的对人世的肯定和对存在的美化，其神秘的象征产生于希腊人的肉体和灵魂'繁盛'之时，而不是产生在病态的激情和头脑发热状态之下。这里存在着**尺度**，自那时以来滋生出的一切事物都经过它的衡量。被判定为太短或太小或太窄：——面对近代名人和大事，面对像歌德这样的人，或者贝多芬，或者莎士比亚，或者拉斐尔，人们只需说一声'狄俄尼索斯'就行了。我们突然感觉到，我们所做出的那些最美好的事业和所经历过的瞬间都受到了**审判**。狄俄尼索斯就是**法官**！——你们明白我的意思吗？——毋庸置疑，希腊人知道'灵魂命运'的最后秘密和一切关于教育和修炼的秘密，首先是关于人与人之间亘古不变的等级和价值不等值性，凭借他们的狄俄尼索斯经验试图解释自身：这里就是高深莫测的、保持深深缄默的希腊思想——只要这里的地下通道还未打开，**人们就不会认识希腊人**。学者们的急切目光从未投射到这些事物上。为了挖掘希腊思想，人们必须运用自己的渊博知识，像歌德和文克尔曼这些古典文化之友那样，虽有高贵的热情，但也说过一些不该说的话，几乎是不谦虚的话。等待和准备，期待新源泉

---

① KSA 11, 41 [7], Ss. 681–682；中译引书同前，正文页171–173。

贵族激进主义的文化政治
——尼采政治哲学研究

的喷涌，在孤寂中准备迎接陌生的音容；当代集市的尘埃和喧闹，总是把希腊人的灵魂冲洗得更加纯洁；一切基督教的东西会被超基督教的东西**克服**，而不只是一弃了之，因为基督教教义是狄俄尼索斯学说的反学说。重新发现**南国**，发现南国那朗朗的神秘的天空在头上高照；南国健康的灵魂和强大的隐蕴再度占领了头脑；一步一步，范围愈来愈广，愈来愈超越国家，日趋欧洲化，日益超越欧洲，日益东方化，最终**日益希腊化**——因为，希腊思想曾是东方思想的第一大纽带和大综合体，因而也是欧洲灵魂的**发端，我们的**'新世界'的发现：——谁在这些命令下生活呢？谁知道哪一天才能看见**它**呢？也许正是——**新的一天！**"

在这段笔记中，我们依然能看到借古希腊文化为标榜的，尼采以文化的高贵为鹄的、反基督教的贵族激进主义文化政治主张，是以形而上学上反虚无主义的对永恒轮回学说的肯定、克服为理据的。

全书行文至此，一种可能的疑问或许会产生：前文提到尼采对柏拉图主义"真实的世界"学说的批判。那么，他基于存在的等级秩序提出的等级主义文化—政治构想，会不会成为又一种柏拉图主义的"真实世界"学说呢？

在 1887 年秋的一则笔记[①]中，尼采对这种可能的疑问恰做了初步的否定回答：

"什么是**信念**？信念是怎样产生的？任何信念都是**自以为真实**。

极端形式的虚无主义也许是：**任何信念，任何自以为真实一定是虚假的，因为根本就不存在真实的世界**。就是说，这是**远景式假象**，它源于我们的头脑（因为我们一直需要一个严谨的、缩短的、简化的世界）。

这是**力的标准**，要想不毁灭，我们就要承认**表面性**，承认谎言的必然性。

在这个意义上说，虚无主义否定了真实的世界，否定了存在，虚无主义是神的思维方式——"

极端虚无主义否认真实世界"信念"的"自以为真实"。

在此，尼采对虚无主义在观念上的某种积极意义有所承认。因为虚无主义不承认、否定了"真实的世界"，所以否定了"存在"，故这种"万物皆流"的思维方式是"神的思维方式"。也就是说，区别于柏拉图主义"真实的世界"学说提供的具体的目的论信念，尼采贵族激进主义的文化政治愿景只提供一种"价值创造""重新设定价值的价值"的呼

[①] KSA 12, 9 [41] (31), S. 354；中译引书同前，正文页 210–211。

召，而拒绝提供更具体的内容，陷入柏拉图主义的窠臼。这背后依然有存在的相对性（价值设定）与生成的、权力意志的永恒性（对"真实的世界"之"目的"的批判）的形而上学理据。

对于生成的绝对性和存在的相对性，尼采在1887年11月至1888年3月的一则不长笔记①中也集中论及：

"……

只要生成没有'存在'这种特性，生成就是**一定量的权力**；生成不需要语言这种表达手段，它属于我们**不可取代的保存的需要**，也就是始终设定一个由'滞留物'，即'物'等组成的较粗糙的世界的需要。我们可以相对地谈论原子和单子，并且可以肯定的是，**这个持续存在的最小的世界是最长久的世界**……

没有意志，有的是关于意志不断增加或失去权力的意志草约。"

这是尼采对生成、存在、权力、意志的形而上学关系的少有而令人费解的阐述。其大意是因为生成的绝对和存在的相对，生成与一定量的权力相关，但不需被表述。于是，随着以原子、单子为基础加以"谈论"的生成世界的流变，我们可以得到因权力的变化而变化的，追求权力的扩大的（权力）意志的增加的结果。

那么，这种对生灭世界中存在相对性的肯定，需要一种怎样的态度呢？晚期的尼采应该是期许以"狄奥尼索斯"的方式去面对。在1888年春至夏的一则笔记②中，尼采提到：

"**我怎样辨识出我的一些同类人？**——哲学，像我迄今为止所理解和亲自体验的那样，它是自愿去寻找生命的令人诅咒和可耻的一面。从我在冰雪和沙漠中长期漫游的体验中，我学会了用别种眼光看待迄今为止的哲学研究：——我发现了哲学**秘**史，发现了伟大哲学家的心理学。'一个思想家**承受**多少真理，一个天才**敢于**说出多少真理？'——这成了我的真正的价值测量器。错误是一种**胆怯**……认识上的每个成就**产生于**勇气，产生于严于律己和洁身自好……我所经历的这种实验哲学甚而试图预言基本虚无主义（grundsätzlichen Nihilismus）的可能性。但这并不是说哲学停留在说'不'，停留在否定，停留在否定意志层面上。倒不如说，哲学要达到的是其反面——达到**狄俄尼索斯式的肯定世界**，肯定世界的存在状态，不打折扣，没有例外和选择——它要求永恒循环，即同

---

① KSA 13, 11 [73] (331), Ss. 36–37；中译引书同前，正文页236–237。
② Ibid., 16 [32], S. 492–493；中译引书同前，正文页287–288。

贵族激进主义的文化政治
——尼采政治哲学研究

种事物连结同种和非逻辑的永恒循环。这是哲学家所能达到的最高状态：对生命采取狄俄尼索斯心态；我的公式是**爱必然**（amor fati）**和不可避免**①……"

尼采在此论及"哲学秘史"——"伟大哲学家的心理学"：他的测量器是"一个思想家承受多少真理，一个天才敢于说出多少真理"。因为"认识上的每个成就产生于勇气"。段末提到，"哲学家所能达到的最高状态：对生命采取狄俄尼索斯心态"，而他的公式则是"爱必然/命运"（amor fati）。

文中提到的"基本/根本虚无主义"，不是（如前文所说的，对存在的单纯）"停留在否定，停留在否定意志层面上。"而是一种狄俄尼索斯式的肯定世界，肯定永恒循环：同种事物连结同种和非逻辑的永恒循环。但我们也要注意，这种肯定不是对现世和人们庸俗观念的无条件退让。在同期稍早的一则笔记②中，尼采以精确的语词区分，道说出虚无主义者否认现实的和应是的两种"真实世界"：

"在同一种人，变得**更加贫困**一等了，**不再拥有阐释的力量**，创造各种虚构之物的力量，成就了**虚无主义者**。虚无主义者是这样一种人，对于如其所是地存在的世界，他断定它**不**应当存在；对于如其应当是地存在的世界，他断定它并不实存。③ 据此看来，此在（dasein）（行动、受苦、意愿、感受）就没有什么意义了：'徒然'的激情乃是虚无主义者的激情——同时作为激情，还是虚无主义者的**前后不一**"。

言下之意，尼采认为虚无主义者对实存的世界，以道德的眼光"断定它**不**应当存在"。而对于（柏拉图主义式的）道德主义提出的"应当存在的世界"，虚无主义"断定它并不实存"。可以说，尼采这里描述的虚无主义者的形象是具有"求真意志"（激情）的，且有道德抱负的一种并非完全负面的形象。也许只有肯定"狄奥尼索斯式的世界"，亦即永恒轮回的世界，才能克服虚无主义者对实存、应当存在问题的上述"**前后不一**"。

---

① 笔者按，KSA 第 13 卷所录无此词组。不知此处译文是否依照的是沃尔法特（编者）选本的原文。

② KSA 12, 9 [60], S. 366, 中译采《尼采著作全集·第十二卷·1885—1887 年遗稿》，页 415。

③ 尼采此处用词极为严格：前句指向"如其所是地存在的"本质世界，故用了动词"存在"（sein），后句指向"如其应当是地存在的"理想世界（道德世界、神性世界），故用了动词"实存"（existiren）。可见尼采的虚无主义直指形而上学的本质—实存、存在学—神学双重结构。【译注】

当然，从尼采基于"万物皆流"的形而上学洞见出发，求真意志也是具有相对性的。在1885年秋至1886年秋的一则笔记①中，尼采提到世界是流动、生成的，作为假象不断重新变化。故"只有解释，没有真理"。权力意志及其增大，与世界是流动、生成之间的张力，构成解释而非真理的存在论依据：

"**世界的价值**就在于我们的解释（——也许在什么地方可能还有不同于单单人的解释——），迄今为止的解释都是远景式的估计，借助于这种估计，我们保存自己的生命，也就是保存权力意志，保存权力的增大。**人每次向上**都会导致克服较为狭隘的解释，每次强度加大和权力的扩大都会打开新的远景，并称之为信仰新地平线的视野——这些观点都写在我的书里。**与我们相关联**的世界是不真实的，即非事实，而是建筑在少量观察之上的膨胀和收缩；世界是'流动的'、生成（Werdendes）的，作为假象不断重新变化，而这种假象从未接近真理：因为——没有什么真理。"

在另一则题为"**关于《悲剧的诞生》**"的同期笔记开篇②，尼采也提到："'存在'（Das Sein）是忍受变化（Werden）之痛苦者的虚构。"在此，尼采还是通过"阿波罗和狄俄尼索斯的妥协"来具体阐释这个形而上学的论断，即象征形式的阿波罗与象征生命、生成、变化与混沌的狄奥尼索斯的妥协。这不仅构成一种悲剧理论，而且也从形而上学理论上为尼采的哲学观提供依据。相比于存在的"虚构"性，尼采在一则1887年11月至1888年3月的笔记③中却提出："生成的意义（Der Sinn des Werdens）必须每时每刻实现、达到、完成。"在此我们已不难看到尼采形而上学理论的出发点和所吃重处。

我们或许可以尼采写于1883年秋的一则诗体笔记④来对其关于生成与流变的直接讨论做个小结：

"你们看**任何**有机过程是多么巨大，多么对立统一。

重新跃入对立面之中，寻找陶醉的和解瞬间。

最渊博的人也可能迷失自我。

最智慧的人一头栽入愚蠢的大海。

---

① KSA 12, 2 [108], S. 114；中译采《权力意志与永恒轮回》，正文页183。
② Ibid., 2 [110], S. 115；中译引书同前，正文页183。
③ KSA 13, 11 [82], S. 39；中译引书同前，正文页237。
④ KSA 10, 17 [40], S. 551；中译引书同前，正文页112–113。

最必不可少的人一头栽入偶然事件。

转变（Werden）**中**的存在者。

想要的拥有者

总是日益接近，又总是逃离。

人啊！**一切皆是游戏**。"

在所有有机过程中，流变与存在的对立统一是无比显著的。按照戴威勒的一则前引评论，从这种形而上学出发，尼采提出超人是对付上帝之死的办法。在高度的自我肯定中，对永恒轮回学说中的生成打上（自己的）"存在"的印迹，并将其视为正当的理由，甚至是整个世界的正当理由的，就是超人：

"尼采对付旧上帝死亡的办法，并不是再造一个新上帝，而是代之以超人，此人不需要超越自己的任何神明，他认为自己的存在本身就是正当理由，还甚至是整个世界的正当理由。只要尼采把波吉亚、拿破仑等和超人性的关连在一起，就很可能他之如此做，是因为这二人的不信神，隐涵有非凡的自我肯定……没有一种政治理论，能凌驾于他们自己的权力意志的命令之上。"①

而，《悲剧的诞生》中所刻画的戴奥尼索斯与阿波罗的彼此对抗与互相依赖，其重点即：那是生命之变幻无常的能力、与人世间对规律秩序的趋向这二者之间，所无可避免的对立与互赖。上述的所有冲突，全都来自于这个存在核心的根本冲突"②，亦即存在与生成的冲突。

尼采的精英主义带来的存在的等级，及存在等级之间的意义关系，也与这相对的存在及其内部对善好的等级秩序的服从存在类比关系："较高类型是较低者之'存在理由'（justification）的概念，在早期著作中，也一再出现。"③

甚至在戴威勒看来，尼采同后世纳粹、法西斯的右翼激进政治的关联，也与尼采的这种存在论哲学理据存在密切关联。尼采认为，一般人并没有与生俱来的价值，而绝大多数人，只有在献身于造就较高的统治族类之中，才能找到存在的意义与正当性。这是相较于超人之肯定永恒轮回，平庸者的存在的方式、意义。应该说戴威勒在此所言不虚，关于

---

① 《尼采与贵族激进主义政治》第三章，pp. 61-62，页84-85。
② 引书同前，pp. 65-66，页88-89。
③ 引书同前，第五章，p. 103，页144。

尼采和纳粹主义、法西斯主义的密切关系，可以得出几个暂时性的结论[①]：

一、"他和法西斯主义一样有一种斗争的本体论，歌颂战争，有时还歌颂政治上赤裸裸的权力斗争。更有进者，他认为一般人并没有与生俱来的价值，而绝大多数人，只有在献身于造就较高的统治族类之中，才能找到存在的意义与正当性……在尼采的艺术家梦想里，带有一种把政治美学化的意愿，而这种美学化的方式，叫人不由得联想到它和法西斯主义的类似性"。

二、"当然，尼采的思想到底和法西斯主义大不相同，因为他的兴趣，绝大多数是属于精神上的，政治毕竟不是他关心的核心。他的思想并不是自由主义的，而是反自由主义的，但终究他不认为应该让个人献身于现代的民族国家：个人要献身的，是尼采想像中的最高之人"。

三、"不过……一旦国家的目标变成要去造就一种超人的主子族类（而我认为尼采暗示理应如此），则崇拜国家与崇拜超人，其间的差别就真的变得很微妙了。可以肯定的是，尼采式的主子族类，和纳粹的超人，并没有多少共通之处，纳粹的超人，充其量只是对尼采式理想的一个丑恶的模仿。但即使有这些实际上的差别，我们还是不清楚这是否就能抹销尼采和纳粹与法西斯的关联"。

小结："尼采和那些随他之后而开始、并且奉他为先驱的右翼政治运动之间的关系，是极其复杂的。"

戴威勒还提出，尼采对"上帝之死"的回应，也与上述存在的等级秩序学说关系密切。尼采以超人回应"上帝之死"，及其背后的美学本质。他的新价值秩序，是"从艺术的层次上，来为存在寻找正当性"。他也从而超越了基督教道德：

"……尼采对上帝之死的回应，是为人类提出一个能造就出较高之人、或超人类型的新目标。我们也了解到，这种以一个较高类型来取代上帝的办法，根本上是意味著，以一个本质上属于美学的对事物之恰当秩序的看法，来替换基督教的道德。

……尼采的新秩序所得以根据的，到底是怎么样的价值。他从艺术的层次上，来为存在寻找正当性的这个事实，也许可以显示他如何设法来超越基督教的道德……"[②]

[①] 引书同前，pp. 112—114，页154—156。

[②] 引书同前，第六章，p. 115，页163。

最后，戴威勒不忘在一则前引内容中提醒我们：尼采对永恒轮回的肯定，不是存在（与流变）的二元论，而是权力意志的一元论（面对流变，以权力意志加以肯定，从而得到存在的近似性）：

"……他歌颂战争与斗争，轻视和平与安宁。① 而在形而上的层次上，他驳斥所有奴才道德所特有的、对存在的两元论诠释，而支持权力意志的一元论，并且鼓吹对生命本身的肯定。②"③

总之，"'只有作为一种美的现象，世界与存在方可恒有其正当性。'④"⑤ 否则，存在只是相对的，一切皆流。可以说，这就是尼采整个富有审美性的、英雄主义式悲观主义世界观的总结。

小　结

尼采政治哲学的哲学基础是以柏拉图主义为参照的。他政治上的激进主义的哲学基础——对变异（生成）的肯定反对柏拉图主义；然而他政治上的贵族主义的哲学基础——对存在（及其等级秩序）的肯定则接近柏拉图主义。变异与存在的张力在尼采那里则统一于永恒轮回学说。

如果说尼采贵族激进主义的政治哲学是一种"荷马式的赫拉克利特主义"的话，那么这一政治哲学的哲学基础就是尼采"有等级制的权力意志的变异主义"。

尼采政治哲学的依据不是现实政治中的权力与金钱（相反，尼采的大政治欲以现实权力与金钱为其手段），而是一种出于贵族激进主义的德性审美和作为理据的生成与存在的辩证关系。尼采的政治哲学虽然从存在的等级秩序出发，推崇符合高贵德性的贵族主义政治人物，但他对现实中的权贵如俾斯麦等，尚能从其高蹈的理念出发，予以并不谄媚的评判（如批评俾斯麦对民族主义、民主主义的让步）。在尼采处，政治哲学的核心似是一种政治美学，即对德性的品鉴与尊崇，和对德性反面的敏感与厌恶（厌弃）。想在现实政治之外的精神领域为政治寻找某种规定

---

① *GS*, sec. 283；*WP*, sec. 703；*Z*, pt. 1, "On War and Warriors."【原注】
② 有关把主子道德形容为"作为生命原则的权力意志……之符号语言"，请见 *CW*，结语。【原注】
③ 《尼采与贵族激进主义政治》第六章，p. 135，页 186。
④ *BT*, secs. 5, 24.【原注】
⑤ 《尼采与贵族激进主义政治》第七章，p. 147，页 207。

性，这可能是尼采与柏拉图（主义）意外的近似之处。

但是，正因为脱离了对现实权力、金钱等利害的细致计算，尼采的政治学说不可能成为实际政治的指南，而只能是一种文化政治上近乎绝望的呐喊。其偏激的主张在后世被纳粹、法西斯等激进右翼政治所篡用，也与他自身修辞上的极其不审慎难脱干系。可以说，尼采政治哲学所体现出的绝望与无助，恰是当时欧美社会政治现实的理据在加速滑向矛盾与绝境的先兆和折射。这也恰是当下尝试理解其学说的批判性之意义所在。

结论：尼采的政治哲学与西方现代性危机问题

本书旨在澄清尼采的政治哲学的基本主题："贵族激进主义"的"文化政治"。通过对尼采的政治言辞的描述、分析和解释，我们可以看到他的政治哲学与他的哲学学说是一体的两面。尼采的权力意志学说，并非像亚里士多德、笛卡尔或康德的哲学那类的关于世界、人或知识的思考，而是从某种独特的问题意识出发建立的哲学学说。那么什么是尼采的哲学持久的问题意识和思想关切的起源呢？

尼采毕生与之抗争的基本哲学问题，如果以哲学的语言来表述的话，就是对生命本能的虚无主义。它最早的形态体现在叔本华的悲观主义的意志论中，即世界的本源乃是意志，只有意志的涅槃才能化解意志的冲突所带来的痛苦。尼采将叔本华的思想称为"欧洲的佛教"。很快尼采就判定基督教道德、柏拉图的理念世界、启蒙运动的平等主义、同情主义伦理学等等，也都同样出于对生命本能的虚无主义的意志。一言以蔽之，无论是逃避尘世的理念世界，还是充满怨恨和内倾的奴隶道德心理，无论是平等主义和同情主义，还是对时间、历史和生成的世界的恐惧与仇恨，无论是禁欲主义，还是求真意志……都是出于生命本能的意志力的衰弱和虚无，并且再反转过来针对生命自身的虚无化。因此，看起来权力意志学说不仅是建立在一种力与力相互作用、力的积聚与释放以及当下的一切永恒轮回的混沌与生成的世界观之上，并消解创世论和理念论而回归自然论的本体论学说，而且也是建立在一种生命本能的创造性自由以及生命本能的积聚与释放的灵魂观念或心理学之上的道德学说或价值学说，即权力意志是非道德主义的超善恶的最原初的价值，它是重新评估一切价值的尺度。

然而，尼采哲学的基本问题意识，如果以政治哲学的语言来表述的话，可以说，就是"欧洲虚无主义"问题，也即欧洲文化的虚无主义问题。尼采对西方文明的现代性危机的深刻认识和充满悲情的体验是前所未有的，他本人也被视为这场西方现代性发展三四百年以来的全面危机的一个"象征性人物",也就是说,他不仅仅是这场危机的体验者和承受者,而且也是这场危机的参与者和推动者。尼采深刻地洞察到托克维尔所说的"民主大势不可逆转"的时代所存在之"大众的僭政",他也深刻地体验到了"上帝之死"和无神论的兴起,他是第一个充分揭示出"上帝之死"的意义的哲学家,即这绝不仅仅是基督教一个宗教的衰落,而且更是建立在上帝观念之上的近两千年欧洲文明价值体系的崩溃,一言以蔽之,"西方的没落"。对这一现代性危机的诊断和救治,这才是尼采哲学的问题意识的直接起源。这也就是为什么施特劳斯说尼采是"现代性第三次浪潮的开创者"以及哈贝马斯说尼采是西方"从现代步入后现代的转折点"和"后现代的鼻祖"的原因所在。理解和评价尼采思想的地位和意义,应该着眼于他全面分析西方现代性危机、积极推进现代性危机以及尝试克服现代性危机的哲学事业,而像后现代主义那样仅仅执着于尼采的"哲学上的革命"是不能够充分理解尼采的思想以及他在二十世纪所产生的巨大的影响的。

尼采的政治哲学是对西方现代性危机的全面反应。尼采主要用"上帝之死"、"欧洲虚无主义"和"发明了幸福的末人"这三个词来描述和界定这场发生在欧洲的现代性危机。这场危机部分要归因于启蒙运动的自由、平等、理性主义、进步论、征服自然、人类的幸福等意识形态,更重要的是要归因于西方文明的哲学—宗教传统,即我们通常所说的希腊与希伯来的传统价值观念,其中尤其以柏拉图的理念世界的"寓言"和基督教的"奴隶道德"及其阴暗狡诈的道德心理为代表。正是号称追求知识与真理的柏拉图主义以及作为人民大众的柏拉图主义的基督教,为西方文明确立了一种压抑和贬低生命本能、颠覆强者的高贵与德性、转向内倾和禁欲主义、追求理念和彼岸世界的真理的价值评价体系。根据尼采的谱系学考察,在柏拉图主义与基督教道德统治西方文化之前,希腊悲剧和罗马人的尚武的异教德性都曾经发展出非常强劲有力的健康的文化。文艺复兴对罗马和希腊的异教文化的推崇,第一次动摇了基督教道德的价值,但是基督教最终在路德的宗教改革之后生存下来;自然科学的胜利和启蒙运动的革命再一次危及了基督教道德和宗教信仰的价值,但是经过世俗化的基督教道德仍然保留在人道主义、民主平等和社会主义的价值观念之中。尼采断言,他所面对的这场"上帝之死"和"欧洲虚无主义降临"的现代性全面的危机,将是一个特殊的历史时刻,要么西方文化将每况愈下加速衰落下去,要么就要与柏拉图主义、基督教道德和启蒙运动的平等主义价值观念进行殊死的斗争。这就是尼采提

贵族激进主义的文化政治
——尼采政治哲学研究

出的"贵族激进主义"的"非道德主义"的"文化政治"之批判与重建的方案。

由此来看,将尼采界定为"生命哲学家"或"存在主义者"是多么成问题,更不用说把他叫作"道德哲学家"、"艺术哲学家"或"诗人哲学家"了。而后现代主义所说的"解构西方形而上学"事业看来只是尼采全部思想规划的一小部分。后现代主义所说的"启蒙理性批判"、"主体的消解"或"非理性的僭越体验"显然也只是尼采思想的一小部分。至于那些视角主义、解释学、谱系学、隐喻与寓言、修辞学、隐晦的教诲、艺术哲学或美学等等为后现代所推崇的尼采的"哲学革命",也都是服务于尼采的基本哲学规划的。上述的"法国的尼采"总是不能看到一个更为深刻而全面的尼采。此外,如果我们考虑到尼采早年对古典学和希腊文化的推崇并不是一个相对独立的研究,它只是在尼采的西方文明内部的"文化的冲突"叙事中占有一个确定的位置;而鉴于尼采对柏拉图主义和保守主义都持有明确的批判姿态,因此,施特劳斯学派声称尼采是一位"柏拉图式的政治哲学家"也是很难站住脚的。总而言之,我们必须从尼采的问题意识和自我定位来整体地判定尼采哲学的价值。就此而言,尼采对西方现代文化的虚无主义危机的历史定位、谱系学分析和哲学批判,不仅对于理解尼采本人的思想是至关重要的,而且对于理解西方现代性以及西方后现代的基本文化困境也同样是至关重要的。这就是尼采的政治哲学的意义。

尼采的哲学批判、道德谱系学批判、道德心理批判和文化政治批判,最终都指向一个根本性的政治哲学问题,即在一个虚无主义全面降临的时代中,如何才能克服虚无主义?在我们的时代中,左派诉诸政治革命和激进民主,自由主义诉诸继续推进经济繁荣、人权和国际主义,右派诉诸民族主义和文化多样性与特殊性,后现代主义诉诸解构和与虚无主义的和解……不过,从尼采哲学来看,这些努力无一能够克服西方乃至全球化的文化虚无主义困境。尼采拒绝返回古典的世界,尽管他认为古典世界和异教德性要比柏拉图主义和基督教道德更为高贵健全;他也拒绝各种现代哲学话语和政治意识形态,他认为它们并没有触及时代的危机所昭示的根本问题。但是,后现代主义、审美主义和激进右翼的取向真的是尼采所期待的解决方案吗?

事实上,二十世纪德国历史和欧美历史告诉我们,尼采本人所诉诸的创造新的文化与新的道德价值的"超人"同样难以拯救西方现代性的文化虚无主义危机。尽管我们都承认尼采对西方现代性文化危机的深刻洞见，但是，如果尼采对欧洲现代性危机极其成问题的拯救治疗方案实际上与其对西方现代性危机的诊断和判定密不可分的话，那么，我们反过来就必须深刻地反思尼采的"贵族激进主义"的"文化政治"观念的问题和限度到底何在。我们不能对尼采的学说进行完全"去政治化"的美化和无害辩护，与此相反，尼采对现代性文化危机那一整套成问题的救赎方案更加激发我们对尼采的政治哲学的研究不能仅仅停留在尼采本人的视野之中。如果能获得一个超越尼采的政治哲学的视野，我们就能更清楚地看到他的思想的问题与限度。对尼采的政治哲学的研究如果能清醒地推进到这个层次，也就在很大程度实现了研究的意义。

参考文献

一、尼采著作

【德文原著】

Nietzsche F. Sämtliche Werke：Kritische Studienausgabe in 15 Bänden（KSA），Herausgegeben Von Colli G und Montinari M. Berlin：Walter de Gruyter，1999.

【英译本】

[1] Nietzsche F. Homer on Competition. In Nietzsche F. On the Genealogy of Morality and Other Writings. Ed. by Ansell-Pearson K. Tr. by Diethe C. Cambridge：Cambridge University Press，1994（北京：中国政法大学出版社，2003年影印）. 187~194.

[2] Nietzsche F. The Will to Power. Tr. by Kaufmann W. and Hollingdale R. J. New York：Random House，1967.

[3] Nietzsche F. Political Writings of Friedrich Nietzsche：An Edited Anthology. Ed. by Cameron F. and Dombowsky D. New York：Palgrave Macmillan，2008.

【中译本】

[4] 尼采. 《古希腊国家》序言［A］. 蒋如俊译. 魏育青校. 见：复旦哲学评论（第一辑）［G］. 王金林，郭晓东主编. 上海：上海辞书出版社，2004：248－257.

[5] 尼采. 希腊城邦——一部未著之作的序言［A］. 曹明译. 见：古希腊的傲慢与偏见［G］. 林国华，王恒主编. 上海：上海人民出版社，2011：33－44.

[6] 尼采. 悲剧的诞生［M］. 杨恒达译. 南京：译林出版社，2009.

[7] 尼采. 不合时宜的沉思［M］. 李秋零译. 上海：华东师范大学出版社，2007.

[8] 尼采. 哲学与真理：尼采 1872—1876 年笔记选［M］. 田立年译. 上海：上海社会科学院出版社，1993.

[9] 尼采. 人性的，太人性的——一本献给自由精神的书（上、下卷）［M］. 魏育青，李晶浩，高天忻译. 上海：华东师范大学出版社，2008.

[10] 尼采. 朝霞［M］. 田立年译. 上海：华东师范大学出版社，2007.

[11] 尼采. 快乐的科学［M］. 黄明嘉译. 上海：华东师范大学出版社，2007.

[12] 尼采. 扎拉图斯特拉如是说——一本为所有人又不为任何人所写之书［M］. 黄明嘉，娄林译. 上海：华东师范大学出版社，2009.

[13] 尼采. 尼采著作全集·第四卷·查拉图斯特拉如是说［M］. 孙周兴译. 北京：商务印书馆，2010.

[14] 尼采. 论道德的谱系·善恶之彼岸［M］. 谢地坤，宋祖良，程志民译. 桂林：漓江出版社，2007.

[15] 尼采. 尼采著作全集·第五卷·善恶的彼岸 论道德的谱系［M］. 赵千帆译. 孙周兴校. 北京：商务印书馆，2015.

[16] 尼采. 偶像的黄昏［M］. 卫茂平译. 上海：华东师范大学出版社，2007.

[17] 尼采. 敌基督者——对基督教的诅咒［A］. 吴增定，李猛译. 见：吴增定.《敌基督者》讲稿［M］. 北京：生活·读书·新知三联书店，2012：119-269.

[18] 尼采. 看哪这人：尼采自述［M］. 张念东，凌素心译. 北京：中央编译出版社，2010.

[19] 尼采. 权力意志与永恒轮回［M］. 沃尔法特编. 虞龙发译. 上海：上海译文出版社，2016.

[20] 尼采. 尼采著作全集·第十二卷·1885—1887 年遗稿［M］. 孙周兴译. 北京：商务印书馆，2010.

[21] 尼采. 尼采著作全集·第十三卷·1887—1889 年遗稿［M］. 孙周兴译. 北京：商务印书馆，2010.

[22]尼采. 权力意志：重估一切价值的尝试[M]. 张念东，凌素心译. 北京：中央编译出版社，2005.

二、尼采研究文献

[1]陈家琪. "平庸是时代的危险所在"——再论尼采的"大政治"的概念[J]. 社会科学论坛，2004，9：4-13.

[2]刘小枫. 尼采的微言大义[J]. 书屋，2000，10：4-22.

[3]汪民安. 尼采与身体[M]. 北京：北京大学出版社，2008.

[4]孙周兴. 未来哲学序曲：尼采与后形而上学[M]. 上海：上海人民出版社，2016.

[5]孙周兴. 未来哲学序曲：尼采与后形而上学（修订本）[M]. 北京：商务印书馆，2018.

[6]吴增定. 尼采与柏拉图主义[M]. 上海：上海人民出版社，2005.

[7]吴增定. 没有主体的主体性——理解尼采后期哲学的一种新尝试[J]. 哲学研究，2019，5：103-110，127.

[8]张庆熊. "虚无主义"和"永恒轮回"——从尼采的问题意识出发的一种考察[J]. 复旦学报（社会科学版），2010，3：37-44.

[9]张汝伦. 现代西方哲学的开拓者：尼采[A]. 见：张汝伦. 现代西方哲学十五讲[M]. 北京：北京大学出版社，2003：47-63.

[10]张汝伦. 文化，还是政治？[A]. 见：张汝伦. 政治世界的思想者[M]. 上海：复旦大学出版社，2009：501-514.

[11]张文涛. 尼采六论——哲学与政治[M]. 上海：华东师范大学出版社，2007.

[12]张旭东. 尼采（上、下）[A]. 见：张旭东. 全球化时代的文化认同——西方普遍主义话语的历史批判[M]. 北京：北京大学出版社，2006：129-235.

[13]周国平. 尼采：在世纪的转折点上[M]. 南京：译林出版社，2012.

[14]周国平. 尼采与形而上学[M]. 南京：译林出版社，2012.

[15]安塞尔-皮尔逊. 尼采反卢梭——尼采的道德—政治思想研究[M]. 宗成河，孙磊，熊文驰译. 北京：华夏出版社，2005.

[16]贝勒尔. 尼采、海德格尔与德里达[M]. 李朝晖译. 北京：社会科学文献出版社，2001.

[17] 彼珀. 动物与超人之间的绳索——《扎拉图斯特拉如是说》第一卷义疏 [M]. 李洁译. 北京：华夏出版社，2006.

[18] 勃兰兑斯. 尼采 [M]. 安延明译. 北京：中国社会科学出版社，1992.

[19] 布鲁姆. 美国精神的封闭 [M]. 战旭英译. 冯克利校. 南京：译林出版社，2007.

[20] 布罗杰. 尼采与柏拉图和柏拉图主义搏斗 [A]. 见：尼采与古代——尼采对古典传统的反应和回答 [G]. 彼肖普编. 田立年译. 上海：华东师范大学出版社，2011：307-329.

[21] 戴威勒. 尼采与贵族激进主义政治 [M]. 杨淑娟译. 台北："国立编译馆"，1997.

[22] 丹豪塞. 弗里德里希·尼采 [A]. 见：政治哲学史（第三版）[M]. 施特劳斯，克罗波西主编. 李洪润等译. 北京：法律出版社，2009：826-847.

[23] 丹豪塞. 扎拉图斯特拉与苏格拉底 [A]. 见：尼采与古典传统续编 [G]. 刘小枫选编. 田立年译. 上海：华东师范大学出版社，2008：30-63.

[24] 德勒兹. 尼采与哲学 [M]. 周颖，刘玉宇译. 北京：社会科学文献出版社，2001.

[25] 德勒兹. 游牧思想 [A]. 汪民安译. 见：尼采的幽灵——西方后现代语境中的尼采 [G]. 汪民安，陈永国编. 北京：社会科学文献出版社，2001：158-167.

[26] 德勒兹. 能动与反动 [A]. 姜宇辉译. 见：尼采在西方——解读尼采 [G]. 刘小枫，倪为国选编. 上海：上海三联书店，2002：306-342.

[27] 德里达. 阐释签名（尼采/海德格尔）：两个问题 [A]. 陈永国译. 见：尼采的幽灵——西方后现代语境中的尼采 [G]. 汪民安，陈永国编. 北京：社会科学文献出版社，2001：234-252.

[28] 德里达. 风格问题 [A]. 衡道庆译. 见：尼采在西方——解读尼采 [G]. 刘小枫，倪为国选编. 上海：上海三联书店，2002：397-416.

[29] 福柯. 尼采·弗洛依德·马克思 [A]. 方生译. 李猛校. 见：尼采的幽灵——西方后现代语境中的尼采 [G]. 汪民安，陈永国编. 北京：社会科学文献出版社，2001：96-113.

[30] 福柯. 尼采·谱系学·历史学［A］. 苏力译. 李猛校. 见：尼采的幽灵——西方后现代语境中的尼采［G］. 汪民安，陈永国编. 北京：社会科学文献出版社，2001：114-138.

[31] 福山. 历史的终结及最后之人［M］. 黄胜强，许铭原译. 北京：中国社会科学出版社，2003.

[32] 哈贝马斯. 现代性的哲学话语［M］. 曹卫东等译. 南京：译林出版社，2011.

[33] 海德格尔. 尼采的形而上学［A］. 王志宏译. 见：尼采的幽灵——西方后现代语境中的尼采［G］. 汪民安，陈永国编. 北京：社会科学文献出版社，2001：197-233.

[34] 海德格尔. 尼采的话"上帝死了"［A］. 见：海德格尔. 林中路（修订本）［M］. 孙周兴译. 上海：上海译文出版社，2008：192-241.

[35] 海德格尔. 尼采（上下卷）［M］. 孙周兴译. 北京：商务印书馆，2010.

[36] 朗佩特. 施特劳斯与尼采［M］. 田立年，贺志刚等译. 上海：上海三联书店，2005.

[37] 朗佩特. 尼采的使命——《善恶的彼岸》绎读［M］. 李致远，李小均译. 北京：华夏出版社，2009.

[38] 朗佩特. 尼采与现时代——解读培根、笛卡尔与尼采［M］. 李致远，彭磊，李春长译. 北京：华夏出版社，2009.

[39] 卢卡奇. 理性的毁灭［M］. 王玖兴，程志明，谢地坤等译. 南京：江苏教育出版社，2005.

[40] 罗森. 尼采的"柏拉图主义"［A］. 张辉译. 见：尼采在西方——解读尼采［G］. 刘小枫，倪为国选编. 上海：上海三联书店，2002：120-146.

[41] 罗森. 启蒙的面具——尼采的《扎拉图斯特拉如是说》［M］. 吴松江，陈卫斌译. 沈阳：辽宁教育出版社，2003.

[42] 洛维特. 从黑格尔到尼采［M］. 李秋零译. 北京：生活·读书·新知三联书店，2006.

[43] 内哈马斯. "未来的哲人"是谁？——对《超善恶》的一种解读［A］. 孙宜学译. 见：尼采在西方——解读尼采［G］. 刘小枫，倪为国选编. 上海：上海三联书店，2002：179-207.

[44] 内哈马斯. 关于苏格拉底面相的一个推论——尼采论"苏格拉

底问题"［A］. 见尼采与古典传统续编［G］. 刘小枫选编. 田立年译. 上海：华东师范大学出版社，2008：64-120.

［45］潘格尔. 战士精神与扎拉图斯特拉的政治哲学［A］. 王新生译. 见：尼采在西方——解读尼采［G］. 刘小枫，倪为国选编. 上海：上海三联书店，2002：65-119.

［46］皮平. 作为哲学问题的现代主义［M］. 阎嘉译. 北京：商务印书馆，2007.

［47］施特劳斯. 注意尼采《善恶的彼岸》的谋篇［A］. 见：朗佩特. 施特劳斯与尼采［M］. 田立年，贺志刚等译. 上海：上海三联书店，2005：203-222.

［48］沃林. 政治与构想：西方政治思想的延续和创新（扩充版）［M］. 辛亨复译. 上海：上海人民出版社，2009.

［49］雅斯贝尔斯. 尼采其人其说［M］. 鲁路译. 北京：社会科学文献出版社，2001.

［50］Ansell-Pearson K. Nietzsche Contra Rousseau：A Study of Nietzsche's Moral and Political Thought. Cambridge：Cambridge University Press，1991.

［51］Behler E. Derrida-Nietzsche, Nietzsche-Derrida. München：Ferdinand Schöningh，1988.

［52］Bloom A. The Closing of the American Mind：How Higher Education Has Failed Democracy and Impoverished the Souls of Today's Students. New York：Simon & Schuster Audioworks，1987.

［53］Brandes G. Friedrich Nietzsche. Tr. by Charter A G. London：Heinemann，1914.

［54］Brobjer T. Nietzsche's Wrestling with Plato and Platonism. In Nietzsche and Antiquity：His Reaction and Response to the Classical Tradition. Ed. by Bishop P. Rochester, NY：Camden House，2004. 241-259.

［55］Dannhauser W J. Friedrich Nietzsche. In History of Political Philosophy（3rd ed.）. Ed. by Strauss L and Cropsey J. Chicago：University Of Chicago Press，1987. 829-850.

［56］Derrida J. Spurs：Nietzsche's Styles. Tr. by Harlow B. Chicago：University of Chicago Press，1979.

[57] Detwiler B. Nietzsche and the Politics of Aristocratic Radicalism. Chicago: University of Chicago Press, 1990.

[58] Fukuyama F. The End of History and the Last Man. New York: Free Press, 1992.

[59] Habermas J. Der philosophische Diskurs der Moderne: Zwölf Vorlesungen. Frankfurt am Main: Suhrkamp, 1985.

[60] Heidegger M. Nietzsche. Pfullingen: Verlag Günther Neske, 1961.

[61] Heidegger M. Nietzsches Wort „Gott ist tot". In Martin Heidegger Gesamtausgabe Band 5: Holzwege. Frankfurt am Main: Vittorio Klostermann, 1977. 209—267.

[62] Jaspers K. Nietzsche: Einführung in das Verständnis seines Philosophierens. Berlin: Walter de Gruyter, 1981.

[63] Kaufmann W. Nietzsche: Philosopher, Psychologist, and Antichrist. Princeton, N. J.: Princeton University Press, 1974 (4th ed.).

[64] Lampert L. Nietzsche's Teaching: an Interpretation of Thus Spoke Zarathustra. New Haven: Yale University Press, 1986.

[65] Lampert L. Nietzsche and Modern Times: A Study of Bacon, Descartes, and Nietzsche. New Haven: Yale University Press, 1993.

[66] Lampert L. Leo Strauss and Nietzsche. Chicago: University of Chicago Press, 1996.

[67] Lampert L. Nietzsche's Task: an Interpretation of Beyond Good and Evil. New Haven: Yale University Press, 2001.

[68] Levine P. Nietzsche and the Modern Crisis of the Humanities. Albany: State University of New York, 1995.

[69] Löwith K. Von Hegel zu Nietzsche: Der revolutionäre Bruch im Denken des neunzehnten Jahrhunderts. Hamburg: Felix Meiner Verlag, 1995.

[70] Megill A. Prophets of Extremity: Nietzsche, Heidegger, Foucault, Derrida. Berkeley: University of California Press, 1985.

[71] Nehamas A. Nietzsche, Life as Literature. Cambridge, Mass.: Harvard University Press, 1985.

[72] Pangle T L. The "Warrior Spirit" as an Inlet to the Political

Philosophy of Nietzsche's Zarathustra. Nietzsche-Studien, 15 (1986): 140—179.

[73] Pippin R B. Modernism as a Philosophical Problem: On the Dissatisfactions of European High Culture. Malden: Blackwell Publishers, 1999.

[74] Rosen S. The Mask of Enlightenment: Nietzsche's Zarathustra. Cambridge: Cambridge University Press, 1995.

[75] Strauss L. Note on the Plan of Nietzsche's Beyond Good and Evil. In Studies in Platonic Political Philosophy. with an introduction by Pangle T L. Chicago: University of Chicago Press, 1983. 174—191.

[76] Strong T B. Friedrich Nietzsche and the Politics of Transfiguration. Berkeley: University of California Press, 1975 (2nd ed., 1989).

[77] Warren M. Nietzsche and Political Thought. Cambridge, Mass.: MIT Press, 1988.

[78] Wolin S S. Politics and Vision: Continuity and Innovation in Western Political Thought (Expanded ed.). Princeton, N. J.: Princeton University Press, 2004.

后　记

之所以选择"尼采的政治哲学"作为研究的主题，或许源于我中学时，从家父书柜中读到曹锦清教授《现代西方人生哲学》一书中尼采介绍部分所受感染。更直接的缘由，是我在中国人民大学哲学院读本科时，参加课外读书小组所读的第一本书恰就是尼采的《论道德的谱系》，它给我带来极大的冲击。之后我陆陆续续阅读了尼采的许多著作，深深为尼采对西方传统道德和西方文化的激烈批判所震动。他一直激励着我在道德和政治的层面上不断地反思这位现代性最强有力之批判者的思想。在复旦大学哲学学院直博期间，我深入研究了尼采的政治哲学思想，试图理清其看起来杂乱无章且备受争议的政治论述背后的理路。在此期间，我细心研读了导师张汝伦教授的《文化，还是政治？》一文以及其他相关论述，从中领悟到了本研究的思考方向。

全书博士论文部分的写作有幸得到刘放桐、黄颂杰、张庆熊、孙向晨、丁耘、吴新文等诸位教授的指导，对各位老师付出的辛劳我十分感谢！非常感念莫伟民、佘碧平、徐英瑾三位老师，他们在我早年博士论文预答辩时提出诸多宝贵的修改建议。我在本书写作中充分吸收了诸位老师的意见。我还有幸得到北京大学吴增定、中国人民大学张旭和同济大学韩潮三位教授的指点，受益良多。

在课题申请和书稿断续写作过程中，广西大学哲学学科的雷德鹏、肖德生、黄小洲三位教授和关德荫老师，复旦大学德语语言文学学科吴勇立副教授，同门的庄振华教授、徐重骏、罗久和盛莉丽以及早年同窗钟晓宏、孙帅、孙宁、雷思温、刘鑫、蔡文菁等友人提出了许多中肯的意见，令我获益匪浅。本研究的完成离不开笔者供职的广西大学马克思主义学院有关领导、同事的大力提携、帮助。四川大学出版社的张宇琛老师在新冠疫情期间和之后，为本书的出版做了大量辛劳的工作。在此一并致以诚挚感谢！

文中的一切错误或不当之处，完全由笔者负责。是为记。

罗辛谷

2021 年 8 月 29 日于南宁